Zu diesem Buch

«Bleibt, wer lacht, gesund? – Ganz so einfach ist es nicht, auch wenn schon die antiken Griechen an die Arznei Humor glaubten. Aber von der Hand weisen läßt sich der Zusammenhang zwischen seelischen, sozialen und immunologischen Vorgängen nicht mehr, wie die gerade ein Jahrzehnt alte Forschungsrichtung der Psychoneuroimmunologie bestätigt.

Das handliche, sachkundige und sauber bebilderte Buch von Gaby Miketta ist für – naturwissenschaftliche – Laien geschrieben, die sich die Mühe machen möchten, sich in biologische und immunologische Grundlagen hineinzudenken. Hilfreich ist, daß nicht nur das Immun- und Nervensystem des Menschen ausführlich dargestellt werden, sondern aus der Fülle der vorliegenden psychoimmunologischen Studien und Experimente eine spannende Auswahl geboten wird, die ein Grundwissen über Arbeitsmethoden und Ergebnisse dieser jungen und damit noch überschaubaren Wissenschaft vermittelt.» – *Psychologie heute*

Gaby Miketta studierte Biologie und Kommunikationswissenschaft.

Als Wissenschaftsjournalistin in München hat sie zahlreiche Beiträge für Zeitschriften, Funk und Fernsehen geschrieben und arbeitet derzeit für das Nachrichtenmagazin *Focus*.

Gaby Miketta

Netzwerk Mensch

**Den Verbindungen von
Körper und Seele auf der Spur**

Wissenschaftliche Beratung
Prof. Dr. Dr. Florian Holsboer

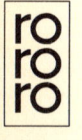

Rowohlt

rororo science
Lektorat Jens Petersen

Veröffentlicht im Rowohlt Taschenbuch Verlag GmbH,
Reinbek bei Hamburg, Oktober 1994
Die Originalausgabe erschien 1991 unter dem Titel
«Netzwerk Mensch. Psychoneuroimmunologie:
Den Verbindungen von Körper und Seele auf der Spur»
im Verlag TRIAS – Thieme Hippokrates Enke, Stuttgart
Copyright © 1991, 1992 by Georg Thieme Verlag, Stuttgart
Illustrationen Friedrich Hartmann, Stuttgart
Umschlaggestaltung Barbara Hanke
Satz Sabon (Linotronic 500)
Gesamtherstellung Clausen & Bosse, Leck
Printed in Germany
1490-ISBN 3 499 19662 X

Inhalt

Vorwort

In den vergangenen Jahren hat die neurobiologische Forschung zu einer rapiden Vermehrung unseres Wissens über Organisation und Funktion des Gehirns geführt. Ein besonders überraschendes Ergebnis ist der Nachweis der engen Verknüpfung unseres Gehirns mit dem Immunsystem und den Körperdrüsen durch Nervenfasern und Hormone. Hierdurch eröffnet sich die Möglichkeit, den Einfluß seelischer Prozesse auf verschiedene Körperfunktionen mit wissenschaftlichen Methoden zu untersuchen. Jeder weiß von sich selbst, daß in Zeiten großer seelischer Anspannung die Krankheitsanfälligkeit größer wird, während sich umgekehrt körperliche Erkrankungen, wie eine Infektion, auf unser psychisches Befinden negativ auswirken. Daraus leitet sich die Frage ab, ob wir durch Verbesserung des psychischen Befindens auch bereits aufgetretene Erkrankungen heilen oder zumindest günstig beeinflussen können. Es gibt vereinzelt Berichte, daß Menschen, die mit dem Immunschwächevirus (HIV) infiziert sind oder an Krebs leiden, länger leben, wenn sie positive Bewältigungsstrategien erlernt haben und dadurch mit ihrem Schicksal besser umgehen können. Erst seit es gelingt, solche klinischen Beobachtungen auch auf neurobiologischem Wege zu erforschen, dürfen wir hoffen, einmal gezielte Verfahren für Therapie und Vorbeugung von Krankheit zu haben.

Alles, was wir fühlen und denken, jede bewußte oder unbewußte Veränderung unseres Verhaltens, ist das Ergebnis komplexer Vorgänge zwischen Nervenzellen unseres Gehirns. Seelisches Wohlbefinden hat in den Nervenzellverbänden des Gehirns ebenso seinen Ursprung wie psychische Störungen, zum Beispiel eine Depression. Gleichermaßen wirken psychotherapeutische Verfahren – Gespräche oder Medikamente – durch ihren Einfluß auf Gehirnzellen und deren Vernetzungen. Will man also das Wechselspiel zwischen seelischem Befinden und den Zellen des Nerven- und Immunsystems verstehen lernen, muß die Funktionsweise des Gehirns auf allen Ebenen, von der Psychologie bis hin zur Molekularbiologie, der Ausgangspunkt sein.

Gaby Miketta beginnt daher in ihrem Buch mit der Vermittlung einiger neurobiologischer Grundkenntnisse. Dadurch hilft sie dem Leser zu verstehen, wie wichtig sowohl mechanische Details der Zellbiochemie, aber auch integrative Zugänge, die psychologische und soziologische Aspekte berühren, sind. Die enormen Möglichkeiten der Neurobiologie werden die Psychologie und die Sozialwissenschaften ebenso befruchten, wie dies für die klassischen biologischen Fächer bereits geschehen ist.

Allen an diesen Wissenschaftsbereichen Interessierten soll dieses Buch aufzeigen, wie phantasievolle, aber nicht prüfbare Hypothesen der Krankheitsentstehung in Zukunft durch die Ergebnisse eines wissenschaftlich begründeten Zugangs abgelöst werden können. Sollte dies gelingen, dann wäre ein großer Schritt in eine Richtung getan, bei der die gleichzeitige Berücksichtigung einer umschriebenen Krankheit und ihrer psychischen Dimension medizinische Selbstverständlichkeit wird.

Florian Holsboer

Psychoneuroimmunologie – eine neue Forschungsrichtung

«Kummer macht krank» und «Lachen ist die beste Medizin» – diese Volksweisheiten behaupten schon seit Jahrhunderten, daß Emotionen irgendwie unsere Gesundheit beeinflussen können. Das Phänomen kennen wir alle: Erst gibt es wochenlang Ärger im Büro, hinzu kommt die Beziehungskrise, und dann liegt man obendrein mit einer hartnäckigen Grippe, einer Bronchitis oder einer Magenschleimhautentzündung im Bett. Auch die lästigen Herpesbläschen, verursacht durch Viren, lassen dann meist nicht lange auf sich warten. Schon William Shakespeare verkündete im *König Heinrich*: «Kummer und Sorgen schwellen den Leib auf.» Und Mark Twain riet: «Reiß deine Gedanken von deinen Problemen fort – an den Ohren, den Fersen oder wie immer. Das ist das Beste, was der Mensch für seine Gesundheit tun kann.» Franz Kafka wurde noch deutlicher und meinte: «Ich bin geistig krank. Die Lungenkrankheit ist nur ein Aus-den-Ufern-Treten der geistigen Krankheit.»

Mit der schöngeistigen Beschreibung der Leib-Seele-Verbindung wollen sich nun viele Wissenschaftler nicht mehr zufriedengeben. Psychiater, Psychologen, Hormonforscher, Gehirnexperten und Immunologen versuchen gemeinsam, weltweit endlich das zu beweisen, was wir zusammen mit Shakespeare, Mark Twain und Kafka schon lange intuitiv wissen:

- Streß, Trauer, Einsamkeit, Enttäuschungen, seelische Spannungen und eine depressive Verstimmung schwächen die körpereigenen Abwehrkräfte;
- Freude, Zufriedenheit, Entspannung können sie stärken.

Eine neue Forschungsrichtung will den offensichtlichen, aber dennoch bis vor wenigen Jahren völlig ungeklärten Zusammenhang zwischen dem psychischen Befinden und unserer Gesundheit entschlüsseln. Sie hat den komplizierten Namen *Psychoneuroimmunologie*. PNI ist die Abkürzung unter Fachleuten. Der amerikanische Psychologe Robert Ader in Rochester am Ontario-See prägte den griffigen Terminus 1980. Als Präsident der Amerikanischen Psychosomatischen Gesellschaft suchte er eine Überschrift für eine Veröffentlichung. «Psycho» steht für Psychologie, die Wissenschaft vom seelischen Erleben des Menschen und dem daraus resultierenden Verhalten. «Neuro» ist die Abkürzung für die Neurowissenschaften, die sich mit dem Nervensystem des Menschen befassen. Die Immunologie schließlich erforscht das Abwehrsystem des Körpers gegenüber Krankheitserregern. Eigentlich müßte in dem Wortbandwurm noch das Wort «endokrin» enthalten sein. Die Endokrinologie ist die Lehre von den Hormonen, und die spielen in dem Körper-Geist-Netzwerk eine wichtige Rolle. Sie werden im Gehirn von speziellen Zellen, aber auch in Drüsen überall im Körper gebildet und wirken als Signalstoffe.

Robert Ader allerdings erschien der Begriff «Psycho-Neuro-Endokrino-Immunologie» denn doch zu lang. So blieb es bei PNI. Diese neue und vor allem in den USA intensiv betriebene Forschungsrichtung beschäftigt sich mit allen Aspekten der wechselseitigen *Beziehungen zwischen Psyche, Hormonen und Immunzellen*. Welche Rolle spielen zum Beispiel Streß und Depressionen beim Ausbruch und Verlauf von Krankheiten? Dazu zählen harmlose Infektionen, aber auch entzündliches Rheuma, Allergien, Krebs und AIDS.

PNI-Forscher umreißen ihr Forschungsgebiet mit – auf den ersten Blick – weniger spektakulären Fragen: Welche Moleküle und welche chemischen Prozesse vermitteln Gefühle an das Immunsystem und umgekehrt? Wie funktioniert das Netzwerk Körper auf molekularer Ebene?

Dieses Geheimnis zu lüften, wenn es denn überhaupt möglich sein sollte, dürfte ein gutes Jahrhundert in Anspruch nehmen. Noch ist die Psychoneuroimmunologie eine junge Forschungsrichtung, gerade mal zwanzig Jahre alt. Bislang existiert nur in den USA ein einziges Lehrbuch, herausgegeben von Robert Ader. Er gilt vielen als der Vater der PNI. Aber mit ähnlicher Berechtigung müßten hier auch Nicholas Cohen, George Solomon, Alexander Sorkin, Hugo Besedovsky und Karen

Bulloch genannt werden. Aber auch Namen wie David Felten, Candace Pert und Edwin Blalock dürfen – wenn man die zweite Generation der Psychoneuroimmunologen betrachtet – nicht fehlen. Sie alle haben sich teilweise gegen vehemente Widerstände der etablierten Wissenschaft durchsetzen und Vorurteile gegenüber der PNI abbauen müssen. Zum Teil besteht die Skepsis immer noch. Übrigens auf beiden Seiten. Viele Psychologen, Psychotherapeuten und Psychoanalytiker befürchten eine Biologisierung ihres Faches: Wo bleibt denn der Mensch, wenn man nur noch über Signalmoleküle und Zellen redet? Immunologen, Neurologen, Psychiater und Grundlagenforscher vermuten die Psychologisierung ihrer naturwissenschaftlichen Forschung: Wo soll im Reagenzglas in einer «Suppe» aus weißen Blutkörperchen denn die Psyche sein?

Tatsächlich aber macht gerade die Kombination der verschiedenen Wissenschaftsdisziplinen die PNI zu einem faszinierenden Gebiet.

Neue psychologische Verfahren auf der einen und ausgefeilte molekularbiologische und biochemische Methoden auf der anderen Seite ergeben die zukunftsweisenden Schwerpunkte.

Lange Zeit glaubten sowohl Psychologen, Psychiater, Neurologen, Immunologen als auch Endokrinologen, sie würden sich mit einzelnen, größtenteils unabhängigen Funktionskreisen des menschlichen Körpers beschäftigen. Die Idee, daß alle miteinander vernetzt sind, daß da ein reger und lebenswichtiger Informationsaustausch zwischen Gehirn und Immunsystem über Hormonsignale stattfindet, ist neu. Das hat vor allem historische Gründe.

Und wenn Leib und Seele doch eins sind?

Wo sitzt die Seele? – Das ist wohl eine der ältesten und gleichzeitig grundlegenden Fragen der gesamten Menschheitsgeschichte: Die Seele läßt sich im Gegensatz zum handfesten, sichtbaren Körper nicht erfassen, nicht exakt lokalisieren, ja noch nicht einmal genau beschreiben. Dort sollen unsere Wünsche, Hoffnungen, Gefühle, Gedanken, Willenskraft und Vorstellungen entstehen, also schlicht das Bewußtsein. Im Laufe der vergangenen 2500 Jahre wurde es im Herzen, in der Milz und im Gehirn vermutet. Die Ansichten wechselten (Abb. 1). Der griechische Philosoph und Naturforscher Aristoteles (384–322 v. Chr.)

zählte zu den Cardiozentristen. Vor über 2300 Jahren befand er, das Herz müsse der Ort des mysteriösen Geschehens sein. Das Gehirn sei bei einem Verstorbenen kalt, so schreibt er, also könne dort wohl nicht die Seele beheimatet sein. Das Gehirn war für ihn eine Art Klimaanlage, um das erhitzte Blut zu kühlen. Alkmaeon von Kroton, griechischer Priester, Philosoph und Arzt, zunächst auf der Insel Kroton, dann in Athen, war wohl der erste, der, 120 Jahre vor Aristoteles, emotionale und geistige Aktivitäten im Gehirn vermutete. Hippokrates, Begründer der Heilkunde, war der gleichen Meinung. Krankheiten entstehen, nach seiner Philosophie, aufgrund einer fehlerhaften Mischung der Körpersäfte, wobei für ihn Umweltfaktoren, die Lebensweise und die Ernährung entscheidend waren. Auch Claudius Galenus, neben Hippokrates der bedeutendste Arzt der Antike, glaubte im Gegensatz zum Philosophen Aristoteles, daß die Seele wohl etwas mit dem Gehirn zu tun haben müsse. An diese Vorstellung der berühmten Ärzteschaft knüpfte rund 1400 Jahre später der französische Philosoph René Descartes (1596–1650) an. Er schrieb der

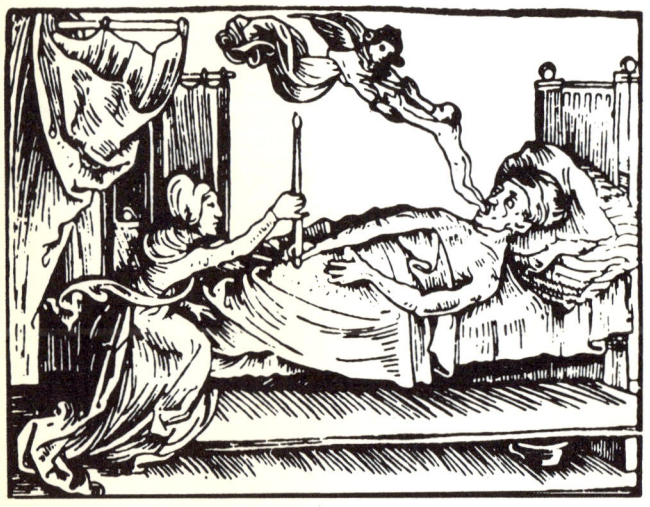

Abb. 1: Wenn der Mensch stirbt, verläßt die Seele den Körper: Das, was den Menschen zum Menschen macht, wird von einem Engel in den Himmel begleitet. So veranschaulichte man das mysteriöse Seelengeschehen in einer Lutherbibel.

an der Gehirnbasis gelegenen Zirbeldrüse eine seelische Qualität zu (Abb. 2). Trotzdem war auch im 17. Jahrhundert immer noch für viele das Herz das Zentrum des spezifisch Menschlichen. Obwohl im 16. Jahrhundert bereits das Nervensystem entdeckt wurde, dachte man noch lange, es sei nur eine Art Rohrleitungssystem, durch den der Geist in den Körper fließe. Auch Descartes glaubte, daß so die Lebenskraft transportiert würde. Beeindruckend hat er diese Vorstellung in einem berühmten Bild festgehalten: Ein Mensch hält seinen Fuß zu nahe am Feuer. Die Schmerz- oder Hitzeempfindung gelangt über die Rohrleitung ins Gehirn (Abb. 3).

Die Auseinandersetzungen über den Sitz der Seele sind zwar heftig geführt worden, aber im Prinzip haben die verschiedenen Ansichten die Leib-Seele-Diskussion nicht wirklich weitergebracht.

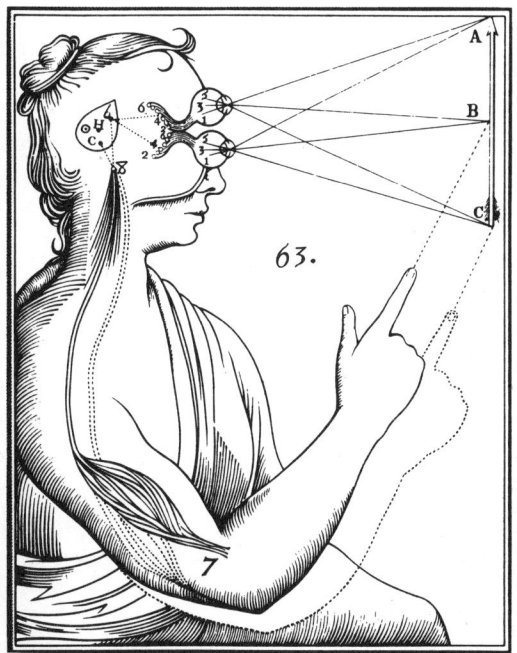

Abb. 2: Die Zirbeldrüse war für Descartes der Sitz der Seele

Ein ganz anderes Problem beherrscht dagegen noch heute die Wissenschaft: Sind Körper und Seele eins, oder sind es zwei getrennte Einheiten? Wer beeinflußt wen?

Diese Fragen haben eine Art Glaubenskrieg entfacht, der bis heute nicht entschieden ist, weder unter den Philosophen noch unter den Naturwissenschaftlern. Gleichwohl bestimmen die Antworten unser

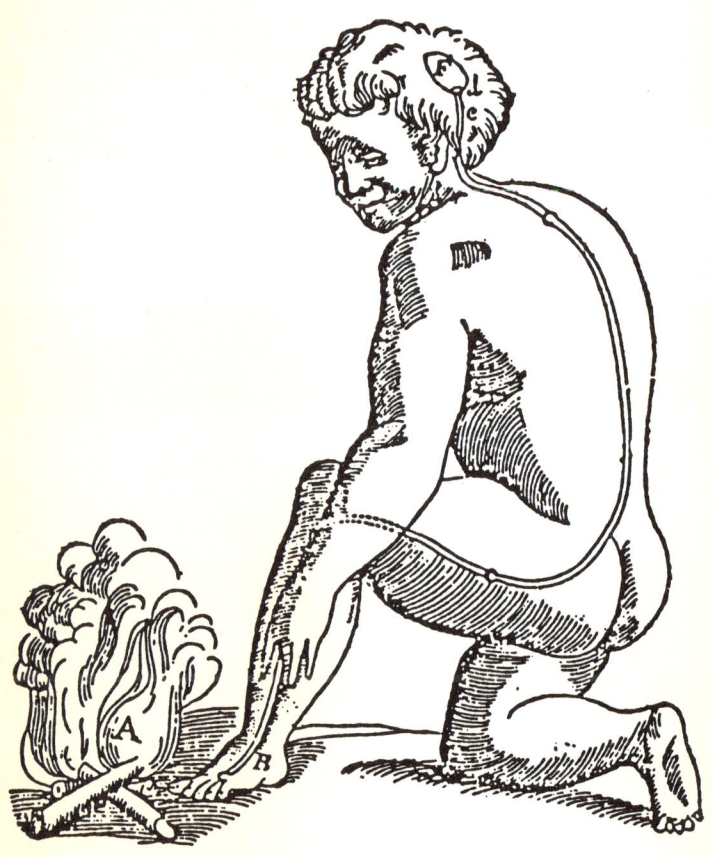

Abb. 3: Das Descartessche Modell für den «Lebensgeist»: Hält man seinen Fuß zu nah am Feuer, dringt die Energie durch die Haut ein. Eine dünne Leitung gerät dadurch in Bewegung. So gelangt die Information zu dem «Lebensgeist» (F), der im Gehirn lokalisiert ist.

Weltbild und vor allem die theoretische Basis der Me[...]
Zwei-Weg-Kommunikation sprach sich übrigens Aristo[...]
und Seele beeinflussen sich gegenseitig.

Bis zum 16. Jahrhundert waren sich die Menschen i[n]
ganzen darüber einig, daß Gott sie erschaffen hat, ebenso wie die Erde,
Tiere und Pflanzen. Wissenschaftler beschränkten sich darauf, beobachtete Phänomene zu beschreiben. Dann allerdings brach dieses
schöne klare Bild zusammen. Der Astronom Nikolaus Kopernikus, Jo-
hannes Kepler, ebenfalls Astronom und Mathematiker, und der itali-
enische Physiker, Mathematiker und Philosoph Galileo Galilei stellten
den Menschen und Gott nicht länger in den Mittelpunkt des Universums. Die Gelehrten begannen umzudenken und entwickelten die
These, daß die Sprache der Natur mathematisch und logisch sei. Aufgrund dieses neuen Weltbildes wurde eine harte Auseinandersetzung
mit der Kirche unvermeidlich. Doch dann gelang es dem dreiundzwan-
zigjährigen Mathematiker und Philosophen Descartes 1631, Ordnung
in die Kompetenzstreitigkeiten von Religion und Wissenschaft zu bringen. Er trennte Geist und Körper und machte daraus zwei unabhängige
Existenzen. Für ihn gibt es eine körperliche und eine geistige Wirklichkeit, und die geistige bedient die körperliche. Auf der einen Seite steht
die Welt der Materie (Körper), eine perfekte Maschine, die mathematisch beschreibbar ist. Auf der anderen Seite steht die unsterbliche Seele
(Geist), die unser Denken, Wünsche und unsere geistigen Funktionen
bestimmt. Sie unterliegt nicht den Gesetzen der Physik. Gleichwohl findet eine Wechselwirkung zwischen Körper und Geist statt. Diese für
alle Seiten befriedigend erscheinende Lösung ging als «Cartesischer
Dualismus» in die Annalen der Wissenschaftstheorie ein. Die Vorteile
der strikten Trennung schienen auf der Hand zu liegen: Die Theologen
behielten den Glauben an eine übergeordnete Macht, und die Wissenschaftler konnten sich ungehindert der Erforschung des materiellen
Seins widmen.

Die materiell erfaßbare Welt wurde damit allerdings zu einem «see-
lenlosen Klumpen», so die historische Beurteilung des amerikanischen
Psychologen Lynn Segal. Es wurden wissenschaftliche Methoden erar-
beitet, um Beobachtungen zu objektivieren und zu systematisieren. Der
Bereich der Seele, des Geistes blieb außen vor und unangetastet. Die
Descartessche Lösung des Leib-Seele-Problems führte zu einer Spal-
tung: auf der einen Seite entwickelte sich die gerade Straße des wissen-

_aftlichen Rationalismus und auf der anderen der mysteriöse und verschlungene Pfad der Psyche und des Transzendentalen.

Ein schönes Beispiel für die duale Wirklichkeit ist eine Szene aus dem Roman von Alexandre Dumas *Der Graf von Monte Christo*: Edmond Dantés realisiert nach vierzehnjähriger Gefangenschaft im Chateau d'If auf Monte Christo seinen Zellennachbarn Abbé Faria, der durch eine Mauer gekrochen wie ein Geist plötzlich vor ihm steht, erst als er ihn anfaßt. «Ja, du bist wirklich», erkennt er. Vorher traute er seinen Sinnen nicht. Noch hätte ihm ja seine Seele, hätten ihm also seine Wünsche und Hoffnungen nach so vielen Jahren der Einsamkeit einen Streich spielen können.

Die Realität ist faßbar, und was nicht faßbar ist, ist nicht real – das ist die verzwickte Schlußfolgerung. Und die Seele ist nun einmal nicht faßbar. Die Komplexität und die nur rudimentäre Beschreibbarkeit des Geistigen erschweren den Zugang.

Das dualistische Denken ist allerdings alt, wie der britische Philosoph Sir Karl Popper nachweist. Schon Homer, Sokrates, Platon und eben Aristoteles waren Dualisten, die die Psyche jedoch als einen materiellen Seelenstoff betrachteten. Descartes dagegen beschreibt die Seele als körperlos, und damit schafft er, so Popper, unnötige Schwierigkeiten.

Bereits 1888 zwang ein Mann die Dualisten, ihre These von der körperlosen Seele neu zu überdenken. Der spanische Maler und Neuroanatom Santiago Ramón y Cajal behauptete als erster, daß das Nervensystem aus Neuronen – also Nervenzellen – bestehe. Er färbte mit besonderen Techniken, die sein Kollege Camillo Golgi entwickelt hatte, Nervenzellen und entschlüsselte so ihre Struktur. Es entstand eine Klassifizierung von verschiedenen Arten von Neuronen, die noch heute gültig ist. Beide bekamen 1906 den Nobelpreis für die Neuronentheorie. Der amerikanische Gehirnphysiologe David Hubel, ebenfalls Nobelpreisträger (1981), meint sogar, daß Cajals Veröffentlichung aus dem Jahre 1904, «Structure of the Nervous System in Man and Vertebrates», die wichtigste Einzelveröffentlichung auf dem Gebiet der Neurobiologie ist. Zum erstenmal wurde vorstellbar, daß Denken und Fühlen in der Tat durch die Aktivität der Neuronen ermöglicht wird. Wo sollte eine «immaterielle» Seele in dem Gewirr der Neuronen sein, wenn nicht in der Aktivität und Vernetzung der Neuronen selbst? Wie sollte ein geistiger Bestandteil physikalische Energie freisetzen, und wie empfängt der nichtphysikalische Geist Botschaften aus der anderen Wirklichkeit? Der

Wissenschaftsjournalist Franz Mechsner hat diese Fragen in der Zeitschrift *GEO-Wissen* als «psychophysisches Dilemma» beschrieben, zu Recht. Die gesamte Diskussion ist ein Dilemma, und ein unnötiges dazu. Diese Energietransformation ist mit unserem heutigen Wissen nicht vorstellbar. Wer an eine unsterbliche Seele glaubt, muß wohl oder übel auch an den Dualismus von Leib und Seele glauben. Philosophen haben lange nach einem Ausweg aus der gedanklichen Sackgasse gesucht. Könnten nicht geistige und körperliche Prozesse parallel ablaufen, wie zwei unabhängige Uhren, die aber exakt synchronisiert sind? Oder ist das Ganze etwa ein Scheinproblem, weil unsere Sprache einfach nicht in der Lage ist, Psychisches auszudrücken? Sind geistige und körperliche Prozesse am Ende doch dasselbe? Oder entstehen die Wechselwirkungen zwischen Körper und Geist in der Hirnrinde, wie der australische Gehirnforscher John Eccles, der 1963 den Nobelpreis für Medizin bekam, und Sir Karl Popper behaupten? Die endgültige Antwort gibt es nicht. Unsere Vorstellungskraft, beziehungsweise unser Geist, stößt hier an eine Grenze.

Leider nützt diese fatale Erkenntnis wenig, denn Wissenschaftler können sich, wenn sie sich mit dem Menschen beschäftigen, und vor allem mit seinen Krankheiten, nicht um das Leib-Seele-Problem herummogeln.

Die traditionelle Medizin ist materialistisch und mechanisch orientiert. Das Paradigma des Cartesischen Dualismus hat als Modellvorstellung die Theorien einer ganzen Epoche bestimmt und zu einer paradoxen Situation geführt: Es existieren eine seelenlose Körpermedizin und eine körperlose Seelenmedizin. Hier die Kliniken für Körper ohne Seelen und dort die Neurosenkliniken für Seelen ohne Körper, so hat der Freiburger Psychosomatiker Thure von Uexküll die Situation charakterisiert. Warum sich der Dualismus und das Paradigma der Körper-Maschine und der nichtphysikalischen Seele so weit entwikkeln konnten, ist nachvollziehbar. Anatomen und Pathologen haben nach Descartes in den letzten zwei Jahrhunderten in jeder Leiche, auch im Gehirn, verzweifelt nach der Seele gesucht und sie nicht gefunden. Also konnte dieses flüchtige Etwas nicht im Körper beheimatet sein. Die Geschichte des Leib-Seele-Problems ist nach Thure von Uexküll ein Leich-Seele-Problem. Weder in einer Maschine noch einem toten Körper hat die Seele einen Platz. Mediziner haben es jedoch meist mit lebenden Menschen zu tun, die zudem auch nur bedingt wie Maschinen funktionieren. Sie haben ein individuelles Bewußtsein, eine eigene soziale Umwelt. Es wird also Zeit für einen Paradigmenwechsel. Das alte dualistische Maschinenmodell hat ausgedient.

Übrigens nehmen sowohl Thure von Uexküll als auch der amerikanische Psychiater Herbert Weiner Descartes in Schutz. Er habe das dualistische Modell nicht auf Krankheiten anwenden wollen. Mediziner hätten aus den Gedanken von Descartes ein Modell der Krankheit entwickelt. Sie ist demnach eine «räumlich lokalisierbare Störung in einem technischen Betrieb» – eine Art Betriebsschaden. Daraus entwickelte sich die organorientierte Medizin mit all ihren Unzulänglichkeiten. Wagt man das Gedankenexperiment und betrachtet Körper und Seele als eine untrennbare Einheit, dann entsteht daraus eine neue Modellvorstellung.

Integrative Medizin: biopsychosozial

Dabei kann es nicht darum gehen, die Seele in den Körper zu integrieren, sondern darum, ein einheitliches System zu schaffen. Eine somatische, körperorientierte und eine «psychische» Medizin zu addieren ergibt nicht die psychosomatische Medizin. Während die einen davon ausgehen, daß Krankheiten nur aus körperlichen Störungen entstehen, meinen die anderen, allein psychische Faktoren, die sowohl im Menschen selbst als auch in seinem sozialen Umfeld begründet sein können, lösen Krankheiten aus. Die Psychosomatik wäre dann eine psychiatrisch-internistische Lehre, die bei einigen typischen Krankheiten beide Bereiche als Verursacher annimmt. Die Psychoneuroimmunologen, wie auch einige Psychosomatiker, wollen dagegen die Trennung aufheben und eine Einheit aus Organismus und Umwelt bilden. Der Begriff «Integrative Medizin» soll genau diesen Prozeß beschreiben. Das neue konkurrierende Paradigma ist ein Paradigma der Beziehungen zwischen Organismen und ihrer Umwelt. Und diese Beziehungen bestehen nicht aus imaginären Bändern, sondern aus Signalen, die physikalische, chemische oder elektrische Eigenschaften haben. Krankheit wäre dann eine Kommunikationsstörung zwischen biologischen, psychischen und sozialen Vorgängen. Krankheiten sind nie rein somatisch oder psychisch, sondern entstehen immer in einem Wechselspiel: Der Körper ist ein Netzwerk.

Allein die Unterscheidung zwischen psychischen, somatischen und psychosomatischen Krankheiten ist damit nicht sinnvoll. Da die Psyche nicht irgendwo außerhalb des Körpers stattfindet, sondern unweigerlich ein Teil davon ist, sind psychische Erkrankungen auch somatische und körperliche Beschwerden ebenso psychische. Das Bewußtsein, mit dem wir unser Verhalten steuern, ist dann kein immaterieller Seelenprozeß mehr, der das Gehirn veranlaßt, diese oder jene Botschaft auszusenden, sondern das Bewußtsein entspricht den Gehirnprozessen selbst. Die Frage, ob sich in einer verborgenen Ecke des Nervensystems dennoch eine mit naturwissenschaftlichen Erkenntnissen nicht erfaßbare Seeleneinheit befindet, bleibt offen, solange das menschliche Gehirn nicht gänzlich erforscht ist.

Für die Theorie von Gesundheit und Krankheit muß somit gelten, daß immer mindestens drei Faktoren zusammenspielen müssen:

1. ein biologischer Faktor (zum Beispiel eine ererbte Veranlagung oder ein Krankheitserreger)
2. ein psychologischer Faktor (zum Beispiel Schicksalsschläge, Streß oder unverarbeitete Persönlichkeitskonflikte)
3. ein sozialer Faktor (zum Beispiel die Arbeitssituation und die sozialen Beziehungen zum Partner oder Vorgesetzten)

Krankheiten entstehen nach diesem Modell in einem biopsychosozialen Kontext und nie in einem Vakuum. Genauso wie biologische, psychische und soziale Faktoren bei der Entstehung und dem Verlauf einer Krankheit zusammenwirken, lassen sich Körper und Seele nicht voneinander trennen. Die müßige Diskussion um den Descartesschen Dualismus wird durch das neue Netzwerk-Paradigma der Psychoneuroimmunologie auf eine neue naturwissenschaftliche und wohl auch philosophische Basis gestellt.

Schon vor vielen Jahren haben sich aus der Psychosomatik heraus neue Psychotherapiemethoden, wie die Verhaltenstherapie, entwickelt. Bei aller Begeisterung über den alternativen Ansatz im Vergleich zu der organorientierten Medizin blieben jedoch immer viele Fragen offen: Wie entsteht das psychische Befinden eines Menschen? Warum leidet der eine bei zuviel Streß an sogenannten psychosomatischen Störungen, der andere aber nicht? Sicher ist auch die kategorische Trennung nicht realistisch. Glaubt man den Psychoneuroimmunologen, dann entstehen Krankheiten im Zusammenspiel zwischen dem Erbgut, das jeder von uns von den Eltern mitgeliefert bekommt, und der Umwelt, die wir uns zumindest in Maßen selbst gestalten können. Was bedeutet diese tagtägliche Auseinandersetzung zwischen den Genen im Kern jeder einzelnen Körperzelle und der persönlichen Lebensgeschichte sowie dem sozialen Umfeld für unsere Gesundheit? Wenn man diese Beziehungen und Abhängigkeiten erforschen kann, dann wird die PNI *ein Modell für naturwissenschaftlich fundierte psychosomatische Medizin* werden. Und noch mehr: Vielleicht werden wir eines Tages lernen müssen, daß Erkrankungen, bei denen wir heute die Störung im Immunsystem vermuten, Erkrankungen des Hormonoder Nervensystems sind oder daß einige neurologische Krankheiten eigentlich Erkrankungen des Immunsystems sind. Die klassische Einteilung in feste Krankheitsbilder wird sich unter Umständen grundlegend ändern.

Noch ist die Psychoneuroimmunologie eine Grundlagenforschung, und erst wenige neue Therapieansätze zeichnen sich als Lichtstreif am Horizont ab. Daraus könnten jedoch einmal neue Medikamente, die das Immunsystem oder den Gehirnstoffwechsel beeinflussen, entwickelt werden, oder Placebomittel ohne Wirkstoff, die gezielt einsetzbar sind. Aber auch Biofeedback, Suggestion, Entspannungs- und Vorstellungsübungen werden sich vielleicht als sinnvolle Therapien erweisen. An einigen Kliniken, vor allem in den USA, werden solche unkonventionellen Therapien bereits angeboten. Ein regelrechter Boom läßt diese Mind-Body-Kliniken wie Pilze aus dem Boden schießen. Ob man aber zum Beispiel mit Hilfe der Autosuggestion wirklich eine Krankheit heilen kann, ist absolut fraglich. Das mag enttäuschend klingen, aber ungerechtfertigte Hoffnungen zu wecken hilft weder den Patienten noch der seriösen PNI-Forschung, im Gegenteil. Die selbsternannten populären Körper-Seele-Propheten schaden der Psychoneuroimmunologie nur. Allzu schnell haben sich zahlreiche Buchautoren in den USA auf die einprägsame wie einfache Formel «Denke positiv, dann bleibst du gesund!» eingeschworen. Daran glaubt man natürlich gern. Die Botschaft kommt beim Leser an. Anders läßt sich der Bücher-Boom, der zur Zeit den Markt überrollt, nicht erklären. Seit Jahren stehen Körper-Seele-Selbstheilungsbücher auf den Bestsellerlisten. Sie beschwören die Kraft der Psyche. Lachen, Freude, Freunde – das sind die Zauberworte. Die Düsseldorfer Psychologin Sybille Klosterhalfen hat das treffend mit dem Begriff

«PNI-Mythologie» umschrieben. Denn leider läßt sich ein komplexes Netzwerk so einfach nicht überlisten. Auch die Psyche ist immer nur ein Faktor unter vielen.

Aber die engagierten Befürworter dieser Forschungsrichtung bezweifeln nicht, daß die Psychoneuroimmunologie die Medizin des 21. Jahrhunderts werden könnte. Es gibt Mediziner, die behaupten sogar, daß die PNI für das kommende Jahrhundert das werden wird, was die Erforschung des Erbmaterials und die Gentechnik in diesem Jahrhundert sind. Ohne Gentechnik, das sei gleich dazugesagt, wäre allerdings die PNI-Forschung, wie sie derzeit weltweit gestartet wird, überhaupt nicht möglich. Die molekulare Verbindung zwischen Geist und Körper zu entschlüsseln ist nur mit modernster Technik möglich. Ein Allheilmittel für sämtliche Übel aber wird auch die PNI nicht liefern können, selbst in hundert Jahren nicht.

Interdisziplinäre Forschung

Sicher wird durch den neuen integrativen Forschungsansatz der PNI die wissenschaftliche Arbeit in der Tat nicht einfacher. Das Immunsystem selbst ist ein ausreichend komplexes Gebiet, die Psyche steht da in nichts nach, und die Hormone sind durch die vielfältigen Mechanismen, mit denen sie agieren, ebenfalls nur schwer zu erforschen.

Neurobiologie

Das Gehirn ist schon seit vielen hundert Jahren Gegenstand intensiver Forschungsbemühungen. Aber erst Anfang dieses Jahrhunderts begann man zu ahnen, wo welche Gehirnfunktionen in der drei Pfund schweren gallertartigen Masse in unserem Kopf liegen – zumindest ungefähr. Daß zum Beispiel der kirschgroße Hypothalamus ähnlich einem Schaltzentrum die Informationen aus den verschiedensten Hirnregionen aufnimmt, um sie über das vegetative Nervensystem oder über die erbsengroße Hirnanhangdrüse, auch Hypophyse genannt, an den Körper weiterzuleiten, erkannte man erst viel später. Wie Gehirnzellen funktionieren, welche Botenstoffe sie zur Kommunikation benutzen, und welche Gehirnhormone wo gebildet werden, beginnt man erst seit kurzem zu verstehen. Die sich schnell entwickelnde Molekularbiologie machte es möglich, Schlüsselgene und Eiweißkörper zu analysieren. Und diese Forschung ist noch lange nicht beendet. Der amerikanische Kongreß zumindest hat die neunziger Jahre zur «Dekade des Gehirns» gemacht und stellt den US-Neurobiologen knapp eine Milliarde Dollar für die Forschungsarbeit zur Verfügung.

Wie funktioniert das Gedächtnis? Welche Strukturen verändern sich während eines Lernprozesses? Wo liegen die Ursachen für psychische Erkrankungen wie Depression und Schizophrenie? Wie entstehen die Gefühle im Gewirr von 100 Milliarden Nervenzellen? Das sind die zukünftigen Fragen der Neurobiologie. Die Neuropsychologie wird dazu beitragen, empfindlichere Methoden für die quantitative und qualitative Erfassung psychischen Verhaltens zu entwickeln.

Endokrinologie

In den dreißiger Jahren gelang es dem Nobelpreisträger Adolf Butenandt in Berlin, die Sexualhormone chemisch zu charakterisieren. In mühseliger Kleinarbeit wurde der Urin schwangerer Frauen hektoliterweise gesammelt, um darin die Hormone aufzuspüren. Diese wichtigen Informationssubstanzen wirken in außerordentlich kleinen Mengen, und deshalb waren sie lange mit herkömmlichen Analysemethoden nur schwer zu entdecken. In den sechziger und siebziger Jahren untersuchte Roger Guillemin in Kalifornien 6 Millionen Schafhirne und fand wenige Milligramm einiger Hypothalamus-Hormone. 1977 erhielt er dafür den Nobelpreis. Daß auch das Streßhormon Cortisol über einen im Gehirn synthetisierten Eiweißkörper reguliert wird, vermutete Geoffrey Harris bereits in den vierziger Jahren. Erst 1981 gelang die Aufklärung der Struktur dieses Eiweißhormons, nachdem es ebenfalls aus über einer halben Million Schafshypothalami isoliert wurde. Untersuchungen an verschiedenen amerikanischen Universitäten und dem Max-Planck-Institut für Psychiatrie in München zeigten, daß dieses Hormon bei psychischen Erregungszuständen wie panischer Angst, Depression oder auch beim Drogenentzug vermehrt synthetisiert wird. Einer anderen Erkenntnis aus der Endokrinologie verdanken wir die Antibabypille. Der Monatszyklus der Frau wird durch das Zusammenspiel mehrerer Hormone im Gehirn reguliert. Durch Einnahme des Sexualhormons Östrogen kann man in diesen Regelkreis eingreifen und gezielt die Bildung einer befruchtungsfähigen Eizelle verhindern.

Immunologie

Die Erforschung des Immunsystems begann bereits 1796, als der englische Wundarzt Edward Jenner das Prinzip der Immunisierung entdeckte und eine Schutzimpfung gegen die Pocken entwickelte.

Das Immunsystem besteht aus verschiedenen Geweben, wie Knochenmark, Thymusdrüse und Milz, und mobilen Immunzellen, die ständig im Blut patrouillieren, um Eindringlinge wie Viren, Bakterien oder Pilze aufzuspüren und zu vernichten. Gleichzeitig unterliegt teilweise auch die Entstehung von entarteten Körperzellen der Überwachung durch das Immunsystem. 1884 entdeckte der Russe Ilja Metschnikow die weißen Blutkörperchen, und 1890 nannte der deutsche Arzt Paul Ehrlich die löslichen Stoffe im Blutserum «Antikörper». Heute weiß man, wie der Körper diese Erkennungsmoleküle bildet und sich somit gegen fremde Stoffe wappnet. 1928 entdeckte Alexander Fleming das Penicillin als erstes wirksames Medikament gegen Bakterien, und 1957 wurde die Polio-Schluckimpfung eingeführt. Auch die komplizierten Reaktionsketten und die vielen Immunhormone sind keine weißen Flecken mehr auf der wissenschaftlichen Landkarte. Durch die Gentechnik ist man in der Lage, schnell neue Impfstoffe zu konstruieren. Seit Mitte der siebziger Jahre nämlich ist es möglich, Teile des Erbgutes über die Artgrenzen hinweg zu verpflanzen – also zum Beispiel von Menschen auf Bakterien oder von Mäusen in Hefezellen. Die Bauanleitung für die Produktion von menschlichen Eiweißstoffen wird in Bakterien eingesetzt, und die stellen dann in großer Menge eine für sie selbst völlig nutzlose Substanz her, zum Beispiel Insulin, Blutbestandteile und auch Immunbotenstoffe – im Prinzip jeden Stoff, den wir begehren.

Die Immunologie ist eines der dynamischsten Forschungsgebiete der Medizin, und ohne ihre Erkenntnisse wäre eine effektive Therapie verschiedenster Krankheiten nicht mehr denkbar. Kennzeichnend für den Forschungsboom ist die Tatsache, daß die meisten Nobelpreise für Medizin, die in den letzten Jahren von der schwedischen Akademie vergeben wurden, an Immunologen gingen.

In der Psychoneuroimmunologie fügt man jetzt all die bislang bruchstückhaften Erkenntnisse aus der Gehirnforschung, der Immunologie und der Endokrinologie zusammen und untersucht, welche wechselseitigen Beziehungen bestehen (Abb. 4). Welche Rolle spielt zum Beispiel das Streßhormon Cortisol beim Ausbruch psychischer Erkrankungen wie Depressionen? Wie wirken sich Streß und Depression auf das Immunsystem aus? Wie kann ein weißes Blutkörperchen erkennen, ob wir glücklich, traurig oder gestreßt sind? Wie kann man den Effekt von Entspannungsübungen, Suggestion, Hypnose und Anti-Streß-Programmen erklären? Wie erhält das Gehirn auf der anderen Seite Informationen über das Geschehen im Immunsystem, zum Beispiel bei einer Grippe?

Allerdings hat die interdisziplinäre Forschung, die nötig ist, um diese Fragen beantworten zu können, kaum eine Tradition. Sie ist beileibe nicht selbstverständlich. Hochkarätige Spezialisten verständigen sich kaum untereinander. Was weiß ein Immunologe heutzutage über die

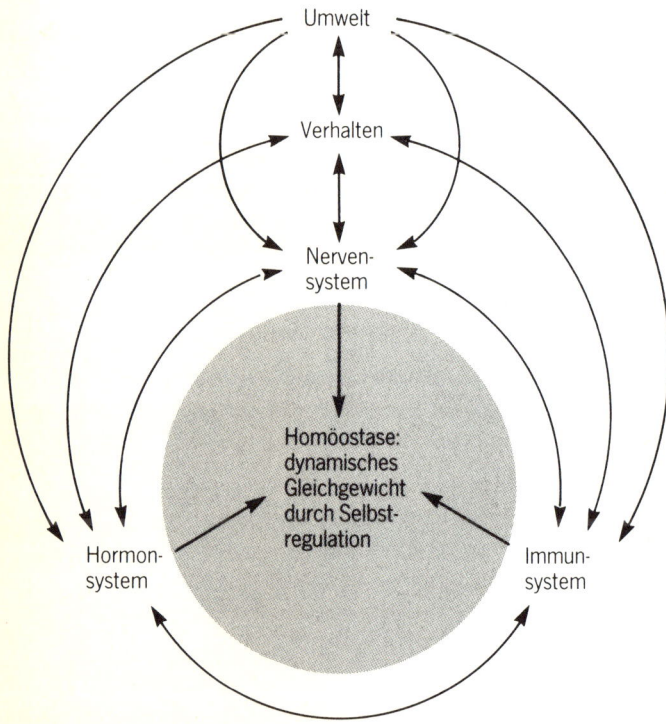

Abb. 4: Mensch und Umwelt: Die Systeme beeinflussen sich gegenseitig und halten so ein dynamisches Gleichgewicht aufrecht.

Psyche? Die läßt sich schließlich nicht im Reagenzglas untersuchen, wie etwa einzelne Immunzellen. Die Immunologie ist in großen Teilen eine «in vitro»-Forschung – also Arbeit im Labor. Wie die Prozesse «in vivo», also im Menschen, unter den verschiedensten Umweltbedingungen ablaufen, läßt sich nur schwer untersuchen. Und was lernt ein Psychologe während des Studiums über das Immunsystem, über Antikörper, Killerzellen, Thymusdrüse und Knochenmark? Primär geht es bei psychoanalytischen Theorien um unbewußte Kindheitserlebnisse, verdrängte Triebe und vieles mehr. Daneben steht das erfaßbare Verhalten im Vordergrund, und es werden Methoden entwickelt, um psychologische Parameter auf wissenschaftlicher Grundlage erfassen zu können. Diejenigen, die Krankheitsentstehung aus der Lebensgeschichte heraus verstehen wollen, haben sich so gut wie nie mit den Funktionsabläufen im Gehirn auf naturwissenschaftlicher Grundlage auseinandergesetzt. Das überließ man den Neuroanatomen und Physiologen. Die wiederum interessierten sich nur gelegentlich für das seelische Befinden. Erst langsam beginnt der zusammenführende Brückenschlag zwischen den verschiedenen Forschungsrichtungen.

Immerhin wurden in den USA an den Universitäten in Rochester, Los Angeles und San Francisco spezielle Ausbildungsprogramme für Psychoneuroimmunologen eingerichtet. In Australien ist die Situation ähnlich, und in der Bundesrepublik Deutschland formiert sich ebenfalls ein Forschungsschwerpunkt. In München, Ulm, Tübingen, Mainz, Trier, Marburg, Hannover, Münster, Düsseldorf, Lübeck, Kiel, Leipzig und Hamburg arbeiten einige Gruppen von Wissenschaftlern zusammen. Viele werden über den Förderschwerpunkt Neuroimmunologie, Befinden und Verhalten der Stiftung Volkswagenwerk unterstützt. Von 1989 bis 1993 waren es 21,6 Millionen Mark.

Drei Systeme, die die Welt bedeuten

Vorab etwas Molekularbiologie

Der menschliche Körper besteht aus rund 100 Milliarden Gehirnzellen und ungefähr 100 Billionen Körperzellen, zu denen auch die Keimzellen zählen. Das ist die Grundsubstanz des menschlichen Lebens. Durch sie können wir uns bewegen, verdauen, atmen, optische und akustische Signale verarbeiten, denken und fühlen. Möglich wird dies allerdings erst durch die hochkomplexe *Ordnung* der riesigen Anzahl von Zellen, genauer deren Aufgabenteilung und Kommunikation untereinander. Im Prinzip unterscheiden sich Leber-, Darm-, Muskel- und Gehirnzellen nicht. Sie alle besitzen Organellen, wie Ribosomen, eine Zellmembran und einen Zellkern, in dem die gesamte Erbsubstanz gut verpackt ruht. «Ruhen» ist dabei eine irreführende Beschreibung. In jeder Sekunde laufen dort unzählige biochemische Reaktionen ab, ebenso wie an der Zellmembran, die die kleinste Baueinheit des Lebens wie eine poröse Haut umschließt (Abb. 5). Die meisten Zellbestandteile sind aus nur wenigen chemischen Elementen aufgebaut: Kohlenstoff, Wasserstoff, Sauerstoff, Stickstoff, Schwefel und Phosphor. Diese Stoffe finden sich in allen zellulären Bestandteilen und der Erbsubstanz, aber auch in Enzymen, Hormonen und Antikörpern. Doch wie entstehen diese Produkte?

Die Hormonherstellung im Körper schwankt zum Beispiel: Die Hormone werden im Körper in fein aufeinander abgestimmten Pulsen in die Blutbahn ausgeschüttet und hängen sowohl von der inneren Uhr, die den Rhythmus dieser Pulse bestimmt, als auch von äußeren Einflüssen ab. So werden beim Erwachsenen einige Hormone, zum Beispiel das Wachstumshormon, in erster Linie während des Schlafs ausgeschüttet, während andere Hormone, wie etwa die Geschlechtshormone der Frau, vom Monatszyklus abhängen. Die Hormone des Streßsystems entstehen dagegen oft von einer Minute auf die andere bei ent-

sprechenden Reizen. Viele Antikörper zur Abwehr eines krankheitser-
regenden Bakteriums müssen erst gebildet werden, wenn wir uns infiziert haben, und Verdauungsenzyme werden auch erst nach einem aus-
giebigen Schlemmermahl benötigt. Einzelne Zellen oder Zellverbände
müssen also über den aktuellen Zustand im Körper informiert sein, um
ihre vielen Aufgaben genau zum richtigen Zeitpunkt effektiv erfüllen
zu können. Außerdem müssen die Zellen untereinander kommunizieren, also Botschaften senden und Botschaften empfangen. Wenn man
die Komplexität psychoneuroimmunologischer Forschung verstehen
will, ist es notwendig, die grundlegenden biochemischen Abläufe in
Zellen zu kennen.

Die Bauanleitung für alle Zellprodukte liegt beim Menschen in den
22 Chromosomenpaaren und den zwei Geschlechtschromosomen –
entweder zwei X-Chromosomen oder ein X- und ein Y-Chromosom.
Die Chromosomen im Zellkern bestehen aus gedrehten Kettenmolekü-
len. James Watson und Francis Crick haben 1953 im englischen Cambridge dieses Modell der Doppelhelix aus Desoxyribonukleinsäure
entwickelt (Abb. 6). Die wechselnde Abfolge von nur vier verschiedenen Bausteinen in dieser Desoxyribonukleinsäure, kurz DNS, entscheidet über das Geschlecht eines Menschen, über Haar- und Augenfarbe,
seine Persönlichkeit und über die Veranlagung für bestimmte Erkrankungen – eigentlich über alles. Die vier Basen Adenin, Thymin, Guanin
und Cytosin bilden als Paare angeordnet zusammen mit Zucker-Phos-
phatanteilen die «strickleiterartige» DNS. Hier ist die gesamte genetische Information gespeichert, wenn auch in differenzierten Zellen zum
jeweiligen Zeitpunkt nur einige wenige Anteile aktiv sind.

Die DNS einer einzigen Zelle hat ein bis zwei Meter Länge. Durch
extreme Drehung und Faltung paßt die Information aber in den nur
fünf tausendstel Millimeter großen Zellkern. Jede Zelle enthält dabei
alle Information. In einer Gehirn-, Haut- oder Leberzelle liegt immer
der komplette Chromosomensatz. (Eine Ausnahme bilden die roten
Blutkörperchen, die keinen Zellkern besitzen.)

Einzelne Abschnitte der Chromosomen, oder besser Informations-
einheiten, werden als Gene bezeichnet. Allerdings bestimmen oft erst
einige Gene gemeinsam ein Merkmal, und längst nicht alle Gene haben
eine klar definierbare Funktion. Da gibt es Steuergene, die festlegen,
wann mit welcher Geschwindigkeit ein Eiweiß oder eine andere Substanz produziert wird, und viele haben wahrscheinlich überhaupt keine

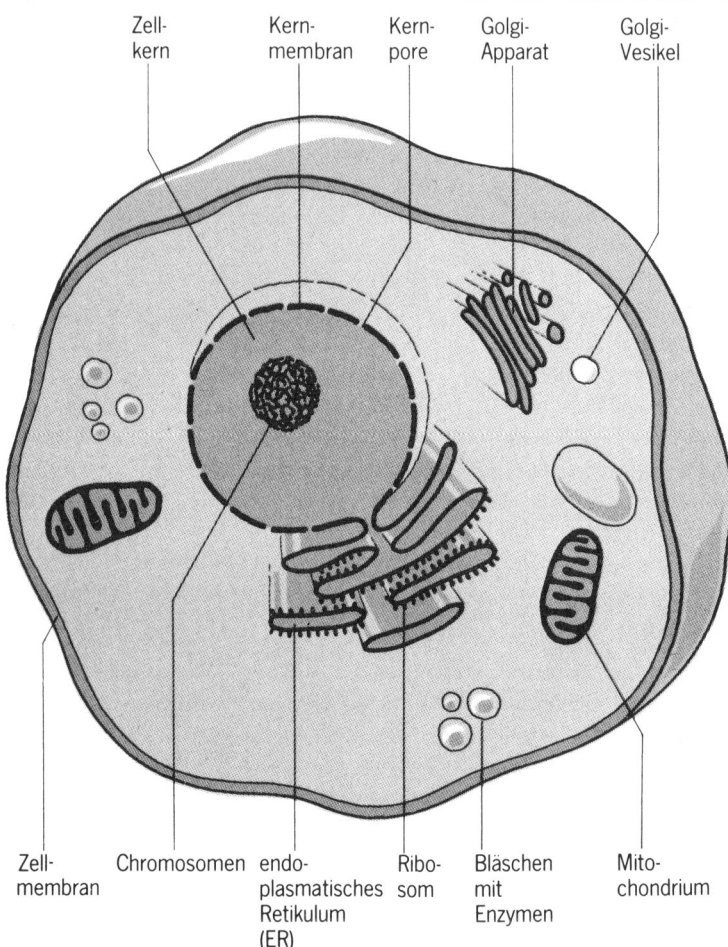

Abb. 5: Die Zelle ist das kleinste selbständige Grundelement des Lebens. Dieses schematische Bild einer Tierzelle zeigt die wichtigsten Bestandteile: den Zellkern mit den Chromosomen, die Mitochondrien für die Energieversorgung, das endoplasmatische Retikulum mit den Ribosomen für die Translation der DNS in Eiweiße, die Bläschen als Vorratskammer für Enzyme und den Golgi-Apparat als Transportsystem.

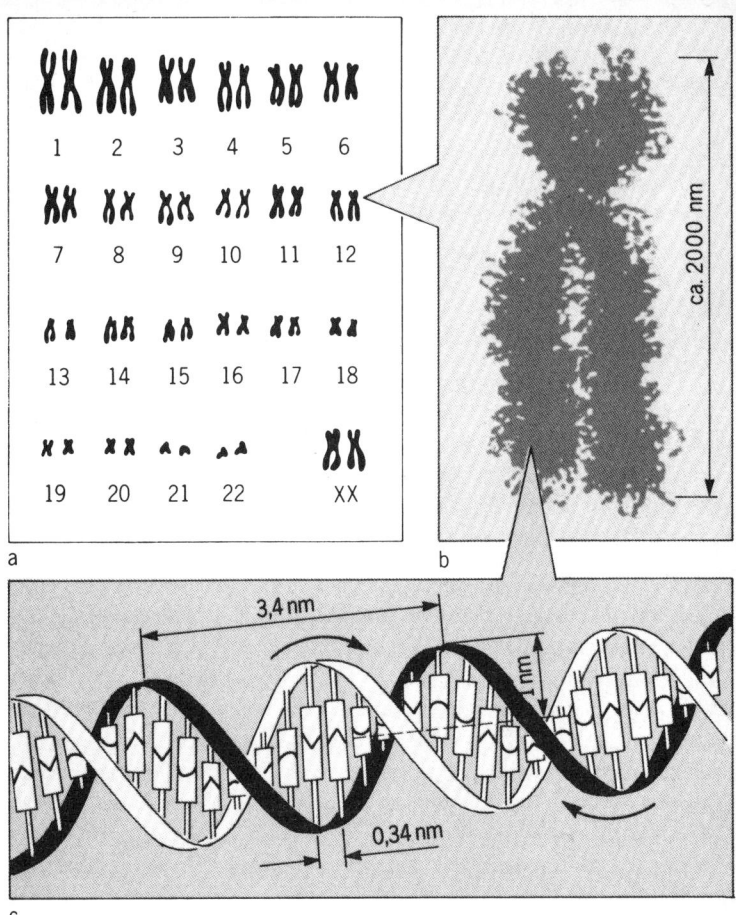

a

b

c

Abb. 6: a) Der komplette Chromosomensatz eines Menschen. In jeder Körperzelle befinden sich 22 Chromosomenpaare und bei der Frau zusätzlich zwei X-Chromosomen, beim Mann ein X- und ein Y-Chromosom.

b) Ein typisches menschliches Chromosom ist etwa 2 Mikrometer lang und besteht aus zwei Chromatiden, die sich überkreuzen. Hier wurde die kompakte Struktur durch Enzyme aufgelockert, so daß die knäuelartige gedrehte Struktur sichtbar wird.

c) Das Modell der DNS-Doppelhelix. Die beiden Stränge mit den Bausteinen verlaufen antiparallel. Die Bänder aus Zucker-Phosphatteilen bilden das Rückgrat der Wendeltreppe.

Funktion. Man schätzt, daß 98 Prozent der DNS sogenannte Unsinn-DNS ist. Aber vielleicht kennen wir auch die Bedeutung nur noch nicht? Hormone wie Insulin und Cortisol zählen ebenso zu den von der DNS kodierten Substanzen wie die Antikörper des Immunsystems, das Kollagen der Haut und der Blutfarbstoff Hämoglobin. Wie gesagt: Die Bauanleitung dafür liegt in den Genen. Wie wird nun die Information aus der DNS in Protein umgesetzt?

Zunächst fertigt ein Enzym eine Abschrift der DNS an (Transkription) – ebenfalls ein Kettenmolekül. Diese Boten-RNS (Messenger-Ribonukleinsäure = mRNS) wird durch die Kernhülle hinaus in das Zellplasma transportiert. Dort befinden sich viele kleine «Eiweißfabriken», die Ribosomen, und dort wird die mRNS in die Sprache der Proteine umgeschrieben (Translation). Das ist ein komplizierter Prozeß mit vielen Zwischenschritten, an dem wiederum Enzyme und andere Moleküle beteiligt sind. Am Ende kommt jedoch eine zusammenhängende Kette von Aminosäuren heraus (Abb. 7), die in einer Art Kanalsystem verpackt wird. Von diesem endoplasmatischen Retikulum aus gelangen die Stoffe zum Golgi-Apparat (Abb. 5) und werden dann entweder innerhalb der Zelle an den Ort transportiert, wo sie gebraucht werden, oder sie gelangen nach außen, zum Beispiel in den Blutkreislauf. Je nachdem, wie die insgesamt knapp über zwanzig körpereigenen essentiellen Aminosäuren angeordnet sind, faltet sich daraus das Protein – ein Eiweißkörper. Kurze Ketten von Aminosäuren nennt man Peptide, längere dagegen Proteine. Mehrere Aminosäureketten können zusammen große Proteine mit einer vielfältigen dreidimensionalen Struktur bilden, wie zum Beispiel das Hämoglobin. Oft ist diese Struktur mit Einbuchtungen, Höhlen oder langen herausragenden, zapfenähnlichen Teilen dann für die eigentliche Funktion des Proteins verantwortlich. Eiweiße können wasser- oder fettlöslich sein oder sich wie eine Säure beziehungsweise Lauge verhalten. Das ist abhängig von der Anordnung der Aminosäuren und damit letztlich von der Anordnung der Bausteine der DNS.

Die DNS selbst ist – wie gesagt – nur aus vier verschiedenen Bausteinen aufgebaut, die eben in unterschiedlicher Reihenfolge dann den Informationsgehalt ausmachen. Ist in einem Gen aus rund zweitausend Bausteinen nur ein einziger verändert, kann das zu einer lebensbedrohlichen Krankheit führen.

So ist zum Beispiel bei der Erbkrankheit Sichelzellenanämie, die vor

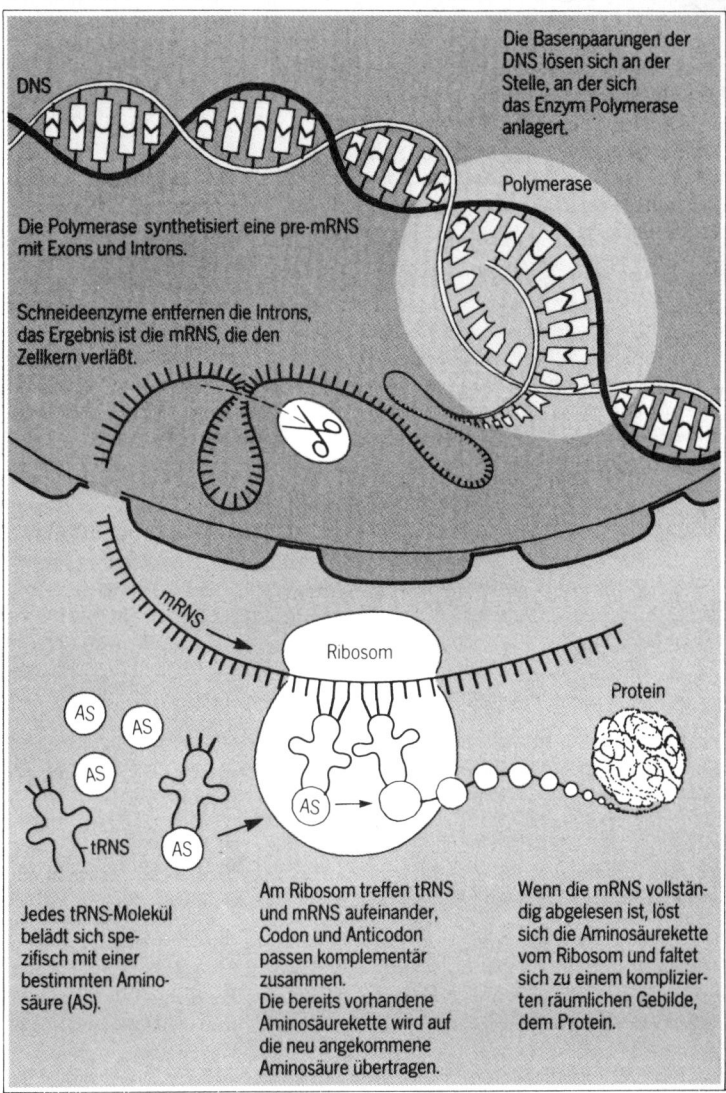

Die Basenpaarungen der DNS lösen sich an der Stelle, an der sich das Enzym Polymerase anlagert.

DNS

Polymerase

Die Polymerase synthetisiert eine pre-mRNS mit Exons und Introns.

Schneideenzyme entfernen die Introns, das Ergebnis ist die mRNS, die den Zellkern verläßt.

mRNS

Ribosom

Protein

AS

AS

AS

tRNS

AS

AS

Jedes tRNS-Molekül belädt sich spezifisch mit einer bestimmten Aminosäure (AS).

Am Ribosom treffen tRNS und mRNS aufeinander, Codon und Anticodon passen komplementär zusammen.
Die bereits vorhandene Aminosäurekette wird auf die neu angekommene Aminosäure übertragen.

Wenn die mRNS vollständig abgelesen ist, löst sich die Aminosäurekette vom Ribosom und faltet sich zu einem komplizierten räumlichen Gebilde, dem Protein.

Abb. 7 : Die Proteinsynthese

allem in Zentralafrika häufig auftritt, in dem gesamten Hämoglobin-Gen nur eine Thymin-Base gegen Adenin ausgetauscht. Im Protein Hämoglobin wird deshalb statt der Aminosäure Glutaminsäure die Aminosäure Valin eingebaut. Dieser Austausch gibt den Blutplättchen die charakteristische sichelförmige Gestalt. Das Sichelzell-Hämoglobin bindet weniger Sauerstoff und verstopft die feinen Blutgefäße. Die Patienten leiden unter Sauerstoffmangel und Blutarmut.

Die Anordnung von vier verschiedenen Basen in der DNS ermöglicht die Kombination von zwanzig Aminosäuren, und durch die Anordnung der zwanzig Aminosäuren entstehen dann wiederum viele tausend verschiedene Proteine. Dieser Prozeß der Transkription und Translation ermöglicht die Vielfalt des Lebens auf der Erde. Und wenn man bedenkt, daß ein Schimpanse und ein Mensch zu 99,8 Prozent die genau gleiche DNS besitzen, wird verständlich, wie bedeutsam schon geringe Änderungen in der Basenfolge sind.

Proteine, die darauf spezialisiert sind, biologische Reaktionen zu katalysieren, heißen Enzyme. Katalyse bedeutet dabei nur, daß das Enzym aus der Reaktion unverändert hervorgeht, sie aber beschleunigt. So spaltet die Pyruvat-Decarboxylase Zucker in Alkohol. Enzyme wirken äußerst spezifisch auf ihr Substrat und können nicht mit anderen Stoffen reagieren. Viele Stoffe im Körper werden aus Vorstufen synthetisiert, meist mit Hilfe von Enzymen. Ein Beispiel dafür ist das Streßhormon Cortisol. Es gelangt nach dem komplizierten Syntheseprozeß aus der Zelle in den Blutkreislauf und an seine Zielorte. Hier setzt es dann wiederum biochemische Prozesse in Gang, aktiviert Zellen, andere Eiweißstoffe zu bilden, oder hemmt deren Produktion. Da bleibt nur die Frage: Wie kann ein Signalstoff eine Zelle derart beeinflussen?

Entscheidend ist dabei in vielen Fällen die Struktur der Zellmembran (Abb. 8). Auf dieser äußeren Hülle aus zwei Lagen fetthaltiger Moleküle (Lipide) sitzen viele Rezeptoren, «Informationsfänger», vergleichbar mit Antennen auf einem Wohnhaus, die verschiedene Signale aus der Luft in Form von Wellen empfangen. Die Antennen auf Zellen bestehen nicht aus Drähten und Metall, sondern aus verzweigten Zuckermolekülen und wiederum Proteinen. Diese Rezeptoren stehen wie Angelhaken, allerdings mit einer komplexeren Struktur, auf der Zelle und warten auf ein genau für sie passendes chemisches Signal. Dockt der Signalstoff an, verändert sich die räumliche Struktur des Rezeptors, und er vermittelt auf noch nicht gänzlich entschlüsselte Weise Signale ins Zellinnere (siehe Seite 72 ff). Hier läuft eine Reaktionskette ab, die zum Wachstum der Zelle, zur Kontraktion oder zu neuen Stoffwechsel-produkten führen kann. An der Plasmamembran werden externe Signale in interne umgewandelt. Die Entwicklung von embryonalen Zellen zu differenzierten Zellen in den Geweben, Krebs, Stoffwechsel-krankheiten und vieles mehr läßt sich am Ende immer auf Reaktionen an Rezeptoren und Genen zurückführen.

So hat jeder von uns viele Krebsgene in seinen Zellen, die harmlos sind, solange das Gen «still» ist. Suppressor-Gene können dabei die Aktivität dieser Onkogene unterdrücken. Von «stillen» Genen ent-steht keine mRNS und somit keine Proteine, die im Falle der Krebsgene die Zellen zu einem entarteten Wachstum veranlassen könnten. Onko-

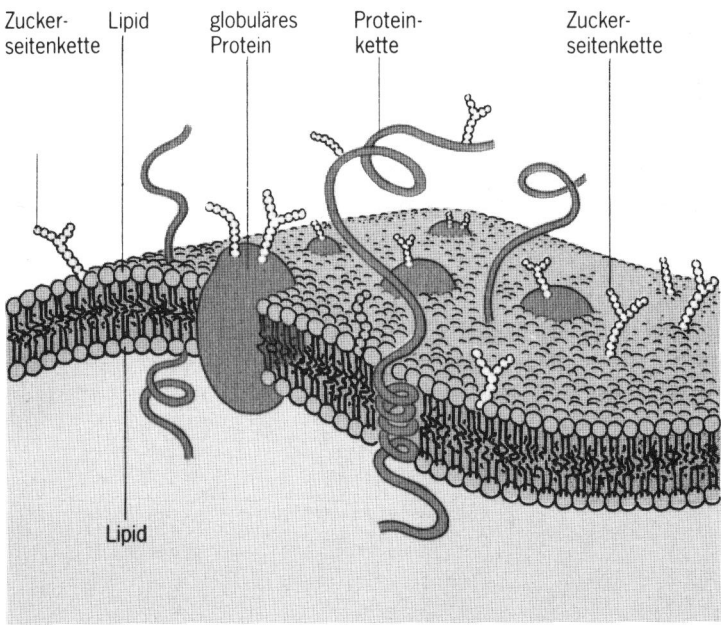

Zucker-   Lipid   globuläres   Protein-   Zucker-
seitenkette   Protein   kette   seitenkette

Lipid

Abb. 8: Zellen sind von einer Doppelschicht aus Lipiden umgeben. Darin sind Proteine eingelagert, die nach innen in die Zelle hineinragen können, aber auch außen herausstehen. Eine wichtige Funktion ist die Weiterleitung von Signalen, die von außen an die Zelle herankommen, ins Zell-innere.

gene sind also die Bauanleitung für Wachstumsfaktoren. Bei der embryonalen Entwicklung sind diese Wachstumsfaktoren von entscheidender Bedeutung. Sie bestimmen in einem komplizierten Zusammenspiel, daß zum Beispiel eine Niere die charakteristische Form bekommt und nicht zu einem immer weiter wachsenden Zellklumpen wird. Werden die Gene für Wachstumsfaktoren durch Strahlung, Chemikalien oder durch Viren aktiviert, kann das zu einer bösartigen Zellwucherung führen.

Natürlich ist die gesamte Regulation der Genaktivität und Kommunikation der Zellen miteinander viel komplexer als hier skizziert. Aber genau diese Prozesse zu entschlüsseln ist ein zentrales Anliegen der Psychoneuroimmunologie, und genau diese Prozesse machen auch die Leib-Seele-Verbindung aus. Zwangsläufig wird in diesem Buch deshalb noch oft von Rezeptoren, Enzymen, Neuropeptiden, Neurotransmittern, Immunohormonen und molekularen Mechanismen die Rede sein. Sowohl das Nerven- als auch das Immun- und Hormonsystem bedienen sich dabei gleicher oder ähnlicher Steuerungen auf molekularer Ebene: Der Informationstransport erfolgt über chemische Botenstoffe. Schon auf dieser Ebene wird deutlich, wie gleichartig im Prinzip die drei Systeme funktionieren, obwohl sie, oberflächlich betrachtet, äußerst unterschiedliche Aufgaben haben.

Das Nervensystem: Denken mit Gefühl

In dieser Sekunde laufen über eine Million chemischer Reaktionen ab. Wo? Hinter den Augen, die diese Zeilen lesen. Auch wenn man versucht, sich das bewußt zu machen, verstehen läßt es sich kaum. Kluge Köpfe streiten weltweit, ob es prinzipiell überhaupt möglich ist, mit dem Gehirn das Gehirn zu verstehen.

Wenn man aber erklären will, wie Gefühle, Erwartungen, Streß, Trauer und Glück die Abwehrkräfte des Körpers beeinflussen und umgekehrt die Vorgänge im Immunsystem unser psychisches Befinden, kommt man nicht umhin, zu verstehen, wie wir überhaupt denken und fühlen. Und nach dem heutigen Wissensstand ist klar, daß dies im Gehirn stattfindet. Hier ist die Werkstatt des Bewußtseins. Die geistigen Höhenflüge liegen ebenso wie die einfachen Gelüste in der physikalisch-chemischen Natur des zentralen Nervensystems (Abb. 9).

Das Gehirn ist die komplexeste Ansammlung von Materie auf dieser Erde, obwohl es mit einem Gewicht von knapp drei Pfund nur 2 Prozent des gesamten Körpergewichts ausmacht. Dafür allerdings verbraucht das Hirn 20 Prozent des von einem Körper im Ruhezustand aufgenommenen Sauerstoffs. Übrigens hat das Gehirn nie eine Atempause. Der Stoffwechselumsatz ist Tag und Nacht gleich groß. Während die meisten Organe mehrere Energiequellen wie Zucker, Eiweiße oder Fette verwerten, ernährt sich das Gehirn nur von Glucose, also Traubenzucker.

Doch was macht unseren Denkapparat so einzigartig und erfolgreich? Wo liegt zum Beispiel der Unterschied zu einem Kuhgehirn? Selbst erfahrene Neuroanatomen können im Gehirnschnitt unter dem Mikroskop die Großhirnrinde einer Kuh und die eines Menschen nicht unterscheiden. Auch das Gewicht allein kann nicht entscheidend sein. Die Schlußfolgerung «Je mehr, desto besser» ist falsch. Das Denkorgan eines neugeborenen Elefanten wiegt immerhin neun Pfund. Auch die einzelnen Nervenzellen von Kuh, Elefant und Mensch unterscheiden

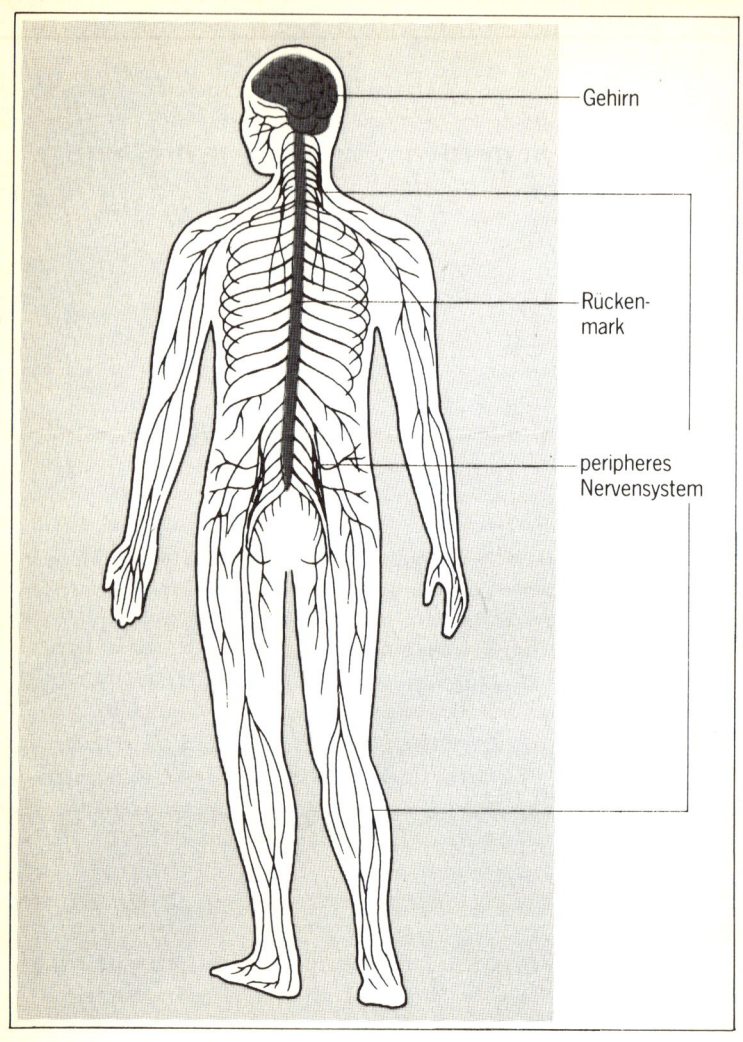

Gehirn

Rücken-
mark

peripheres
Nervensystem

Abb. 9: Rückenmark und peripheres Nervensystem: Sie verbinden Körper und Gehirn

sich nicht. Aber ein Neuron macht eben noch kein Gehirn aus, und selbst die rund 100 Milliarden Nervenzellen des menschlichen Gehirns bieten, einzeln betrachtet, höchstens die Hardware für die Fähigkeit, zu denken, zu fühlen, zu lernen und sich zu erinnern – obwohl die faserigen Zellen eines einzigen Gehirns, alle aneinandergereiht, eine Strecke von einer Million Kilometer ergäben.

Das Geheimnis liegt in der Software – in der Vernetzung und Kommunikation der Zellen untereinander.

Gehirnanatomie: Das Universum im Kopf

Die ungeheure Masse liegt, teilweise kunstvoll geordnet, teilweise völlig wirr, eingepackt von der knöchernen Schädeldecke, in unserem Kopf. Im Laufe der Evolution haben sich verschiedene Gehirnteile gebildet, die zwar für verschiedene spezielle Aufgaben zuständig, aber doch alle eng miteinander verbunden sind (Abb. 10). Am Übergang zwischen Rückenmark und Gehirn kontrolliert der Hirnstamm Atmung, Herzschlag und den allgemeinen Wachheitsgrad des gesamten Gehirns. Das Rückenmark selbst regelt selbständig viele Reflexe, etwa wenn wir eine heiße Herdplatte berühren. Aber es vermittelt auch zwischen Hirn und Körper. Das über dem Hirnstamm liegende Kleinhirn koordiniert vor allem die Bewegungen. In der Mitte des Gehirns fungiert der Thalamus als Zentralvermittlung. Alle Signale von den Sinnesorganen, wie Augen, Ohren oder der Haut, müssen auf dem Weg zum Großhirn (Cortex) den Thalamus passieren und werden dann in die entsprechenden Zentren weitergeleitet. Damit ist der Thalamus eine Art Filter- oder Kontrollstation, ehe den Signalen Zugang zu den «höheren Gehirnebenen» gestattet wird. Nur der Geruchssinn hat über den Riechnerv der Nase eine direkte Verbindung zum limbischen System. Unser Gefühlsleben entsteht weitgehend in den Nervenfasern des limbischen Systems. Dieses besteht aus der Amygdala, dem Hippocampus und dem Hypothalamus. Der Hypothalamus ist sowohl durch Blutgefäße als auch durch Nervenbahnen eng mit der Hirnanhangdrüse, Hypophyse genannt, verbunden. Diese Achse zwischen Hypothalamus und Hypophyse ist die wichtigste Schaltzentrale für die Regulation unseres Hormonhaushaltes. Der Hypothalamus ist aber gleichzeitig auch das Befehlszentrum des vegetativen Nervensystems, mit dem vom Willen weitgehend unabhängige Funktionen wie der Herzschlag gesteuert werden. Amygdala und Hippocampus – ihrer anatomischen Form nach Mandelkörper und Seepferdchen genannt – sind Ansammlungen von Nervenzellen, die im besonderen Maße für unsere Emotionen verantwortlich sind. Beide Strukturen liegen jeweils auf der nach innen gerichteten Oberfläche der Seitenlappen beider Gehirnhälften. Alle Hirnregionen sind direkt oder indirekt mit dem limbischen System verschaltet. Dies trifft auch für die Hirnrinde zu, besonders für die rechte Hemisphäre. Sie ist stärker als die linke Hemisphäre mit der emotionalen Verarbeitung von Sinneseindrücken befaßt. So *hören* wir Musik zum Beispiel mit der linken Hälfte; wir *empfinden* sie aber überwiegend mit der rechten.

In den Arealen des limbischen Systems entstehen Wut, Angst, Freude, und ein Teil des Gedächtnisses hat hier seinen Ursprung. Die Informationen aus der Außen- und der Innenwelt bekommen hier ihre Bedeutung, und wahrscheinlich bestimmt das limbische System auch über weite Strecken unser Verhalten in speziellen Situationen. Über diese evolutionsgeschichtlich älteren Hirnteile wölben sich die beiden Großhirnhälften mit der Hirnrinde, die durch 250 Fasern, die sogenannten Balken, miteinander verbunden sind. So bilden die beiden Hemisphären doch eine Einheit, weil die Informationen der einen Seite immer auch in die andere gelangen. Zunächst erreichen die Sinneseindrücke das Hirn fast immer seitenverkehrt. Die linke Hirnhälfte ist auf die rechte Körperseite spezialisiert und umgekehrt.

Die Hirnrinde, als entwicklungsgeschichtlich jüngsten Teil bezeichnet man sie auch als Neocortex, hat eine Fläche von rund 1000 Quadratzentimetern, ist aber nur 1,5 bis 4,5 Millimeter dick. Trotzdem enthält sie rund 70 Prozent aller Nervenzellen. Die Hirnrinde besteht stärker als andere Gebiete aus Zellen, die untereinander verkabelt sind. Sie dienen offenbar der internen Datenverarbeitung. Damit wird die Hirnrinde zu einem großen assoziativen Gedächtnis – so die zur Zeit gängigste Theorie der Neurobiologen. Die Verbindungen sind sehr variabel und plastisch, so daß immer wieder neue Kombinationen zwischen einzelnen Zellen entstehen. Große Bereiche haben sensorische und motorische Aufgaben. In einem Gebiet, das sich von einem Ohr über den Scheitel bis zum anderen Ohr ausdehnt, liegt das primäre motorische Rindenfeld. Von dort aus werden die willkürlichen Muskelbewegungen gesteuert. Gleich dahinter befindet sich das somato-

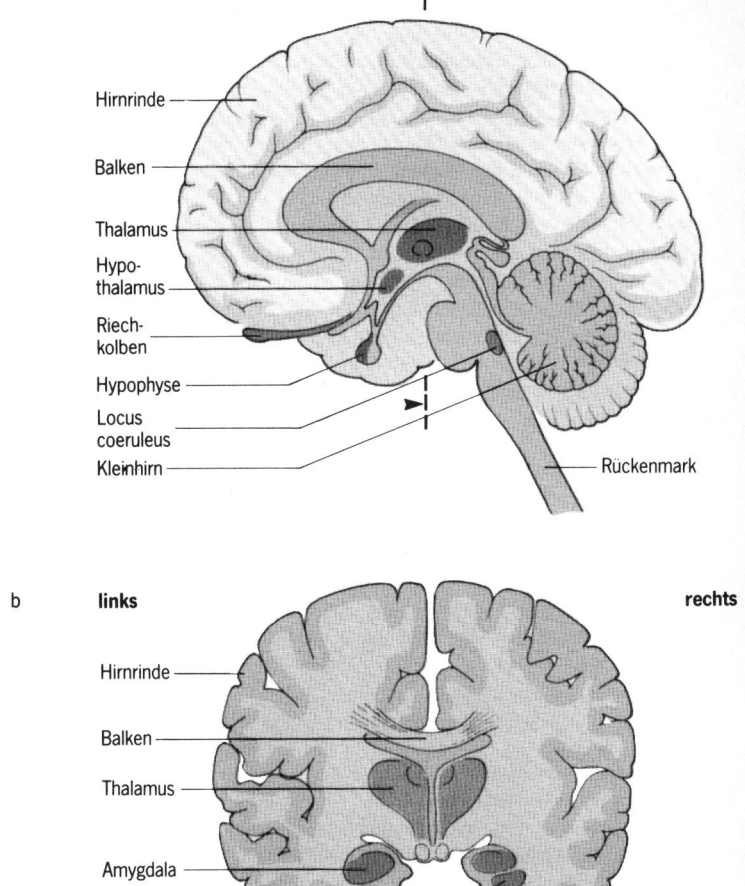

Abb. 10: Das menschliche Gehirn (a) im Längsschnitt von der Seite, (b) im Querschnitt von hinten gesehen.

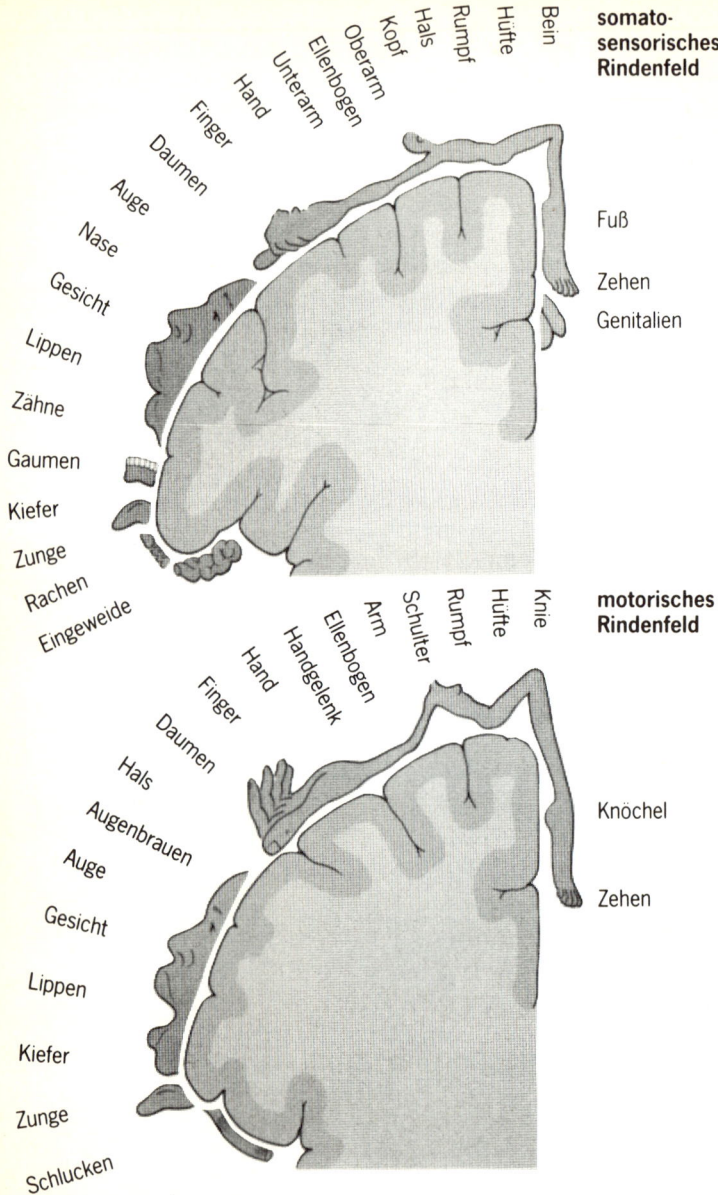

somato-
sensorisches
Rindenfeld

Bein
Hüfte
Rumpf
Hals
Kopf
Oberarm
Ellenbogen
Unterarm
Hand
Finger
Daumen
Auge
Nase
Gesicht
Lippen
Zähne
Gaumen
Kiefer
Zunge
Rachen
Eingeweide

Fuß

Zehen

Genitalien

motorisches
Rindenfeld

Knie
Hüfte
Rumpf
Schulter
Arm
Ellenbogen
Handgelenk
Hand
Finger
Daumen
Hals
Augenbrauen
Auge
Gesicht
Lippen
Kiefer
Zunge
Schlucken

Knöchel

Zehen

sensorische Feld, in dem Informationen aus der Haut, den Gelenken, Knochen und Muskeln zusammenlaufen. In diesen Rindenfeldern hat jede Körperregion ihren eigenen Abschnitt. Zum Beispiel befassen sich mehr Nervenzellen mit den Händen und Füßen, als mit Armen und Beinen. Der Körper und das Gesichtsfeld sind wie auf Landkarten repräsentiert. Aber durch die unterschiedliche Gewichtung entsteht sozusagen ein verzerrtes Bild (Abb. 11). Diese Landkarten sind nicht starr. Nach einer Fingeramputation vergrößert sich zum Beispiel im Gehirn die Repräsentation der Nachbarfinger. Sie müssen ja jetzt die Aufgaben des fehlenden Fingers mit übernehmen. Das zeigt, wie plastisch das Gehirn auf Veränderungen reagieren kann. Im Neocortex verrichtet auch das Sehzentrum im Hinterhauptlappen, das motorische Sprachzentrum vor allem im linken Stirnlappen und das Hörzentrum im Schläfenlappen seine Arbeit, ebenso wie das Langzeitgedächtnis. Vieles läßt vermuten, daß in dieser runzeligen «Denkkappe» die höheren psychischen Funktionen und das Bewußtsein des Menschen lokalisiert sind. So besitzen Schlangen diesen «jungen Hirnteil» nicht. Sie haben keine Hirnrinde, und das mag vieles erklären. Es ist zu vermuten, daß sie weder über ihre Vergangenheit grübeln noch sich auf eine rosige Zukunft mit einer leckeren Maus im Bauch freuen können.

Die Möglichkeiten, ein menschliches «Gehirn in Aktion» zu untersuchen, um damit mehr über die Funktionsweise zu erfahren, waren bislang gering. Bisher hat sich die Hirnforschung auf die Ableitung kleinster Ströme an der Schädeldecke beschränken müssen. Die so registrierten Stromkurven (Elektroenzephalogramme, EEG) geben wichtige Informationen über die Aktivität des Gehirns in verschiedenen Zuständen. So sieht das EEG eines wachen Patienten bei erhöhter Aufmerksamkeit – etwa nach einem akustischen Reiz – ganz anders aus, als wenn er zu dösen beginnt oder in Schlaf verfällt. Diese Hirnstromkurven geben aber nur Informationen über die elektrische Tätigkeit des

Abb. 11: Hirnrinde im Querschnitt. Im körperlichen Empfindungsfeld (somato-sensorisch) treffen die Signale ein, die die Sinnesorgane an das Gehirn senden. Die dargestellte linke Hälfte (oben) erhält Informationen aus der rechten Körperhälfte. Das Bewegungsfeld (motorisch) steuert die Muskelbewegungen des Körpers. Die dargestellte rechte Hälfte (unten) lenkt die linke Körperseite. Da jedes Körperteil repräsentiert ist, entstehen solche Projektionsbilder. Die Verzerrung entsteht durch die unterschiedliche Wichtigkeit des Körperteils. Gesicht und Hände sind dementsprechend besonders groß dargestellt.

Gehirns, sie lassen keine Aussagen über biochemische Prozesse des Denkorgans zu. Mit einer neuen Methode ist es jetzt möglich, wie durch ein Fenster dem Hirn bei der Arbeit zuzuschauen. Die «Zaubermethode» heißt Positronenemissionstomographie (PET). Dabei werden Markersubstanzen an den Brennstoff des Gehirns, an Glucose, gebunden und einer Versuchsperson in die Armvene gespritzt. Im Tomogramm auf einem Computerbildschirm lassen sich so aktive und nicht aktive Gehirnregionen unterscheiden. Je nachdem, ob man eine Rechenaufgabe löst, beruhigende Musik hört, Bilder anschaut, meditiert oder sich erinnert, leuchten unterschiedliche Areale auf. Genau dort sind dann die Nervenzellen in einem aktivierten Zustand und verbrauchen dabei Glucose.

Neuronen: Eine Nervenzelle macht noch kein Gehirn

Alle diese abgrenzbaren Teile des Hirns bestehen aus Nervenzellen und Gliazellen. Lange Zeit schenkte man nur den verschiedenen Formen der Nervenzellen Beachtung. Mittlerweile sind immer mehr Wissenschaftler überzeugt, daß auch Gliazellen, als Nähr- und Stützzellen, für das funktionsfähige Gehirn eine große Bedeutung haben. Sie sind offenbar wichtig für die Bildung der Blut-Hirn-Schranke und für die Immunfunktion des Gehirns (Abb. 12). Ich werde darauf später noch ausführlich eingehen.

Nervenzellen besitzen dieselben Gene wie jede andere Körperzelle, und in ihnen laufen grundsätzlich vergleichbare chemische Prozesse ab. Dennoch unterscheiden sie sich grundlegend:

1. Sie können sich nach Abschluß der embryonalen Entwicklung nicht mehr teilen.
2. Sie haben einen Zellkörper mit Zellkern und zusätzlich viele dünne bäumchenartige kurze Fortsätze (Dendriten) auf der einen Seite und einen unter Umständen langen Fortsatz (Axon) auf der anderen. (Bei der Giraffe kann ein Axon zum Beispiel zwei bis drei Meter lang sein.) Am Ende des Axons befinden sich zwischen tausend und zehntausend Synapsen, die wichtigsten Schaltstellen für die Kommunikation zwischen den Zellen.
3. Sie haben eine Zellmembran, die elektrische Nervensignale erzeu-

Neuron   Hohlraum einer   Fasern   Zelle der   Gliazelle   synaptische
          Blutkapillare   Hirnhaut   Bläschen

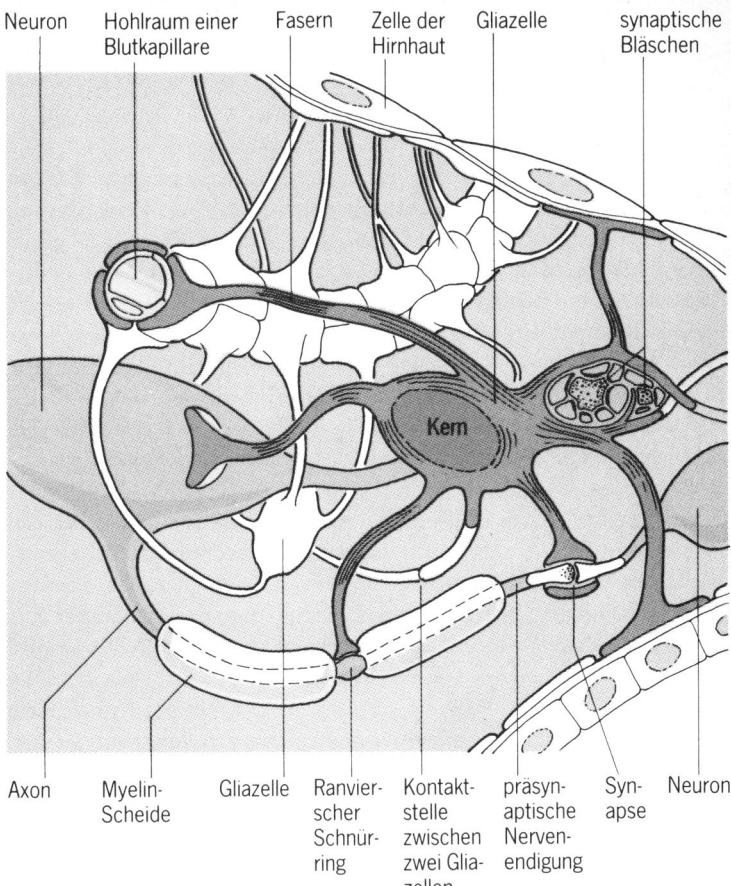

Axon   Myelin-   Gliazelle   Ranvier-   Kontakt-   präsyn-   Syn-   Neuron
        Scheide   scher   stelle   aptische   apse
                                Schnür-   zwischen   Nerven-
                                ring   zwei Glia- endigung
                                            zellen

Abb. 12: Dieses Schema des Hirngewebes zeigt die komplizierten Verknüpfungen und Kontakte zwischen Glia- und Nervenzellen. Gliazellen umgeben die feinen Blutgefäße, die Synapsen – die wichtigsten Kommunikationsstellen der Nervenzellen –, und haben Verbindungen sowohl zu den Hirnhäuten, die das Gehirn umgeben, als auch zu den Hirnkammern, den mit Flüssigkeit gefüllten Hohlräumen inmitten des Gehirns. Sie spielen eine wichtige Rolle beim Aufbau der Blut-Hirn-Schranke und im immunologischen Geschehen.

gen, mit Hilfe von Botenstoffen Signale aussenden und mit Hilfe von
Rezeptoren Signale empfangen kann.

Das Verschaltungsmuster der 100 Milliarden Nervenzellen ist in gro-
ben Zügen genetisch festgelegt. Die Feinabstimmung allerdings erfolgt
erst durch Sinnesreize und Lernprozesse. Die meisten und entscheidenden Vernetzungen bilden sich nach Erfahrungen im Säuglingsalter,
aber die Feinabstimmung zwischen Nervenfasern kann sich immer
wieder ändern. Man schätzt, daß etwa ein Viertel aller Gene, das sind
insgesamt 2 bis 3 Milliarden Basenpaare, zur Verfügung stehen, um die
Entwicklung des menschlichen Gehirns zu programmieren, seine Plastizität zeitlebens zu erhalten und die Empfindlichkeit für äußere Reize
zu steuern. In den Interaktionen zwischen Genen und den Einflüssen
aus der Umgebung entstehen unsere Persönlichkeit, der Charakter, Begabungen und die Fähigkeit, belastende Situationen zu bewältigen oder
zu erkranken.

Eine einzige Nervenzelle kann mit bis zu 25 000 anderen – zum Teil
weit entfernten – verbunden sein. Damit ist die Zahl der möglichen
Verknüpfungen astronomisch. Nervenzellen kommunizieren untereinander mit Hilfe elektrischer und chemischer Signale. Auf der Sender-
seite – also dem Axon – laufen mit einer Geschwindigkeit von 300
Kilometer pro Stunde elektrische Impulse entlang. Am Ende befindet
sich eine Verdickung. Dieses sogenannte Endknöpfchen enthält viele
kleine Bläschen, die mit chemischen Substanzen gefüllt sind. Bei entsprechender Aktivierung öffnen sich Calcium-Kanäle, durch die Cal-
cium-Ionen einströmen. Durch diesen Zufluß verbinden sich die Bläschen mit der synaptischen Membran, und die Botenstoffe (Neurotransmitter) gelangen in den 0,2 millionstel Millimeter breiten, mit Flüssigkeit gefüllten synaptischen Spalt. Die Synapse ist die Kontaktzone zwischen dem Endknöpfchen des Axons der einen Zelle und zum Beispiel
dem Dendriten der anderen. Die Moleküle überwinden den Spalt in
einer tausendstel Sekunde und landen auf der Nachbarzelle. Hier, auf
der postsynaptischen Seite, reagieren die Neurotransmitter mit den
vorhandenen Rezeptoren. Sie passen wie ein Schlüssel zum richtigen
Schloß und können, wenn sie einrasten, die Zelle aktivieren (Abb. 13).
Die Rezeptormoleküle sind ein Bestandteil von Ionenkanälen in der
postsynaptischen Membran. Durch das «Einrasten» der Transmitter
verändern sich diese Ionenkanäle. Ionen können dann zum Beispiel

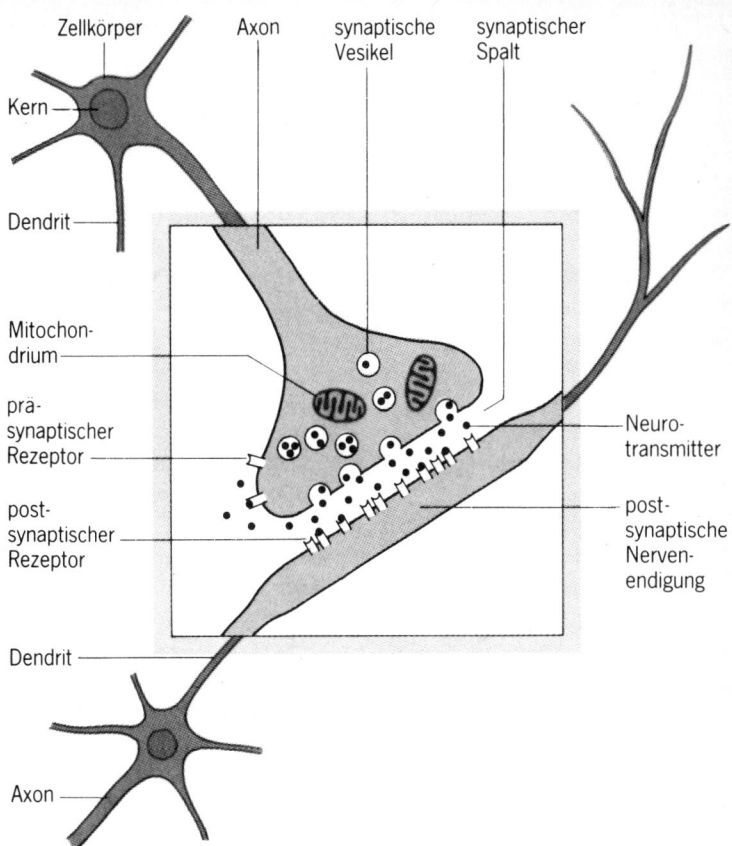

Abb. 13: Die Synapse ist die Kontaktstelle zwischen zwei Neuronen. Wenn ein Impuls sich über den Fortsatz (Axon) der Nervenzelle ausbreitet, gelangt er am Ende an eine Verdickung – die Synapse. Bei diesen chemischen Kontaktstellen kann der Impuls nicht direkt auf die nächste Nervenzelle überspringen, sondern er muß den synaptischen Spalt überwinden. Aus den synaptischen Vesikeln, kleinen Bläschen, die als Reservoir dienen, werden Botenstoffe (Neurotransmitter) frei, die durch den Spalt diffundieren und Rezeptoren auf den signalempfangenen Fortsätzen (Dendriten) der benachbarten Nervenzelle besetzen. Durch diese Wechselwirkung entsteht ein elektrischer Impuls, der dann weitergeleitet wird, um an der nächsten Synapse wiederum die Freisetzung von Neurotransmittern auszulösen. So pflanzt sich eine Erregung innerhalb von Millisekunden im Gehirn fort. Rezeptoren befinden sich aber auch auf der präsynaptischen Nervenendigung. Werden nämlich zu viele Neurotransmitter freigesetzt, binden sie auch an diese Rezeptoren; das blockiert die weitere Ausschüttung. Dieser Regelmechanismus steuert die Informationsleitung an der Synapse.

leicht in die Zelle einströmen, und damit ändert sich das Membranpotential: Die Zelle wird erregbarer oder weniger erregbar. Sie erzeugt nun ihrerseits elektrische Impulse und/oder produziert Hormone und Peptide, die uns zum Beispiel heiter, aggressiv, traurig oder schläfrig machen. Über einen ähnlichen Mechanismus werden aber auch Muskelfasern zur Kontraktion gebracht. Immer übersetzt der Rezeptor die Botschaft des Neurotransmitters in einen biologischen Vorgang. Entweder kontrahiert ein Muskel in Sekundenschnelle, oder Hormone werden innerhalb von Minuten oder Stunden produziert. Dieser «synaptische Sprung» der verschiedenen Neurotransmitter ist damit einer der Dreh- und Angelpunkte unseres bewußten Lebens. Doch wie entsteht überhaupt die Erregung einer Nervenzelle?

Die Erregung findet an der fünfmillionstel Millimeter dicken Zellmembran statt. Sie besteht — wie alle Membranen — aus einer Doppelschicht von fettartigen Molekülen. In dieser Schicht sind Proteine entweder eingelagert, oder sie liegen an der Oberfläche. Dazu gehören die Rezeptorproteine und die Pumpen- und Kanalproteine.

Befindet sich eine Zelle im Ruhezustand, besteht an der Zellmembran eine Potentialdifferenz von 70 Millivolt, wobei das Zellinnere negativ geladen ist (Abb. 14). Dieses Ruhepotential wird durch elektrisch geladene Teilchen, die Ionen, aufrechterhalten. Empfängt nun eine Nervenzelle erregende Impulse, zum Beispiel nach einer Berührung der Haut oder auf den Pfeifton des Wasserkessels, ändert sich kurzfristig das elektrische Potential an der Membran. Wird eine bestimmte Schwelle überschritten, entsteht ein Aktionspotential. Positiv geladene Natrium-Ionen strömen ein, und das ehemals negativ geladene Zellinnere wird für kurze Zeit positiv. Allerdings strömen in einer Art Gegenreaktion sofort positiv geladene Kalium-Ionen aus dem Innern hinaus und führen das Membranpotential auf den Ausgangswert zurück. Entscheidend sind dabei Pumpenproteine, die entgegen dem Konzentrationsgefälle unter Energieverbrauch den alten Zustand wiederherstellen. Das Aktionspotential pflanzt sich dann auf dem Axon entlang bis zur Synapse weiter fort. Aus vielen gleichzeitig aktivierten Nervenzellen entstehen die Gehirnströme, die man mit Hilfe von Silberelektroden auf der Kopfhaut messen kann (EEG).

Der Ionentransport an einer Nervenzelle erfolgt immer über Ionen-Kanäle. Sie liegen zu Tausenden wie eingestülpte Röhren in der Zellmembran. Durch eine neue Meßmethode ist es jetzt möglich geworden,

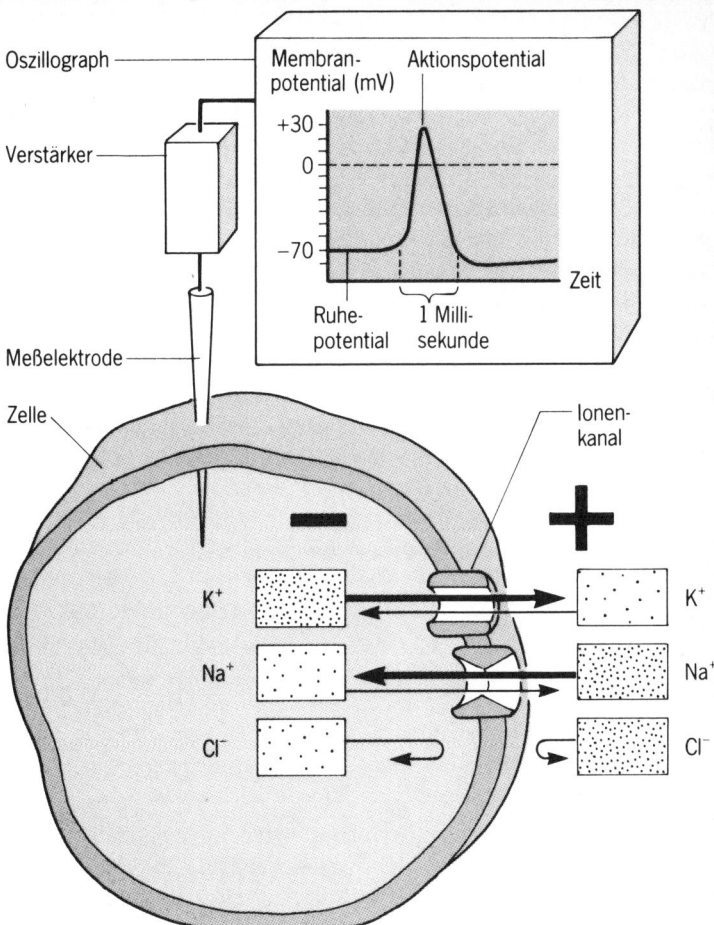

Abb. 14: Reizleitung in Nervenzellen: Es besteht ein Ungleichgewicht zwischen den verschiedenen Ionen im intrazellulären und extrazellulären Raum. Das ist die Voraussetzung für das Ruhepotential. Wird eine Zelle erregt, öffnen sich bei einer bestimmten Schwelle die Natrium-Kanäle, und es entsteht ein Aktionspotential von rund einer Millisekunde Dauer. Auf dem Oszillographen wird ein Peak sichtbar. Mit etwas Verzögerung öffnen sich die Kalium-Kanäle, und die ausströmenden Kalium-Ionen bringen das Membranpotential wieder auf den Ausgangswert zurück.

den Ionenstrom einzelner Kanäle direkt zu messen. In einer tausendstel Sekunde schießen durch einen Kanal viele tausend Ionen. Man vermutet, daß sowohl bei einigen psychischen Erkrankungen, aber auch zum Beispiel bei der Mukoviszidose, einer erblichen Drüsenerkrankung, bei Diabetes und auch bei Schlaganfällen Ionen-Kanäle beteiligt sind. Wie wichtig diese winzigen Moleküle sind, zeigt folgendes Beispiel:

Wenn Sie jetzt eine Buchseite umblättern würden, müßten sich rund zwei Milliarden Ionenkanäle öffnen und schließen, um diese einfache Bewegung der Armmuskeln ausführen zu können. Der Gedanke «Seite umblättern» entsteht in der Großhirnrinde. Dann wird der Bereich des motorischen Rindenfeldes aktiviert, der für den rechten Arm zuständig ist. Die Information gelangt über das Rückenmark an die Nerven, die die Armmuskeln innervieren und dann schließlich an die vielleicht vier oder fünf verschiedenen Muskelfasern, die letztlich die Bewegung ausführen, so wie sie vor einigen Millisekunden im Cortex «geplant» wurde.

Gedächtnis: Eine Meeresschnecke erinnert sich

Auch beim Speichern von Gedächtnisinhalten spielen die Ionenkanäle eine wichtige Rolle. Sie können sich durch einen Reiz bleibend verändern und fixieren die Information. Diese Erkenntnis haben Wissenschaftler aus Versuchen mit der gehäuselosen, fünf bis zehn Pfund schweren Meeresschnecke Aplysia gezogen. Ihr Zentralnervensystem besteht nur aus rund zwanzigtausend Nervenzellen. Trifft ein schmerzhafter Reiz, wie etwa ein Wasserstrahl, den Kopf der Schnecke, zieht das Tier sofort die Kiemen zurück in die Mantelhöhle und schützt sich so vor der vermuteten Gefahr. Aber nach ungefähr zehn Berührungsreizen läßt sich der Kiemenrückziehreflex für circa eine Stunde nicht mehr auslösen. Aplysia hat sich an den Reiz gewöhnt und diese Information im Kurzzeitgedächtnis gespeichert. Während dieses Lernvorgangs haben sich Ionenkanäle in den wenigen Nervenzellen der Aplysia derart verändert, daß keine Reizleitung mehr möglich ist. Die Meeresschnecke kümmert sich nicht mehr um den Wasserstrahl. Erst wenn die Veränderungen wieder rückgängig gemacht werden und die Erinnerungen im Gedächtnisspeicher von Aplysia gelöscht sind, zieht sie wieder brav die Kiemen ein. Ähnliche Mechanismen dürften auch den Prozessen in unserem wesentlich komplizierteren Gehirn zugrunde liegen.

Damit wir uns an ein Ereignis, einen Geruch, einen Ton, ein Gesicht, eine Berührung, an ein Gefühl oder eine logische Kette von Gedanken erinnern können, muß offensichtlich eine genaue Abfolge von molekularen Veränderungen an Nervenzellen ablaufen. Und dabei ist unser Gedächtnis äußerst leistungsfähig. Es speichert lange einen nur einmal wahrgenommenen Geruch genauso wie die Erfahrungen eines ganzen Lebens. Nur durch diese Fähigkeit sind wir in der Lage, zu lernen und bewußt zu leben.

Welche Teile des Gehirns an der Gedächtnisleistung beteiligt sind, hat man durch Operation, Unfälle und Krankheiten wie Schlaganfälle, epileptische Anfälle und der Alzheimerschen Krankheit herausgefunden. Thalamus, Hippocampus, Amygdala, Stirnlappen und basales Vorderhirn scheinen dabei eine besonders wichtige Rolle zu spielen. Das Gedächtnis für die einzelnen Sinneseindrücke ist verknüpft, denn wir können uns das Gesicht eines Bekannten mühelos vorstellen, auch wenn wir gerade während eines Telefonats nur seine Stimme hören. Gleichzeitig sind diese Erinnerungen auch gefühlsmäßig besetzt: Vergegenwärtigt man sich die laue Sommernacht eines Urlaubs bei Kerzenschein, Musik, Sangria und passender Begleitung, wird einem auch Jahre später noch «warm ums Herz» werden, während der gewittergetrübte Landeanflug im Düsenjet wieder die gleiche Angst heraufbeschwört. Das Abspeichern neuer Information, der Zugriff auf alte Informationen und deren bewertender Vergleich erfolgt durch ein komplexes Zusammenspiel von Amygdala und Hippocampus und Bereichen des Schläfenlappens. Von der Amygdala aus bestehen viele Faserverbindungen zum Sehzentrum, aber auch zu anderen Gebieten des limbischen Systems, vor allem dem Hypothalamus. Der recht unterschiedlichen emotionalen Bewertung der von uns aufgenommenen Informationen verdanken wir, daß uns das Gedächtnis so manchen Streich spielt. Was uns im Augenblick der Abspeicherung gefühlsmäßig sehr bewegt – egal, ob positiv oder negativ –, werden wir sehr viel detaillierter und leichter zugreifbar abspeichern als Dinge, die uns weniger beeindrucken.

Neurotransmitter und Neuropeptide: Moleküle für Gefühle

Wie schnell welche Information von Nervenzelle zu Nervenzelle springt, hängt von der Art der Zelle, von der Anzahl der Synapsen und vom ausgeschütteten Neurotransmitter ab. Nervenfasern, die die Informationen besonders schnell weiterleiten, sind von einer Myelinscheide umgeben. Sie besteht aus speziellen Gliazellen. Das Myelin wirkt dabei wie eine elektrische Isolierung. Jeden Millimeter jedoch ist die Myelinhülle durch einen freien Abschnitt, den Schnürring, unterbrochen. Die Nervensignale können so von Schnürring zu Schnürring springen. Wird diese Myelinumhüllung geschädigt, hat das fatale Auswirkungen. Patienten, die an Multipler Sklerose leiden, können Bewegungen und auch ihre Sprache nicht mehr ausreichend kontrollieren. Die Reizleitung der Nerven funktioniert nur noch mangelhaft, da durch einen immunologischen Prozeß die Myelinscheiden mit dem Fortschreiten der Krankheit immer weiter zerstört werden.

Entscheidend für die Art der Funktion einer Nervenzelle ist ihr Neurotransmitter. Über dreißig verschiedene dieser Substanzen wurden bereits entdeckt.

Acetylcholin zum Beispiel ist der Botenstoff für die Übertragung des Nervensignals von der Nervenfaser auf den Muskel. Die Synapse heißt hier neuromuskuläre Endplatte. Acetylcholin ist aber nicht nur Neurotransmitter an der muskulären Endplatte, sondern auch an den postganglionären Fasern des Parasympathikus und an jeder Synapse des vegetativen Systems. Serotonin dagegen wird vor allem von Zellen des Hirnstamms und des Hypothalamus verwendet. Dieser Neurotransmitter regelt die Körpertemperatur, den Schlaf und auch unsere Empfindungen. Auffallend ist die chemische Verwandtschaft zu dem Lysergsäure-diäthylamid (LSD) – eine Droge, die Halluzinationen erzeugt und Sinneswahrnehmungen «verdreht», Farben werden riechbar, Schallwellen sichtbar und Töne auf der Haut spürbar. Die Droge läßt Nervenzellen im limbischen System verstummen und aktiviert vehement Zellen im Hirnstamm, der den Wachheitsgrad des gesamten Gehirns reguliert. Der extrem aufnahmefähige Zustand verursacht wahrscheinlich die transzendentalen geistigen Höhenflüge unter LSD. Damit ist aber ein Ich-Verlust verbunden. Die aktiven Areale des Hirnstamms sind nämlich eng mit dem Stirnbereich der Hirnrinde verkabelt. Dort entsteht – soviel man weiß – größtenteils unser Bewußtsein.

Mit LSD lösen sich die Grenzen zwischen Ich und Nicht-Ich auf. Ähnliche Hirnleistungsstörungen werden auch durch die neuen Designer-Drogen Ecstasy und Angel Dust verursacht.

Der Neurotransmitter Dopamin steuert ebenfalls emotionale und kognitive Reaktionen, aber auch Bewegungen. So vermutet man bei der Schizophrenie eine Fehlregelung der Nervenreizübertragung mit dem Botenstoff Dopamin, während der Bewegungsstörung der Parkinson-Krankheit eine Unfähigkeit spezieller Zellen, Dopamin zu produzieren, zugrunde liegt. Bei dieser im Volksmund oft als «Schüttellähmung» bezeichneten und erst im Alter auftretenden Krankheit werden die Körperbewegungen unkoordiniert. Hände und Kopf zittern unaufhörlich, Gedächtnisleistung und die Fähigkeit zum logischen Denken lassen nach. Man schätzt die Zahl der Parkinson-Kranken in der Bundesrepublik auf zweihunderttausend.

Noradrenalin ist ein Botenstoff, der vor allem im Kerngebiet des Locus coeruleus im Hirnstamm produziert wird. Von dort strahlen Nervenfasern, die diesen Neurotransmitter benutzen, in alle Hirnregionen vom Hypothalamus des limbischen Systems bis in den Cortex aus. Die Aktivität dieses Kerngebietes bestimmt unseren Wachzustand, vor allem die Anpassung an psychische Belastungszustände.

Tierexperimentell hat man nachgewiesen, daß in Situationen größter Angst dieses Kerngebiet besonders aktiv wird. Bei der Ratte ist das Kerngebiet des Locus coeruleus auch an der Regelung des Belohnungssystems des Gehirns beteiligt. Zu diesem Belohnungssystem gehören die Zentren der Lustempfindung. Sie spielen beim Lernen, aber auch für Gedächtnisleistungen eine wichtige Rolle. Entdeckt wurden diese Zentren durch Versuche an Ratten, denen Elektroden ins Gehirn gepflanzt wurden und die sich über eine Taste selbst mit elektrischen Reizungen der entsprechenden Hirnareale versorgen konnten. Saß die Elektrode im Vorderlappen der Großhirnrinde oder in bestimmten Regionen in der Nähe des Hypothalamus und des Hirnstammes, dann betätigten die Ratten fast pausenlos die Reizungstaste. Sie vergaßen auch, zu fressen und zu trinken, und «belohnten» sich bis zur totalen Erschöpfung. Ob es diese Systeme auch beim Menschen gibt, weiß man nicht.

Die Nervenfasern des Belohnungssystems arbeiten oft mit dem Neurotransmitter Dopamin. Medikamente, die die Ausschüttung von Dopamin fördern, haben vor allem eine antriebssteigernde Wirkung. Die äußere Zufuhr von Dopamin ist ein wesentlicher Schritt in der Therapie der Parkinson-Krankheit. Damit wird der Mangel an Dopamin ausgeglichen. Medikamente gegen Schizophrenie dagegen verhindern die Bindung von Dopamin an deren postsynaptische Rezeptoren. Daß Neurotransmitter in der Tat unser psychisches Befinden beeinflussen, beweisen auch die Wirkungen von Arzneimitteln: Medikamente gegen Depression wirken durch eine Erhöhung der Konzentration von Noradrenalin und Serotonin im synaptischen Spalt, wobei verschiedene Antidepressiva einen dieser beiden Neurotransmitter bevorzugt erhöhen können. Durch die Mittel werden die Neurotransmitterspiegel wieder normalisiert.

Ein besonderer Neurotransmitter ist die Gamma-Amino-Buttersäure, kurz GABA genannt. Man schätzt, daß ein Drittel aller Synapsen im Gehirn durch GABA gehemmt und nicht aktiviert werden. Bindet GABA am GABA-Rezeptor-Komplex in der Zellmembran, stabilisiert sich innerhalb von Millisekunden das Ruhepotential des Neurons, so daß diese Nervenzelle nicht mehr erregbar ist. Am GABA-Rezeptor wirken beruhigende und angstlösende Mittel aus der Gruppe der Benzodiazepine. Das bekannteste ist Valium. Es verhindert die Aktivierung von vielen Nervenzellen, die normalerweise auf andere Neurotransmitter durchaus mit Aktionspotentialen reagieren würden.

Generell wirken die meisten Nervengifte und bewußtseinsverändernden Drogen, wie Koffein, LSD, Heroin, aber auch Psychopharmaka, an Neurotransmittern oder deren Rezeptoren. Das Insektenvernichtungsmittel E 605 hemmt ein Enzym, das für den Abbau des Neurotransmitters Acetylcholin benötigt wird. Dadurch kommt es zu einer unphysiologischen Erhöhung der Transmitterkonzentration und zur Dauererregung der Acetylcholinrezeptoren. So also wirkt das berühmt-berüchtigte Nervengift.

Alle Neurotransmitter sind von Aminosäuren abgeleitet oder sogar selbst Aminosäuren. Der Körper bildet sie aus mit der Nahrung aufgenommenen Bausteinen. Nimmt eine Nervenzelle die Aminosäure Tyrosin aus dem Blutstrom auf, wandelt sie sie in Dopamin und Noradrenalin um; aus der Aminosäure Tryptophan wird Serotonin. Manche Aminosäuren können die Blut-Hirn-Schranke allerdings nicht oder nur in geringer Menge passieren. Um ins Gehirn gelangen zu können, müssen sie an ein Trägermolekül gebunden werden. Im Gehirn sind nämlich die Zellen, die die kleinen Blutgefäße innen auskleiden, so eng miteinander verbunden, daß nur kleine fettlösliche Stoffe hindurchgelangen. Übrigens sorgen die schon erwähnten Gliazellen für diesen engen Kontakt. Aber auf der anderen Seite ist diese Blut-Hirn-Schranke bei weitem nicht so dicht, wie man lange annahm. Alkohol und Nikotin gelangen mühelos ins Gehirn, was wahrscheinlich jeder schon erlebt hat. Aber auch Immunzellen und Hormone, wie Cortisol oder Östrogen, sind in der Lage, diese Barriere zu durchbrechen. Meist vermitteln jedoch spezielle Gliazellen als Hilfszellen die Immunreaktion im Gehirn.

Neben den Neurotransmittern gibt es noch eine weitere, erst vor kurzem entdeckte Klasse von Botenstoffen im Gehirn: die Neuropeptide. Sie bestehen aus Aminosäureketten unterschiedlicher Länge und wirken häufig als Hormone. Deshalb werden sie ausführlich im Kapitel «Das Hormonsystem» vorgestellt. Welchen Botenstoff man als Neurotransmitter und welchen als Neuropeptid bezeichnet, hat überwiegend historische Gründe. Die bekanntesten der insgesamt sechzig Neuropeptide sind wohl die Endorphine. Ihr Name leitet sich von der Bezeichnung «endogenes morphiumähnliches Molekül» ab. Endorphine sind demnach körpereigene Opiate, die unsere Schmerzempfindung und unser Wohlbefinden regulieren. Besonders die Amygdala, mit der großen Bedeutung für die Speicherung von Gedächtnisinhalten, ist reich an Nervenzellen, die Endorphine als Neurotransmitter benutzen. Diese Fasern laufen zu den Zentren der Großhirnrinde, wo die Sinneseindrücke endgültig verarbeitet werden. Sie leisten eine Wächter-Aufgabe, indem sie als Antwort auf Emotionen, die im Hypothalamus entstehen, Opiate freisetzen. Über die Amygdala können so Gefühle eine Sinneswahrnehmung oder die Erinnerung daran beeinflussen. So bleiben eben auch gefühlsbeladene Ereignisse länger und stärker im Gedächtnis fixiert.

Die Neuropeptide lassen sich als Gehirnhormone mit einer Art Dimmer vergleichen, der die Helligkeit reguliert, während die Neurotransmitter mit dem Ein/Aus-Schalter für eine Lampe vergleichbar sind. Neuropeptide steuern zum Beispiel Hunger, Schlaf, Sexualität und Schmerzempfindung.

Vegetatives Nervensystem: ... und alles geht wie von selbst

Das vegetative oder autonome Nervensystem erhält die vom Willen unabhängigen Körperfunktionen aufrecht. Die Nervenfasern innervieren die glatte Muskulatur aller Organe. Das Herz, die Leber, der Darm und die Drüsen funktionieren auf diese Weise. Ebenso wird der Blutdruck und die Darm- und Blasenentleerung gesteuert. Das sind nur einige Beispiele. Für eine genauere Kontrolle und Anpassung dieser Funktionen unterteilt man das vegetative Nervensystem in das sympathische und das parasympathische System. Vereinfacht ausgedrückt sorgt das sympathische Nervensystem, das an seinen Nervenendigungen den Neurotransmitter Noradrenalin freisetzt, für eine Einstellung des Körpers auf ein erhöhtes Aktivitäts- und Leistungsniveau. So steigt unter dem sympathischen Einfluß die Frequenz des Herzschlags, erweitern sich die Atemwege in der Lunge, und die Bewegung des Magen-Darm-Traktes wird gesenkt. In dem Extremfall eines plötzlich auftretenden Stressors, zum Beispiel bei einem Unfall, kann die sympathisch gesteuerte systemische Adrenalinfreisetzung aus dem Nebennierenmark für den Betroffenen spürbare Folgen haben. Im Gegensatz hierzu führt eine Erregung des parasympathischen Nervensystems, das als Neurotransmitter das Acetylcholin benutzt, zu einer Senkung der Herzfrequenz, zu einer Verengung der Atemwege und einer Steigerung der Magen-Darm-Bewegung, was eher einem Ruhe- und Verdauungszustand entspricht. Dementsprechend weist der Mensch tagsüber eine erhöhte Sympathikusaktivität auf, während nachts der Parasympathikus überwiegt. Autonom bedeutet eigentlich, daß dieses Nervensystem sich selbst reguliert. Diese Vorstellung ist falsch. Natürlich wird auch das nichtwillkürliche Nervensystem vom Gehirn kontrolliert. So haben das limbische System, der Hypothalamus und der Hirnstamm vegetative Anteile. Der Hypothalamus ist sogar die oberste Kontrollstelle. Wird er plötzlich zerstört, tritt sofort der Tod ein. Neurochirurgen operieren deshalb nur äußerst ungern in der Nähe des Hypothalamus. In jedem Augenblick unseres Lebens reguliert der Körper ohne unser bewußtes Zutun seine inneren vegetativen Vorgänge. Da der Hypothalamus vom Hippocampus und der Amygdala, den Zentren der Emotionen, beeinflußt wird, ist es aber nicht verwunderlich, daß Stimmungen ihren Niederschlag auch in der Funktion der Eingeweide und Drüsen haben. Wer muß unter Streß, bei einer Prüfung zum Beispiel, nicht öfter auf die Toilette als normalerweise? Der Hippocampus steht auf der anderen Seite auch unter dem Einfluß der Großhirnrinde. So können auch bewußte Denkprozesse auf das vegetative Nervensystem wirken, zum Beispiel bei einer Erektion.

Ein weiterer Beweis für die enge Zusammenarbeit zwischen dem zentralen und vegetativen Nervensystem sind die Reaktionen auf einen Schmerzreiz. Berührt man eine heiße Herdplatte, zuckt die Hand automatisch, durch einen Reflex im Rückenmark ausgelöst, zurück. Das vegetative Nervensystem wird aktiviert. Der Blutdruck steigt, Schweißperlen treten aus den Poren. Das Rückenmark leitet das Signal aber auch weiter ins Gehirn, zunächst in den Thalamus. Hier wird die nachher im Cortex zu fällende Entscheidung vorbereitet, ob man flüchten soll, wenn man zum Beispiel plötzlich einem zähnefletschenden Hund gegenübersteht. Im Großhirn wird der Schmerz, ausgelöst durch die heiße Herdplatte, bewertet. Ist die Verletzung harmlos oder ernsthaft? Im limbischen System wird der Schmerz emotional empfunden. Ist er unerträglich oder «halb so schlimm»?

Das Gehirn ermöglicht uns, ein bewußtes Leben zu führen, zu denken und Gefühle zu empfinden. Dort entsteht das, was wir als Psyche bezeichnen. Die Vermittler in dem vielschichtigen Wechselspiel zwischen dem Gehirn und dem übrigen Körper sind Hormone und das willkürliche und nichtwillkürliche Nervensystem.

Das Hormonsystem: Sex, Streß, Depression

Plötzlich springt ein Kind auf die Straße. Sie reagieren reflexartig nach einer Schrecksekunde und treten auf die Bremse. Die Gefahr ist gebannt: Das Auto kommt rechtzeitig zum Stehen. Die körperlichen Reaktionen allerdings spürt man noch lange. Die Situation hat den gesamten Körper in Alarmbereitschaft versetzt. Der Blutdruck steigt, das Herz schlägt wie verrückt, und innerhalb weniger Sekunden bildet sich kalter Schweiß. Verursacht werden die körperlichen Veränderungen vor allem durch einen Botenstoff: Adrenalin. Nicht umsonst hat dieses Hormon auch den populären Namen «Aufputschhormon».

Hormone sind Signalstoffe, die das Verhalten und die Empfindungen eines Menschen entscheidend beeinflussen, wenn nicht sogar insgesamt überhaupt erst ermöglichen. Das gilt nicht nur für die beschriebene Schreckreaktion, sondern auch für Entwicklungsprozesse, wie die der Pubertät, für das Eß-, Trink- und Schlafverhalten, die Sexualität, psychische Störungen und für Reaktionen auf Krankheiten allgemein.

Der Ausdruck Hormon stammt von dem griechischen Wort «hormao», was soviel wie «antreiben» oder «stimulieren» bedeutet.

Zum Aufbau des Hormonsystems

Die vielen verschiedenen Hormone mit ganz unterschiedlichen Aufgaben werden in speziellen Zellen und Geweben gebildet, die mit dem Blut- und dem Lymphstrom verbunden sind. Das Lymphsystem ist ein fein verästeltes Geflecht von Gefäßen, das vor allem die für die Immunabwehr wichtigen Bestandteile transportiert. Das Hormonsystem steht auf diese Weise mit dem Immunsystem in engem Kontakt. Aber es ist auch mit dem Nervensystem verbunden, denn die Hormonproduktion

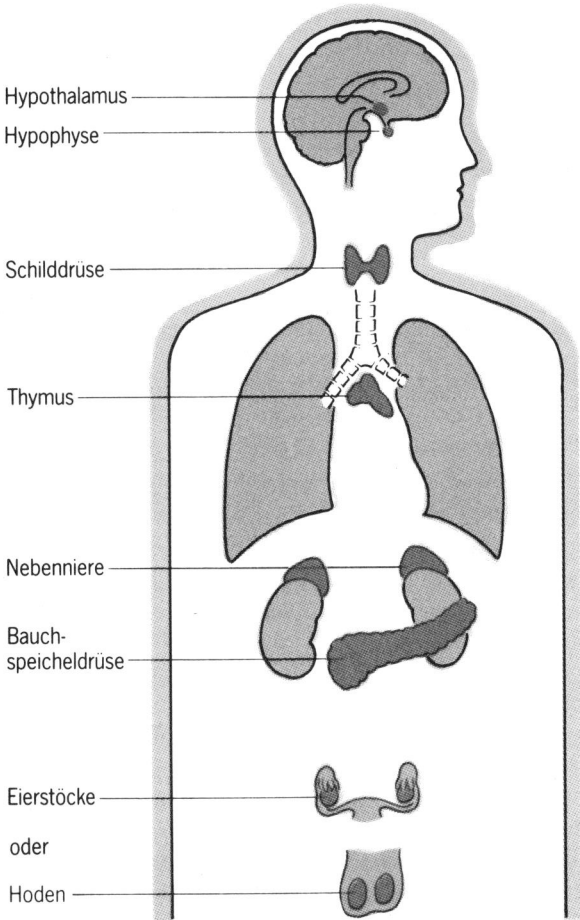

Hypothalamus

Hypophyse

Schilddrüse

Thymus

Nebenniere

Bauch-
speicheldrüse

Eierstöcke

oder

Hoden

Abb. 15: Das Hormonsystem besteht aus Drüsen im Körper, die von Hypothalamus und Hypophyse im Gehirn gesteuert werden. Der Hypothalamus im limbischen System gibt Peptidhormone an die Hypophyse ab. Diese bildet daraufhin Hormone, die in den Kreislauf gelangen und verschiedene Drüsen zur Produktion von Hormonen stimulieren.

im Körper wird größtenteils über spezielle Neuronengruppen im Gehirn gesteuert. Es besteht eine klare hierarchische Ordnung.

Lange Zeit glaubte man, daß Hormone nur in endokrinen Drüsen gebildet werden. Das sind Drüsen, die im Gegensatz zu den Schweißdrüsen der Haut keinen Ausgang haben. Dazu gehören klassischerweise die Schilddrüse, die Thymusdrüse, Teile der Bauchspeicheldrüse und die Keimdrüsen, also Eierstöcke und Hoden, aber auch die Nebennieren, in denen die Produktion des «Aufputschhormons» Adrenalin und des «Streßhormons» Cortisol stattfindet (Abb. 15). Erst in den siebziger Jahren entdeckte man, daß diese Hormonbildung meist der Kontrolle von zwei Hormonschaltzentralen im Gehirn unterliegt. Das sind der rund fünf Gramm schwere Hypothalamus, ein Teil des limbischen Systems, und die noch kleinere Hypophyse, die als Hirnanhangdrüse unter dem Hypothalamus lagert. Sie sind durch Nervenfasern und ein Blutgefäßsystem miteinander verbunden. Hypothalamus und Hypophyse sitzen etwa in der Mitte des Gehirns vor dem Hirnstamm (Abb. 10, Seite 39). Der Hypothalamus ist eine zentrale Regulationsstelle für viele lebenswichtige Körperfunktionen und steht in engem Kontakt mit der Großhirnrinde, in der die Verarbeitung aller Sinneseindrücke stattfindet und geistige Funktionen ablaufen. Gedanken, Erleben und Vorstellungen haben so Einfluß auf den Hypothalamus und damit auf die Hypophyse. Die Hypophyse wiederum ist direkt an die Blutbahn angeschlossen, die das Gehirn mit dem übrigen Körper verbindet. So gelangen die Hypophysenhormone über das Blut an ihre Zielorte, wie zum Beispiel die Keimdrüsen oder die Nebennierenrinde. Dort regen sie die Produktion anderer Hormone an. Die Hypothalamus-Hypophysen-Nebennierenrinden-Achse ist der wichtigste Hormonregulationskreislauf bei der Bewältigung von Streßsituationen.

Die Sekretion vieler Hormone wird zum Beispiel durch Emotionen, Aufmerksamkeit, Schmerz, Streß, aber auch über körperinterne Informationen moduliert. Einige unterliegen jedoch nicht dieser Kontrolle. Die Sekretion der Darmhormone und der Signalstoffe des Nebennierenmarks wird überwiegend über das nichtwillkürliche Nervensystem gesteuert.

Hormone: Vermittler zwischen Seele und Leib

Welcher Signalstoff ein Hormon ist und welcher nicht, ist nur schwer zu definieren. Die alte und überholte Definition besagt, daß Hormone in endokrinen Drüsen produziert werden, über das Blut an ihren unter Umständen weit entfernt liegenden Zielort gelangen, Tages- und monatlichen Schwankungen unterliegen und bereits in geringer Konzentration wirken. Es gibt aber mittlerweile in die Kategorie der Hormone eingeordnete Signalstoffe, die nicht in allen Punkten dieser Definition entsprechen. Die Nomenklatur wandelt sich zur Zeit, und deshalb ist es wahrscheinlich günstiger, allgemein von Signalstoffen zu sprechen. So können auch Neurotransmitter und Neuropeptide (siehe Seite 50 ff) als Botenstoffe des Gehirns durchaus wie Hormone wirken. Eine Substanz wie Adrenalin wirkt an den Synapsen von Nervenzellen als Überträgersubstanz für neuronale Erregungen und zugleich im Blut als Hormon. Adrenalin wird im Nebennierenmark produziert. Eine Doppelfunktion hat auch das Vasopressin. Es wird im Hypothalamus gebildet und über den Hypophysenhinterlappen in den Blutkreislauf weitergegeben. Es hemmt die Harnproduktion und läßt den Blutdruck steigen. Im Gehirn wirkt es als Neurotransmitter an den Nervenenden und hat wahrscheinlich eine wichtige Funktion bei der Gedächtnisbildung. Cholecystokinin wird von Darmzellen in das Blut abgegeben. In der Gallenblase bewirkt es die Entleerung der Gallenflüssigkeit in den Darm und fördert somit die Verdauung. Im Gehirn funktioniert es als Überträgerstoff zwischen Nervenzellen. Endorphine und Enkephaline wirken im Gehirn ähnlich wie Opiate. Dort regeln sie, ob wir satt sind oder Hunger haben. Im Darm dagegen sorgen sie für die Bewegung des Verdauungstraktes. Das sind nur einige Beispiele für die gleichzeitige Funktion von Hormonen in hormonalen und neuronalen Kommunikationssystemen. Die hormonelle Kommunikation kann dabei in Sekunden geschehen, aber auch Stunden dauern.

Man unterscheidet heute unter dem Oberbegriff «Hormon» drei verschiedene *Substanzgruppen*:

- Steroidhormone (wie Cortisol oder Östrogen),
- Peptidhormone (wie Endorphine oder Vasopressin),
- Aminosäure-Abkömmlinge (wie Schilddrüsenhormone oder Adrenalin).

Die Steroidhormone sind von Cholesterin abgeleitete Moleküle, deren Grundgerüst aus siebzehn Kohlenstoffatomen besteht, die zu einem kompakten Ringsystem verbunden sind. Die wichtigsten sind die Hormone der Nebennierenrinde, von denen das bekannteste das Cortisol ist, und die Sexualhormone wie Östrogen und Testosteron (Abb. 16).

Die Peptidhormone bestehen dagegen aus Aminosäureketten unterschiedlicher Länge. Das in den Inselzellen der Bauchspeicheldrüse gebildete Insulin gehört dazu, ebenso wie das schon erwähnte Cholecystokinin, das Vasopressin, das Wachstumshormon und das Prolaktin.

Cholesterin

Cortisol

Testosteron

Ostradiol

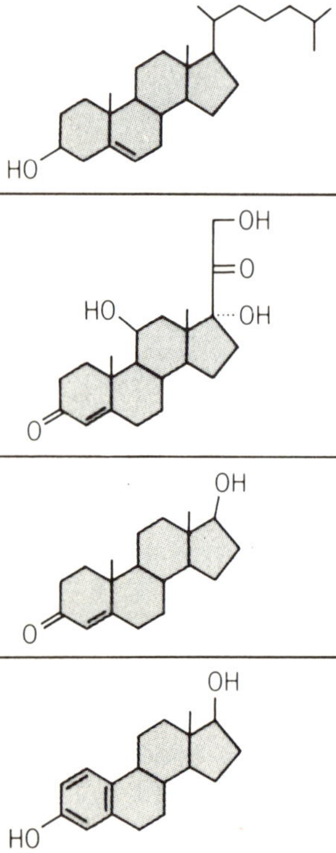

Abb. 16: Alle Steroide leiten sich aus dem Grundgerüst des Cholesterins ab.

Neuropeptide werden dabei zunächst gemeinsam sozusagen als Propeptid hergestellt und in einem späteren Reifungsprozeß zurechtgeschnitten. Aus dem Vorläufermolekül Proopiomelanocortin (POMC) entstehen so in einem bestimmten Verhältnis einige opiatähnliche Peptide (Endorphine) und das wichtige Adrenocorticotrope Hormon (ACTH). Sie haben ganz unterschiedliche Wirkungen, werden aber sogar gemeinsam von der Hypophyse ins Blut abgegeben.

Insgesamt dürften uns vor allem die Neuropeptide als neu entdeckte und zur Zeit intensiv beforschte Hormongruppe in Zukunft einen besseren Einblick in die Steuerungsmechanismen unserer Emotionen und unseres Verhaltens ermöglichen. Der Begriff Neuropeptid muß dabei nicht heißen, daß diese Substanzen nur von Nervenzellen hergestellt werden können. Viele werden auch im Darm oder von Zellen des Immunsystems gebildet. In die Gruppe dieser Peptidhormone gehören aber – wenn man die Definition weit faßt – auch Proteine. Sie bestehen aus längeren Aminosäureketten. Ein Beispiel sind die Interleukine, die unter anderem als Immunhormone Signale zwischen weißen Blutkörperchen vermitteln (siehe Seite 93 ff).

Die Neurotransmitter stammen meist von einer speziellen Aminosäure ab, deshalb faßt man sie unter der Bezeichnung Aminosäure-Abkömmlinge zusammen. Aus der Aminosäure Tyrosin, die wir mit der Nahrung aufnehmen, werden durch verschiedene chemische Prozesse die Neurotransmitter Dopamin, Noradrenalin und Adrenalin, die eben auch als Hormone fungieren können. Eine strikte Unterscheidung zwischen Neurotransmitter und Hormon ist aber weder möglich noch sinnvoll.

Diese unterschiedlichen Signalstoffe lassen sich nicht nur nach ihrer chemischen Struktur unterscheiden, man kann sie auch nach ihren jeweiligen *Bildungsorten* und nach ihrer *Funktion* unterteilen:

- Neurohormone
- Hormone des Hypothalamus
- Hypophysenhormone
- Sexualhormone
- Hormone der Nebennierenrinde
- Hormone des Nebennierenmarks
- Hormone des Immunsystems und verschiedene andere.

Viele Hormone regulieren sich wie gesagt gegenseitig. Für das Verständnis der hormonellen Regulation unseres körperlichen und psychischen Befindens sind drei Hormonkreisläufe besonders entscheidend:

- Hypothalamus-Hypophysen-Keimdrüsen-Achse
- Hypothalamus-Hypophysen-Nebennierenrinden-Achse
- Sympathikus-Nebennierenmark-Achse.

Hormone bestimmen unser Verhalten: Lust und Frust

Die Freisetzung der Sexualhormone wird von den Releasing-Hormonen des Hypothalamus gesteuert. Diese kleinen Peptide veranlassen den Hypophysenvorderlappen, eine Reihe von stimulierenden Hormonen zu produzieren. Diese Signalstoffe bewirken ihrerseits die Produktion der eigentlichen Sexualhormone (Testosteron, Östrogen, Progesteron) in den Hoden beziehungsweise Eierstöcken oder regen, wie beim Prolaktin, direkt die Milchproduktion in den Brustdrüsen an (Abb. 17).

Bei Frauen ist der wichtigste Releasing-Faktor das Gonadotropin-Releasing-Hormon (GnRH). Releasing-Hormone setzen immer spezielle andere Hormone frei. Zu Beginn eines Menstruationszyklus – so vermutet man – sendet ein noch unbekanntes Gehirnareal Signale an den Hypothalamus. Dort wird in speziellen Neuronen GnRH gebildet und von einem Pulsgenerator in regelmäßigen Abständen in die zur Hypophyse führenden Blutgefäße ausgeschüttet. Die Hypophyse nimmt dieses Signal auf und bildet darauf das Follikelstimulierende Hormon (FSH) und das Luteinisierende Hormon (LH). Vor allem FSH regt im Eierstock das Follikelwachstum an. Das bläschenartige Gebilde, das die Eizelle umschließt, wird größer. Der Follikel stellt nun aus Cholesterin Östradiol her, ein Östrogen. Einige Tage später schüttet die Hypophyse dann LH aus, und es kommt zum Eisprung. Der Follikel wandelt sich zum Gelbkörper um, der jetzt Progesteron, ein Gestagen, herstellt. Alles zusammen bereitet die Gebärmutterschleimhaut auf die Einnistung des befruchteten Eis vor. Ein abrupter Abfall des Östradiol- und Progesteronspiegels führt dann zur Monatsblutung. Die richtige Konzentration der Hormone im Blut wird in der ganzen Zeit über ein Rückkoppelungssystem kontrolliert.

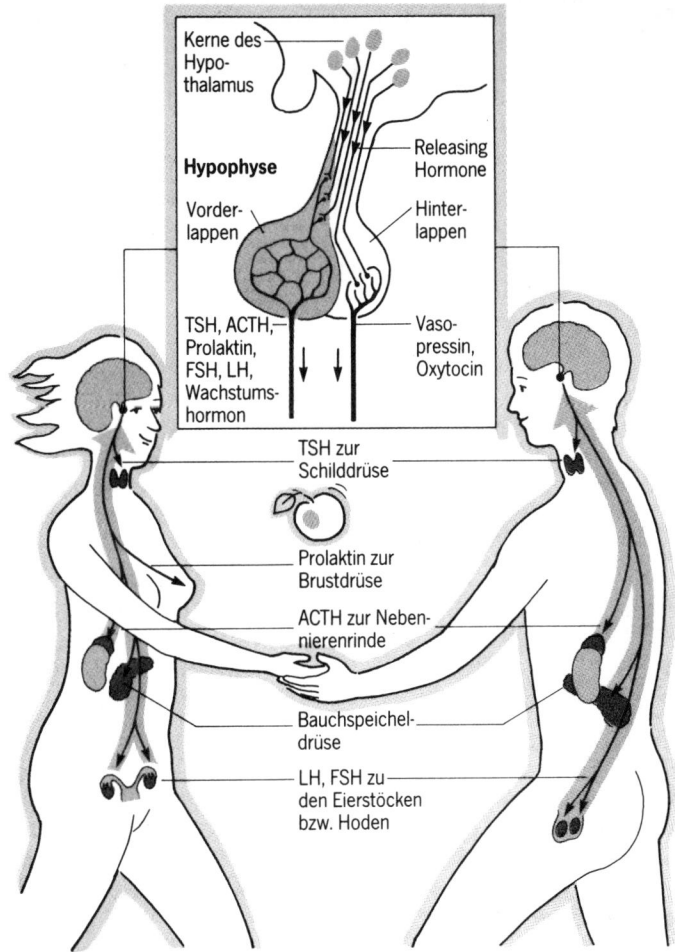

Abb. 17: Die Sex-Hormonkaskade: Releasing-Hormone aus dem Hypothalamus veranlassen die Hypophyse, Botenstoffe zu produzieren. Zum Beispiel: Thyroidstimulierendes Hormon (TSH), Follikelstimulierendes Hormon (FSH), Luteinisierendes Hormon (LH), Adrenocorticotropes Hormon (ACTH). LH und FSH bewirken dann die Produktion der Sexualhormone Östrogen und Testosteron in den Eierstöcken beziehungsweise den Hoden. Unser Sexualverhalten wird aber auch von Vasopressin und Oxytocin beeinflußt. Oxytocin spielt nicht nur bei der Uteruskontraktion während der Geburt eine wichtige Rolle; es ist nach neuesten Erkenntnissen auch für das Gefühl des Verliebtseins mitverantwortlich.

Beim Mann ist die Regulation der Sexualhormone weniger kompliziert. Aber die Produktion von Testosteron in den Hoden wird ebenfalls über GnRH aus dem Hypothalamus sowie FSH und LH aus der Hypophyse gesteuert. Das männliche Sexualhormon Testosteron ist für die Reifung der Samenzellen verantwortlich. Es wirkt aber gleichzeitig auch zurück auf das Gehirn und kann hier verschiedene Nervenzellgruppen beeinflussen.

Sowohl weibliche als auch männliche Geschlechtshormone werden zusätzlich in geringen Mengen in den Nebennieren, Eierstöcken und der Leber hergestellt.

Trotzdem ist ein «normales» männliches und weibliches Sexualverhalten immer von einer intakten Hypothalamus-Hypophysen-Keimdrüsen-Achse abhängig. Dabei sind – nach neuesten Erkenntnissen – nicht nur die Sexualhormone selbst entscheidend, sondern auch verschiedene Neuropeptide wie GnRH, aber auch Vasopressin, Oxytocin, das Corticotropin-Releasing-Hormon (CRH) und Opiate. Außerdem haben auch genetische und soziale Faktoren einen Einfluß. Man weiß zum Beispiel, daß die Testosteronproduktion bei Tennisspielern ansteigt, wenn sie den Court als Sieger verlassen. Das Hormonsystem des Verlierers reagiert nicht. Der gewonnene Sozialstatus führt somit zu einer Änderung im Hormonsystem.

Die lange vermutete generell aggressionssteigernde Wirkung von Testosteron kommt allerdings wahrscheinlich nur in wenigen Fällen als Verursacher von Gewalt in Betracht. Nur bei sehr aggressiven Gewalttätern sind in Einzelfällen erhöhte Werte des Hormons gemessen worden. Trotzdem dürfte besonders das Testosteron auf das Verhalten einen – zwar nicht immer erfaßbaren – Einfluß haben. Ein weiteres Beispiel, wie entscheidend Hormone unser Wohlbefinden steuern, ist das prämenstruelle Syndrom. Eine große Anzahl von Frauen hat kurz vor der Menstruation eine Phase, in der sie ruhelos, nervös oder depressiv sind. Sie können auch unter Schlaflosigkeit, Appetitlosigkeit und anderen körperlichen Beschwerden leiden. Unter anderem scheint in diesen Fällen ein Mißverhältnis zwischen Östrogen und Progesteron vorzuliegen, das zumindest mit für die psychischen und körperlichen Beschwerden verantwortlich ist.

Zwischen Männern und Frauen dürften im Gehirn Unterschiede bestehen, die auch das unterschiedliche Sexualverhalten, neben der geschlechtsspezifischen Erziehung und dem sozialen und kulturellen Umfeld, mitbestimmen. Es ist anzunehmen, daß der Hypothalamus in einer «kritischen Differenzierungsphase» auf die Anwesenheit des Testosterons mit einer Festlegung der hormonellen Abläufe reagiert. Das heißt, es findet offenbar während der embryonalen Entwicklung eine sexuelle Differenzierung des Gehirns statt.

Bei Tieren hat man sogar morphologische Unterschiede im Hypothalamus nachweisen können. Aus Tierexperimenten weiß man auch folgendes: Bei der weiblichen Katze gibt es in einigen Gehirnbereichen Zielzellen für Östrogen. Wenn sie durch Östrogen stimuliert werden, dann verändert sich das Verhalten der Katze gegenüber dem Kater: Aus Aggression wird Akzeptanz. Bei Heuschrecken gibt es ähnliche Verhaltenssteuerungen. Hört ein Heuschreckenweibchen den Gesang eines Männchens, dann ist es sofort zur Kopulation bereit. Nach dem Akt allerdings versiegt seine Bereitschaft schlagartig. Mit dem Sperma hat das Männchen nämlich Hormone übertragen, die im Nervensystem des Weibchens die Aktivität bestimmter Neuronen unterdrücken. Sie nimmt den Gesang des nächsten Männchens entweder nicht mehr wahr, oder er hat für sie eben keine Bedeutung mehr. Bei Vögeln wird das Sexualverhalten zusätzlich über das Licht gesteuert. Im Sommer produziert die Zirbeldrüse im Vogelgehirn weniger Melatonin. Das Hormon Melatonin inaktiviert Hypophysenzellen, die ihrerseits Hormone produzieren, die die sexuelle Aktivität organisieren. Das bedeutet: Je länger die Tage, desto größer die sexuelle Aktivität. Im Winter bei wenig Licht wird viel Melatonin ausgeschüttet und der Drang zur Vermehrung sinnvollerweise gebremst. Auch beim Menschen wird diskutiert, ob Melatonin das Sexualverhalten und die Produktion von Sexualhormonen beeinflussen kann.

Wenn die Streßhormonachsen gestört sind...

Der Hormonkreislauf zwischen dem Gehirn und der Nebennierenrinde ist ebenfalls sowohl für das körperliche als auch für das psychische Befinden von entscheidender Bedeutung. Die Hypothalamus-Hypophysen-Nebennierenrinden-Achse reguliert die hormonelle Antwort auf Streßfaktoren. Das eigentliche Streßhormon ist das Cortisol. Es wird zusammen mit einer Reihe anderer Glucocorticoide, wie Cortison, von der Nebennierenrinde in den Blutkreislauf abgegeben. Die

Nebennieren sitzen als kleine Drüse oben auf jeder Niere. Man unterscheidet die äußere Rinde und das innere Mark der Niere. Verschiedene Reize wie Kälte, Hitze, Lärm, körperliche Anstrengung und Emotion führen zu einem erhöhten Hormonspiegel. Cortison beeinflußt sehr viele Gewebe und Stoffwechselprozesse im Körper. So beschleunigt es in der Leber die Umwandlung von Aminosäuren in Zucker und stellt damit vor allem dem Gehirn, das ja fast ausschließlich Glucose verwertet, genügend energiereiche Verbindungen zur Verfügung. Je mehr Cortisol produziert wird, desto besser ist der Mensch für kurze körperliche und psychische Streßphasen mit Energie gerüstet. Zusätzlich fördert Cortisol die Freisetzung von verwertbaren Fettsäuren aus dem Fettgewebe. Cortisol beeinflußt aber auch den Kreislauf, den Wasserhaushalt und die Skelettmuskulatur. Das alles sind, im Sinne einer Anpassung an Anforderungen, in der Evolution entwickelte hormonelle Bewältigungsstrategien. Ist der Cortisolspiegel jedoch über längere Zeit hoch, dann hat das negative Auswirkungen, zum Beispiel auf das Immunsystem. Erheblichen Einfluß haben die Glucocorticoide auch auf das zentrale Nervensystem. Sie können die Funktion der Sinnesorgane verändern. Bei krankhaften Veränderungen der Nebennierenrinde verschwimmt der Geschmacksunterschied zwischen «süß» und «sauer», Gerüche und Geräusche sind schwerer zu unterscheiden. Die Hormone können offensichtlich die Informationsverarbeitung der Reize in der Großhirnrinde beeinflussen. Cortisol spielt auch eine Rolle bei Lernprozessen und Gedächtnisleistungen. Man vermutet, daß langandauernder Streß mit entsprechender Erhöhung von Cortisol vor allem auf den Hippocampus negative Auswirkungen hat. Diese Hirnstruktur bindet Cortisol besonders gut und ist dadurch gegenüber seinen toxischen Eigenschaften sehr anfällig. Auch das Schlafverhalten wird durch Streßhormone beeinflußt. Die Erkenntnis, daß man unter starkem Streß schlechter schläft und weniger lernfähig ist, ist sicher nicht neu. Das Schlafverhalten hat aber wiederum einen Einfluß auf das Immunsystem. Das zeigt: Ein einziges Hormon kann eine breite Palette von Verhaltensänderungen hervorrufen.

Aber noch eine weitere wissenschaftliche Erkenntnis zeigt, wie entscheidend Cortisol unser psychisches Befinden beeinträchtigen kann. Bei 50 bis 70 Prozent aller Patienten mit schweren Depressionen ist die Aktivität dieser Hormonachse erhöht. Offensichtlich ist hier die Streßhormonregulation gestört. Aus Tierexperimenten weiß man ferner, daß in einer Affenkolonie zum Beispiel die rangniedrigsten Affen in der Hierarchie permanent erhöhte Cortisolwerte haben. Die Veränderungen der Hypothalamus-Hypophysen-Nebennierenrinden-Achse sind somit eng mit dem Verhalten verknüpft.

Streß, was auch immer man genau darunter verstehen mag, ist ein Phänomen, das auf irgendeine Weise im Gehirn abläuft. Sicher sind die Hirnrinde, der Hippocampus und andere Teile des limbischen Systems beteiligt (siehe Seite 37 ff). Wie gelangt nun die Information «Streß» an die Nebennierenrinde?

Genau wie die Sexualhormone werden auch die Hormone der Nebennierenrinde über den Hypothalamus und die Hypophyse geregelt. Vor allem ein Kerngebiet dieser obersten Hormonschaltzentralen im Gehirn, der Nucleus paraventricularis im Hypothalamus, produziert das Corticotropin-Releasing-Hormon CRH. Dieser Botenstoff, bestehend aus 41 Aminosäuren, wandert in den Hypophysenvorderlappen und aktiviert dort in einigen Zellen ein spezielles Gen: das POMC-Gen, das für das Vorläufermolekül Proopiomelanocortin kodiert (Abb. 18). Das POMC-Gen wird in verschiedene Peptide übersetzt. Es ist deshalb so wichtig, weil darunter ein Schlüsselpeptid der Streßachse ist – das Adrenocorticotrope Hormon ACTH. ACTH gelangt über das Blut an die Nebennierenrinde und fördert dort unter anderem die Produktion von Cortisol. Die Hypothalamus-Hypophysen-Nebennierenrinden-Achse könnte man auch als CRH-ACTH-Cortisol-Achse umschreiben. CRH ist allerdings nicht allein für den Start der Reaktionskette verantwortlich. Verschiedene Neuropeptide und Transmitter wie Vasopressin, Noradrenalin und Botenstoffe aus dem Immunsystem arbeiten auf der Hypophysenebene mit.

Damit es nicht zu einer überschießenden Reaktion kommt, hemmt Cortisol die CRH- und ACTH-Ausschüttung. Das ist eine negative Feedback-Kontrolle, die sehr entscheidend für die Streßbewältigung ist. Zusätzlich reagieren auch viele andere Nervenzellen in unterschiedlichen Arealen des Hirns auf Cortisol. Der Hippocampus, eine Schaltstelle für Gefühle und Gedächtnis, der mit dem Hypothalamus in enger Verbindung steht, gehört dazu. Cortisol beeinflußt zum Beispiel die Übertragung von Nervensignalen an den Synapsen. Es kann die Rezeptoren für Serotonin und Noradrenalin ebenso verändern wie die Produktionsrate dieser Neurotransmitter. Damit wird verständlich, wie das Hormon Einfluß auf unser Gefühlsleben nehmen kann. Man muß

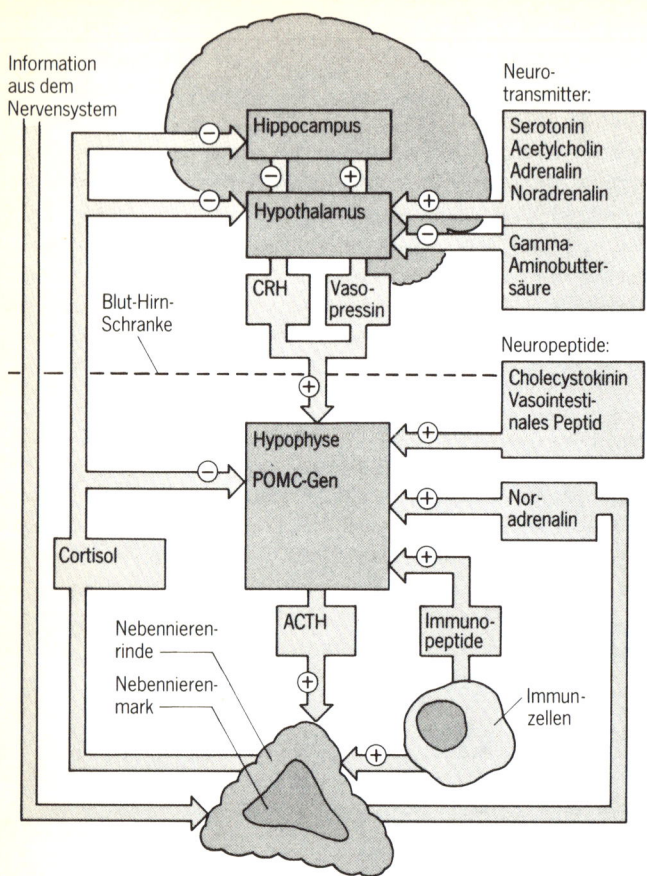

Abb. 18: Schaltplan: Wie das Gehirn die Hormonantworten auf Streß steuert. Signale aus der Umwelt werden nach der Reizverarbeitung und Bewertung im Gehirn, besonders im Hippocampus, dann im Hypothalamus in eine chemische Aktivität umgesetzt. Bei Streß arbeitet der Hypothalamus ähnlich wie eine Relaisstation und setzt den Corticotropin-Releasing-Faktor CRH und Vasopressin frei. Diese beiden Neuropeptide veranlassen die Produktion des Adrenocorticotropen Hormons ACTH. ACTH stimuliert die Bildung von Cortisol. Dieses Streßhormon hemmt in einer Rückkopplungsschleife die weitere Freisetzung von CRH und ACTH. So reguliert Cortisol selbst seine Konzentration im Blut. Auf den verschiedenen Ebenen greifen viele Neurotransmitter und Neuropeptide fördernd oder hemmend in die Regulation ein. Eine besondere Rolle spielen dabei die Immunopeptide. Zwischen dem Gehirn und dem Immunsystem besteht also vor allem in Streßsituationen ein reger hormoneller Dialog.

aber davon ausgehen, daß der erste Anstoß der Streßsignalkette vom Hippocampus und dem limbischen System ausgeht.

Aber nicht nur das Cortisol, sondern auch CRH selbst ist ein Molekül, das unser Verhalten ändern kann. Viele Nervenzellen im Gehirn, vor allem diejenigen, die das vegetative Nervensystem steuern (siehe Seite 37f), reagieren direkt auf das Signalmolekül CRH. Es kann den Blutdruck steigern, die Adrenalinausschüttung im Nebennierenmark erhöhen und die Magensäuresekretion hemmen. Bei Ratten wurden noch weitere Effekte nachgewiesen. CRH beeinflußt das Eß-, Sexual- und Schlafverhalten. Welche genaue Bedeutung dieses Hormon für den Menschen und für psychische Störungen hat, wird zur Zeit intensiv erforscht (siehe Seite 115).

Zur zweiten Hormonachse, die in die Streßbewältigung involviert ist, gehören das vegetative Nervensystem und die Transmitter Adrenalin und Noradrenalin. Letztere werden im Nebennierenmark gebildet. Die Zellen im Innern der Nebenniere sind umgewandelte Nervenzellen des vegetativen Nervensystems, und sie werden auch von den sympathischen Fasern, die vom Gehirn kommen, aktiviert. Das Mark produziert dann ein Gemisch von 80 Prozent Adrenalin und 20 Prozent Noradrenalin. Genau das geschieht als Folge einer Schreck- oder Notfallsituation, wie der plötzlichen Bremsaktion, wenn ein Kind auf die Straße läuft. Das ganze System wird aber auch bei emotionaler Belastung aktiviert. Der Adrenalinspiegel kann dann um das Zehnfache höher sein als im Ruhezustand. Die initiale Aktivierung des vegetativen Nervensystems geschieht wiederum im Hypothalamus und im limbischen System. Adrenalin und Noradrenalin erhöhen zum Teil über eine Erweiterung der Bronchien den Sauerstofftransport zu den Muskeln, zum Herz und Gehirn. Ebenso wird der Blutzufluß erhöht. Das heißt: Die Organe werden stärker durchblutet. Auch der Blutzucker- und Blutfettspiegel steigt aufgrund der erhöhten Anforderungen des Organismus in einer Streßsituation. Das alles dient der Anpassung des Körpers an die Streßsituation.

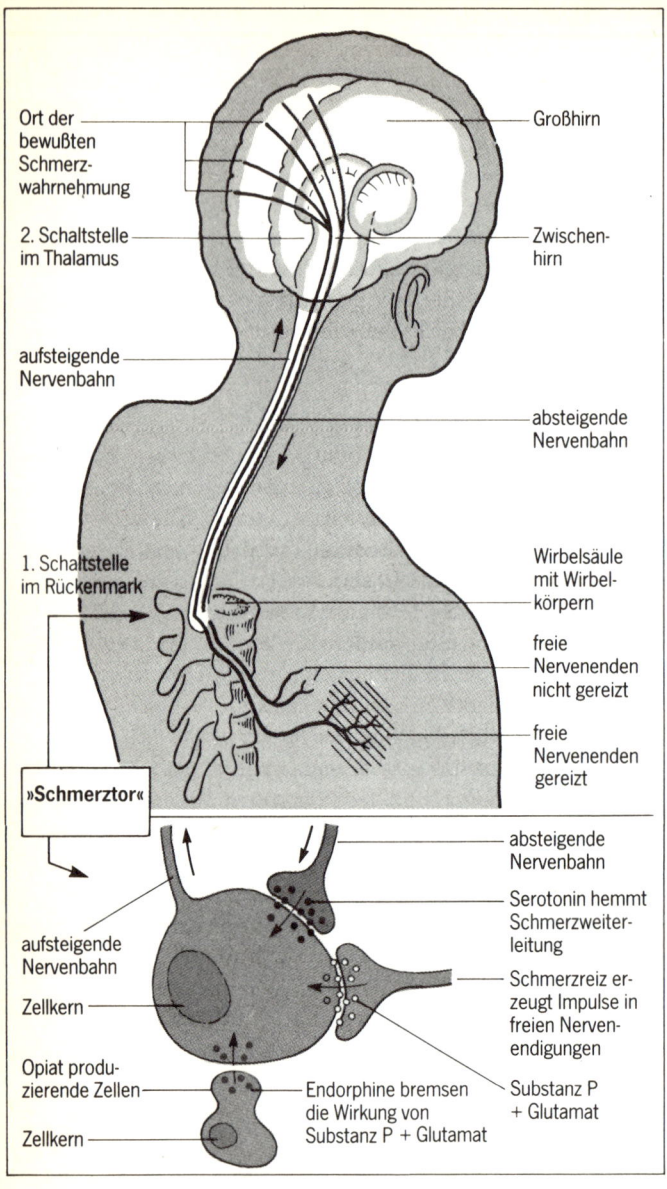

Ort der bewußten Schmerzwahrnehmung

2. Schaltstelle im Thalamus

aufsteigende Nervenbahn

1. Schaltstelle im Rückenmark

»Schmerztor«

aufsteigende Nervenbahn

Zellkern

Opiat produzierende Zellen

Zellkern

Großhirn

Zwischenhirn

absteigende Nervenbahn

Wirbelsäule mit Wirbelkörpern

freie Nervenenden nicht gereizt

freie Nervenenden gereizt

absteigende Nervenbahn

Serotonin hemmt Schmerzweiterleitung

Schmerzreiz erzeugt Impulse in freien Nervenendigungen

Substanz P + Glutamat

Endorphine bremsen die Wirkung von Substanz P + Glutamat

Schmerz: Wir machen uns die Opiate selbst

Bei der Schmerzwahrnehmung und der Schmerzempfindung spielen Hormone ebenfalls eine wichtige Rolle. Mitte der siebziger Jahre wurden die sogenannten endogenen Opiate entdeckt. Diese Neuropeptide haben ähnliche Wirkungen wie Opium und Morphium, die als äußerst effektive Schmerzmittel bekannt sind. Zu den körpereigenen Opiaten gehören die Endorphine und Enkephaline, die im Gehirn und im Nebennierenmark gebildet werden können. Sie besetzen dieselben Opiat-Rezeptoren wie zum Beispiel Morphium und wirken deshalb ebenso als Schmerzkiller. Bei einem Tritt vors Schienbein bei einem Fußballspiel, aber auch bei Schmerzen nach einer Operation, werden Schmerzfasern aktiviert und schütten im Nervensystem innerhalb von Sekunden Substanz P und Glutamat aus. Neuronen des Rückenmarks leiten die Nervenerregung an das Gehirn. An diesem Prozeß sind aber auch noch andere Neurotransmitter beteiligt. Der Grad der Aufmerksamkeit bei der Reaktion auf Schmerz oder Angst wird von einem Areal des Hirnstamms, der Formatio reticularis, und dem Locus coeruleus gesteuert. Im Großhirn wird der Schmerz dann richtig wahrgenommen und im limbischen System empfunden. Im Rückenmark schütten – sozusagen als Antwort – die Synapsen die Neurotransmitter Serotonin und Noradrenalin aus und hemmen die Weiterleitung von Nervenimpulsen in den aufsteigenden Nervenbahnen (Abb. 19). Im Rückenmark hemmen die Endorphine selbst die Reizübertragung. Diese Mechanismen führen dazu, daß der Schmerz unter Umständen nur noch schwach wahrgenommen wird. Sportler können deshalb manchmal trotz großer Schmerzen einen Wettkampf überstehen. Die emotionale Anspannung erhöht die Endorphinproduktion. Der Schmerz kommt ihnen erst nach dem Wettkampf so richtig zu Bewußtsein. Die Wirkungen der endogenen Opiate sind sehr vielfältig. Das liegt vor allem daran, daß sie an verschiedenen Rezeptoren auf unterschiedlichen Zellen angreifen können.

Abb. 19: Schmerzleitung und Schmerzempfindung: Ein Schmerzreiz erzeugt Impulse in einer freien Nervenendigung. Es kommt zur Ausschüttung von Substanz P und Glutamat. Über Neuronen des Rückenmarks gelangt der Reiz zum Thalamus, zum Hirnstamm und zum Großhirn. An den Zellen mit aufsteigenden Nervenbahnen sitzen jedoch opiatproduzierende Zellen, die Endorphine ausschütten. Über diese körpereigenen Schmerzhemmer und auch über das Serotonin der absteigenden Nervenfaser wird die Schmerzweiterleitung gehemmt. Wir empfinden den Schmerz schwächer.

außen

«First messenger»
Hormon
(z. B. Adrenalin)

Rezeptor

G-Protein

GTP
GDP

Zell-
membran

innen

Adenylat-
cyklase

ATP

Mitochondrium

cAMP
«Second messenger»

Proteinkinase
(inaktiv)

Aktivierung

Proteinkinase
(aktiv)

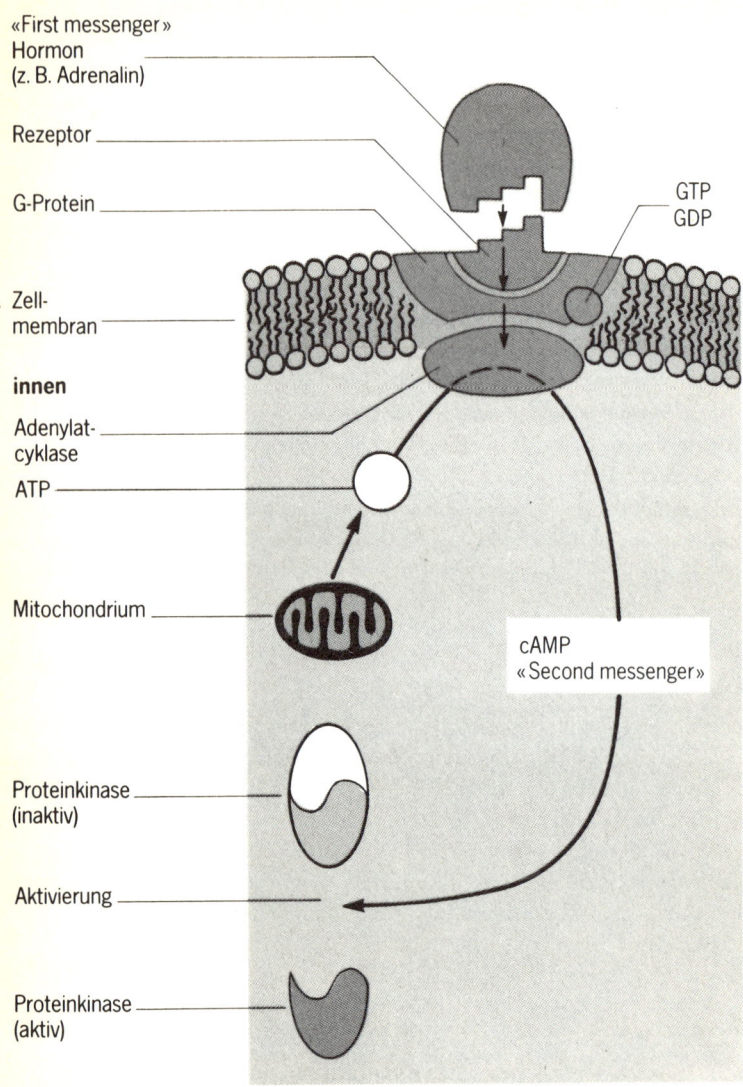

Daß vor allem die endogenen Opiate bei der Schmerzkontrolle bedeutend sind, zeigt ein Versuch mit Patienten, denen ein Zahn gezogen wurde. Eine Gruppe bekam statt der schmerzblockierenden Betäubungsspritze – ohne ihr Wissen – nur ein Placebo, also eine arzneimittelähnliche Zubereitung ohne Wirkstoff. Einige empfanden trotzdem keine Schmerzen. Gab man ihnen jedoch ein Mittel, das den Rezeptor für die endogenen Opiate besetzt, so daß die eigenen «Schmerzkiller» nicht wirken konnten, empfanden sie sofort starke Schmerzen. Ein weiterer Beweis für die Schmerzkontrolle durch Opiate ist der erhöhte Opiatspiegel bei Schwangeren während der Geburt. Der Körper produziert, wahrscheinlich ausgelöst durch das vermehrt gebildete Uterus-Kontraktionshormon Oxytocin, Endorphine, die dann den Geburtsschmerz wenigstens halbwegs erträglich machen.

Hormonwirkung: Wenn der Rezeptor mit dem Transmitter...

Hormone können generell Enzyme aktivieren oder hemmen. Sie können aber auch Gene aktivieren und so die Produktionsrate von Enzymen erhöhen. Außerdem steuern sie über die Durchlässigkeit von Zellmembranen den Stoffwechsel und die elektrische Erregbarkeit von Zellen. Man unterscheidet zwei wichtige Mechanismen:
1. Die Zielzelle des Hormons besitzt einen für dieses Hormon spezifischen Hormon-Rezeptor auf der *Zelloberfläche*. Das gilt zum Beispiel für die wasserlöslichen Hormone Adrenalin und Insulin. Die Bindung an den Rezeptor verursacht die Bildung eines intrazellulären Botenstoffs. Dabei gibt es mehrere Zwischenschritte, die erst in den letzten Jahren entdeckt wurden: Durch die Bindung des Hormons verändert sich der Rezeptor und aktiviert ein Protein in der Zellmembran. Dieses «G-Protein» bindet dann anstelle von GDP ein Energiemolekül Gua-

Abb. 20: Molekulare Wirkmechanismen von Hormonen: Hormone wie Adrenalin binden auf der Zellmembran an ihren Rezeptor und können das in die Zellmembran eingelagerte G-Protein hemmen oder aktivieren. Darüber wird die Adenalytzyklase reguliert. Dieses Enzym macht aus Adenosin-Triphosphat (ATP) das energiereiche cyclische Adenosin-Monophosphat (cAMP). cAMP aktiviert als «second messenger» im Zellinnern Enzyme, die dann weitere Stoffwechselvorgänge entscheidend beeinflussen.

nosin-Triphosphat (GTP) – daher der Name G-Protein. Das jetzt aktive Protein stimuliert oder hemmt das Enzym Adenylatcyclase, einen innerzellulären Botenstoff zu produzieren. In vielen Fällen ist es das cyclische Adenosin-Monophosphat (cAMP). Das cAMP ist der bekannteste «zweite Botenstoff» oder «second messenger» in der Informationsweiterleitung. Einige Bakteriengifte agieren genau am cAMP. So veranlassen die Cholera-Erreger die Darmzellen, zuviel «zweiten Botenstoff» zu bilden. Daraufhin ist der Stoffwechsel gestört, und es kommt zu starkem Durchfall (Abb. 20). Aber die Adenylatcyclase macht nicht nur cAMP, sondern ermöglicht nach neuesten Erkenntnissen auch den Transport von Ionen in die Zelle. Auf jeden Fall startet durch den Anstieg von cAMP in der Zelle eine Kaskade von Enzymaktivierungen, die am Ende in der Leber aus Glycogen Glucose machen. Damit steht dem Gehirn nach einem Adrenalinausstoß in einer Schocksituation ausreichend Zucker als Energielieferant zur Verfügung. Auch die Hormone CRH, ACTH, LH, FSH und TSH benutzen cAMP als zweiten Botenstoff. Insgesamt wurden bereits knapp ein Dutzend G-Proteine und Second-Messenger-Moleküle entdeckt. G-Proteine können auch hemmend wirken, so daß sie nach der Bindung des Signalstoffs einen Produktionsstopp für cAMP bewirken. Medikamente gegen Depressionen beeinflussen zum Beispiel die Sensitivität der Rezeptoren für die Neurotransmitter Noradrenalin und Serotonin.

2. Die fettlöslichen Steroidhormone, wie Sexualhormone und Cortisol, benutzen einen Rezeptor, der im *Zellplasma* ihrer Zielzellen vorhanden ist. Der Hormon-Rezeptor-Komplex bildet in der Zelle selbst den intrazellulären Boten. Der gesamte Komplex kann in den Zellkern wandern, sich dort an bestimmte Genabschnitte anlagern und so die Transkriptionsrate dieser Gene beeinflussen. Es wird dann entweder mehr oder weniger von einem bestimmten Protein hergestellt, im Vergleich zum Ruhezustand der Zelle, wenn die Gene nicht durch Cortisol reguliert wurden (Abb. 21).

Eine Frage bleibt jedoch bislang offen: Wie können Hunderte von verschiedenen Hormonen eine unüberschaubare Menge biochemischer Effekte haben und eine große Anzahl von Genen regulieren, wenn für die Signalübertragung ins Zellinnere nur wenige Signalsubstanzen, wie das erwähnte cAMP und noch drei bis vier andere, zur Verfügung stehen? Der Schlüssel zum Verständnis für diese scheinbar paradoxe Situation könnte darin liegen, daß die Zellen – je nachdem zu welchem Gewebe sie gehören – sehr unterschiedliche Rezeptorprofile an ihrer Membran wie auch innerhalb der Zellen bilden können. Diese hohe Differenzierung je nach Aufgabe macht verständlich, warum eine Zelle auf der Kopfhaut beispielsweise weiß, daß sie dort ein Haar produzieren muß, obwohl sie doch die gleichen Gene hat wie eine Samen- oder Gehirnzelle, die ganz andere Leistungen vollbringen müssen.

All diese Mechanismen beeinflussen auch unser Verhalten, unsere Empfindungen und unsere Anfälligkeit für Krankheitserreger. Hormone sind im gesamten Leib-Seele-Netzwerk die entscheidenden Vermittler zwischen dem Erbmaterial und äußeren Einflüssen aus der Umgebung.

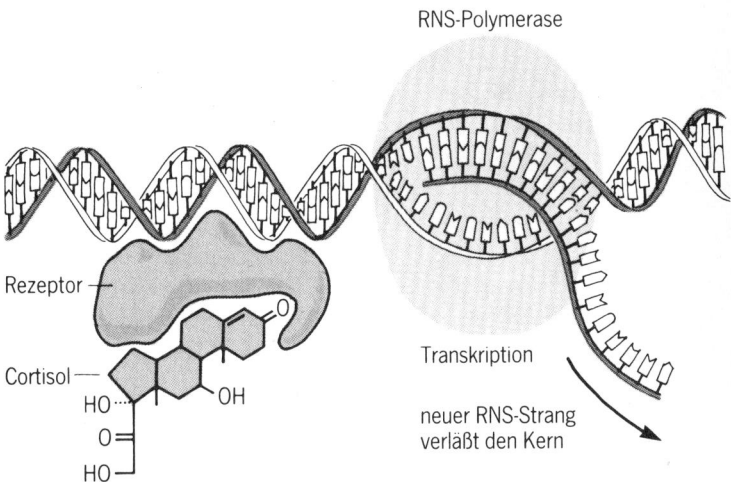

Abb. 21: Steroidhormone wie Cortisol binden im Zellinnern an ihren Rezeptor. Der Hormon-Rezeptor-Komplex wandert in den Zellkern und beeinflußt die Genaktivität. Er kann zum Beispiel die RNS-Polymerase hemmen, die ja die messenger-RNS herstellt. Ohne diese Transkription der DNS, das heißt ohne mRNS, stellen die Ribosomen kein Protein her. Auf diese Weise regulieren Steroidhormone die Synthese einer Vielzahl von Enzymen und Proteinen.

Das Immunsystem:
«Selbst» gegen «Nicht-Selbst»

David starb 1984 in Texas. Zwölf Jahre lebte er mit einem angeborenen Immunmangel. Das ist die längste Zeitspanne, die je ein Mensch mit einem funktionsunfähigen Immunsystem überlebt hat. David hat diese zwölf Jahre in einem keimfreien Zelt verbracht, das er nie verlassen durfte. Niemand konnte ihn anfassen; er atmete gefilterte Luft. Ohne diese Vorsichtsmaßnahmen hätten ihn täglich Millionen Mikroorganismen, wie Bakterien, Viren, Pilze und Parasiten, attackiert. Sie leben in der Luft, im Wasser, in Nahrungsmitteln, auf der Haut und auch im menschlichen Körper selbst. Viele davon schaden uns nicht, ja wir brauchen sie sogar, zum Beispiel bei der Verdauung. Die allermeisten, die uns schaden könnten, vernichtet ein intaktes Immunsystem, und nur bei wenigen, die zum Ausbruch einer Krankheit führen, versagt die Abwehrkraft. Zumindest aber braucht das Immunsystem einige Zeit, um zum Beispiel mit Grippeviren fertig zu werden.

Funktioniert allerdings das System nicht einwandfrei, wird der tagtägliche Abwehrkampf lebensgefährlich. Zwar töten Enzyme im Speichel und der Tränenflüssigkeit ständig Bakterien ab, in der Luftröhre umschließen Schleime eingedrungene Erreger, und die Magensäure zerstört ebenfalls viele Keime, aber das Immunsystem muß die Hauptarbeit leisten. Sind die äußeren Barrieren einmal überwunden, beginnt die schwierige Aufgabe für eine Billiarde weiße Blutkörperchen und rund 100 Trillionen Antikörper.

Insgesamt wiegt das Immunsystem eines Menschen ein bis zwei Kilogramm. Es besteht aus Organen, wie dem Thymus und der Milz, aus Geweben wie dem Knochenmark, den Lymphknoten, den Mandeln, dem lymphatischen Gewebe des Darms und den Gliazellen des Gehirns (Abb. 22). Die verschiedenen beweglichen und festsitzenden Immunzellen sind im Blut, in der Lymphflüssigkeit und im Gewebe ständig auf der Suche nach Eindringlingen. Jedes Organ und jede Immunzelle hat dabei spezielle Aufgaben. Besonders wichtig sind jedoch die kleinen weißen Blutkörperchen – die Lymphocyten – und das Lymphsystem. Wenn die Arterien das Blut durch feine Kapillargefäße in die entlegensten Teile des Körpers transportiert haben, wird am Ende das Blutplasma in die Zellzwischenräume gepreßt, und viele weiße Blutkörperchen wandern ins Gewebe aus. Die roten Blutkörperchen bleiben dabei innerhalb der Gefäße. Die über 15 Liter Zwischenzellflüssigkeit, die so pro Tag anfallen, sehen deshalb wässerig weiß aus. Das meiste davon gelangt über kleine Venen wieder zurück in das Blut, aber etwa 2 Liter kommen über winzige Lymphkapillaren in ein Netzwerk von Lymphgefäßen, die den gesamten Körper wie ein Haarnetz durchziehen. Die Flüssigkeit fließt dabei auch durch die Lymphknoten, die wie kleine Filterstationen arbeiten und jeden Erreger mit Hilfe der Lymphocyten bekämpfen. Die Lymphe aus dem Bauchraum und den Beinen wird im Brustmilchgang gesammelt, der hinter dem linken Schlüsselbein in den Blutkreislauf einmündet.

Das Immunsystem hat mehrere Aufgaben: Es soll fremde Partikel, egal welcher Größe, und entartete Tumorzellen erkennen und dann vernichten. Dazu muß aber entschieden werden, was fremd ist und was nicht. Diese schwierige Aufgabe löst das Immunsystem auf erstaunlich effektive Weise. Autoimmunkrankheiten, bei denen sich die Abwehr fälschlicherweise gegen die eigenen Körperzellen richtet, sind verhältnismäßig selten. Man geht heute auch davon aus, daß täglich irgendwo im Körper Krebszellen entstehen. Sie werden aber – so die Vermutung – von Immunzellen registriert und getötet. Erst wenn solche entarteten Zellen durch das Sicherheitsnetz hindurchschlüpfen und die Zahl der Zellen zu groß wird, kann eine Krebsgeschwulst entstehen. Während einer Schwangerschaft, wenn ein immerhin zur Hälfte genetisch fremder Fötus über die Plazenta mit dem Blut und dem Immunsystem der Mutter in Berührung kommt, unterdrücken spezielle Mechanismen die nun gefährlichen Aktivitäten des Immunsystems. Das Immunsystem ist somit außerordentlich leistungs- und anpassungsfähig.

Im Blut und der Lymphflüssigkeit agieren aber nicht nur die Lymphocyten, sondern auch kleine Protein-Moleküle, die beim Erkennen von Eindringlingen eine wichtige Funktion haben. Diese Antikörper, auch Immunglobuline genannt, haben eine Y-förmige Gestalt und sind in der Lage, Antigene zu binden und zu neutralisieren (Abb. 23). Anti-

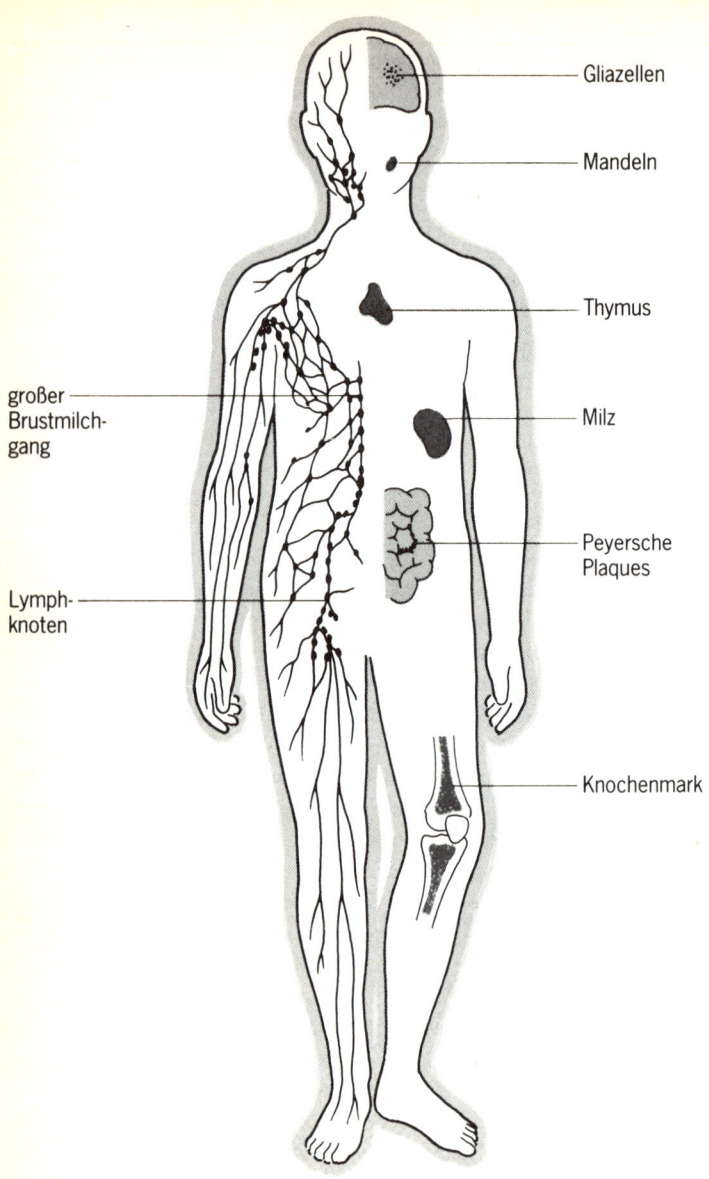

Gliazellen

Mandeln

Thymus

großer
Brustmilch-
gang

Milz

Peyersche
Plaques

Lymph-
knoten

Knochenmark

gene sind Molekülstrukturen unterschiedlichster Art, die zum Beispiel außen auf jedem Mikroorganismus sitzen. Meist bestehen sie aus verzweigten Zucker-Eiweiß-Molekülen. Außen auf einem AIDS-Virus sind diese Glycoproteine bereits im Elektronenmikroskop sichtbar. Aber auch viele Zellgifte, wie das Nervengift einer Kobra, haben antigene Strukturen. Antigene sind vergleichbar mit einem Paß oder Paßbild, durch das sich jeder Mikroorganismus und wahrscheinlich auch Krebszellen von den übrigen Zellen unterscheiden und somit verraten. In einem einzigen Tropfen Blut sind bis zu einer Billiarde Antikörper. Wenn man Antigene mit einem Paß vergleicht, dann sind Antikörper unglaublich präzise Paßkontrollstellen, die einen Paß, sobald er ihrem Fahndungsfoto entspricht, erkennen und, wie im Fall des Kobratoxins, quasi einbehalten und neutralisieren oder, im Fall eines Bakteriums, den Eindringling einer Art Vernichtungsanlage zuführen. Jede Kontrollstelle kann dabei nur Pässe gleicher Machart erkennen. Ein Antikörper gegen Kobratoxin erkennt nur dieses; ein Bakterium entkommt ihm unerkannt.

Im Laufe einer langen Evolution haben viele Krankheitserreger Tricks entwickelt, die sie vor einem Erkennen durch Antikörper schützen. Viren schlüpfen zum Beispiel gern in Körperzellen, um sich zu vermehren und so der Immunabwehr zu entgehen. Sie verstecken quasi ihre Pässe und reisen als blinde Passagiere. Andere verändern immer wieder ihre äußere Markierung und lassen somit die Abwehr ins Leere laufen. Auch der Erreger der Malaria, ein einzelliger Parasit, wendet diese Taktik an. Trotz jahrzehntelanger intensiver Forschungsarbeit ist es deshalb noch nicht gelungen, einen Impfstoff zu entwickeln. In jedem Stadium der Krankheit befällt der Parasit andere Zellen des Körpers und verändert dabei auch noch seine Gestalt. Das Immunsystem ist mehr oder weniger machtlos. Ein ähnliches Problem stellt sich auch bei den Influenza-Viren und dem AIDS-Virus, wobei sich das HI-Virus ausgerechnet in verschiedenen Immunzellen einnistet, den Zellen, die das Virus vernichten sollten. Die Erreger der Pocken sind weniger geschickt. Nach einmaliger Infektion kennt das Immunsystem das Paß-

Abb. 22: Das Immunsystem besteht aus Lymphgefäßen, Lymphknoten und lymphatischen Geweben, wie zum Beispiel Knochenmark, Milz und Mandeln. Im Knochenmark entstehen die für die Abwehr von Krankheitserregern wichtigen B-Zellen, im Thymus reifen die T-Lymphocyten.

bild. Im Blut kursieren ein Leben lang viele Antikörper mit dem Pok-
ken-Fahndungsfoto, um bei dem Vergleich zu bleiben. Eine Impfung
erfüllt den gleichen Zweck. Dabei wird eine künstliche Infektion mit
abgeschwächten oder eine Immunisierung mit abgetöteten Erregern erzeugt. So hat das Immunsystem die Chance, passende Antikörper zu
bilden, die dann parat stehen, wenn es zu einer «echten» Infektion
kommt. Die Krankheitserreger werden schnell und meist unbemerkt
vernichtet.

Damit ein Immunsystem gut funktioniert, müssen eine Unmenge
verschiedener Zellen, Moleküle und Signalstoffe in einer fein abgestimmten und komplexen Art und Weise zusammenarbeiten.

Bislang ließ sich das Zusammenspiel der Bestandteile des menschlichen Immunsystems nur im Reagenzglas untersuchen, obwohl die Situation im Reagenzglas nicht mit der Situation in einem menschlichen
Körper, der mit seinen anderen vielfältigen Abläufen das Immunsystem
beeinflussen kann, vergleichbar ist. Andere Experimente, die bei Frö-
schen, Fischen und Mäusen möglich sind, verbieten sich aus ethischen

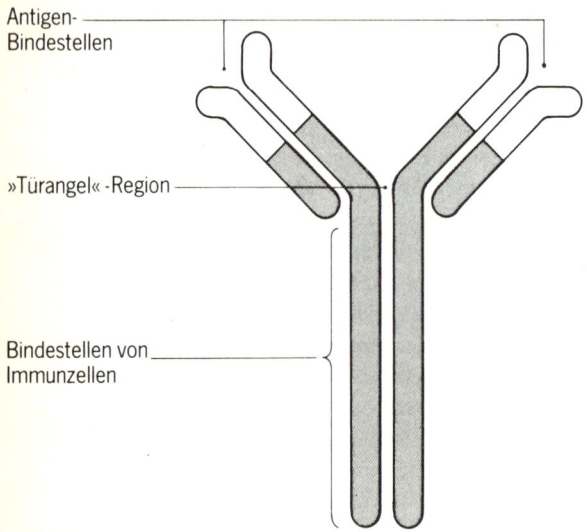

Abb. 23: Ein Antikörper besteht aus vier Proteinketten, zwei schweren und zwei leichten. 100
Trillionen patrouillieren ständig in unserem Körper.

Gründen beim Menschen. Aber das Immunsystem von Mäusen zum Beispiel unterscheidet sich in vielen Punkten von einem menschlichen Immunsystem. Rückschlüsse sind nur bedingt möglich. 1988 gelang es jedoch einer Arbeitsgruppe aus Kalifornien, menschliche Immunzellen funktionsfähig in eine Maus zu transplantieren. Die Hoffnungen sind groß, daß jetzt die Immunologen das menschliche Abwehrsystem mit dem komplizierten Wechselspiel sozusagen in Aktion und mit diesem Tiermodell in vivo erforschen können. Man will lernen, wie Immunzellen zwischen «Selbst» und «Nicht-Selbst» unterscheiden, wie Autoimmunkrankheiten und Krebs entstehen und wie sich das Immunsystem beeinflussen läßt. Hieraus hofft man einen Einstieg für gezielte Therapieverfahren zu entwickeln.

Die Immunzellen als Kampftruppe: B- und T-Zellen, Freß- und Killerzellen

Viele unterschiedliche Zellen sind an der Immunantwort beteiligt (Abb. 24 und Tab. 1). Sie entwickeln sich erst langsam innerhalb der ersten sechs Lebensmonate. Beim Ungeborenen wandern aus der Leber besondere Zellen ins Knochenmark. Aus einer pluripotenten, also «vielkönnenden», blutbildenden Stammzelle entstehen dort die roten Blutkörperchen, die Blutplättchen und alle Immunzellen. Vereinfacht gesagt, gibt es zwei Entwicklungslinien:

- Aus myeloischen (aus dem Knochenmark stammenden) Stammzellen werden Freßzellen und Granulocyten.
- Aus lymphatischen Stammzellen werden B-Zellen, T-Zellen und Killerzellen.

Alle diese Zellen haben spezielle Funktionen in dem lebenswichtigen Abwehrkonzept. Sie bilden die Kampftruppe, um die es auf den folgenden Seiten gehen wird.

Dringt ein Antigen, zum Beispiel ein Virus oder ein Bakterium, in den Körper ein, wird es im Blut auf zirkulierende Antikörper treffen. Das Ziel ist die Vernichtung der fremden antigenen Struktur und des dazugehörigen Bakteriums, Virus oder Parasiten. Aber nur wenn das Antigen genau zu dem Antikörper paßt, wie ein Schlüssel zum Schloß, kann überhaupt eine Immunreaktion ablaufen. Der Paß muß haargEnau dem Fahndungsfoto entsprechen. Die Bindungsstelle für ein Antigen auf dem Antikörper ist dabei die obere Hälfte des «Ypsilons» (siehe Abb. 23, S. 80). Die Chance, auf einen passenden Antikörper zu treffen, ist groß, weil Millionen verschiedener dieser Protein-Moleküle vorhanden sind. Antigen und Antikörper verbinden sich, und dadurch werden sogenannte Komplement-Enzyme angelockt. Diese Enzyme gehören zu einem Komplex mit mindestens zwanzig Komponenten, die vor allem im Blut enthalten sind und meist in der Leber produziert werden. Nehmen wir an, das Antigen sitzt auf einer Bakterienzelle. Die Enzyme schädigen nun in einem komplexen Kaskadenprozeß die Zellwand und locken zusätzlich   Freßzellen an, die Erkennungsstrukturen für Komplement-Enzyme besitzen.

Die angelockten Freßzellen – Makrophagen und Neutrophile – machen ihrem Namen alle Ehre. Es sind große lappige Zellen, die ganze

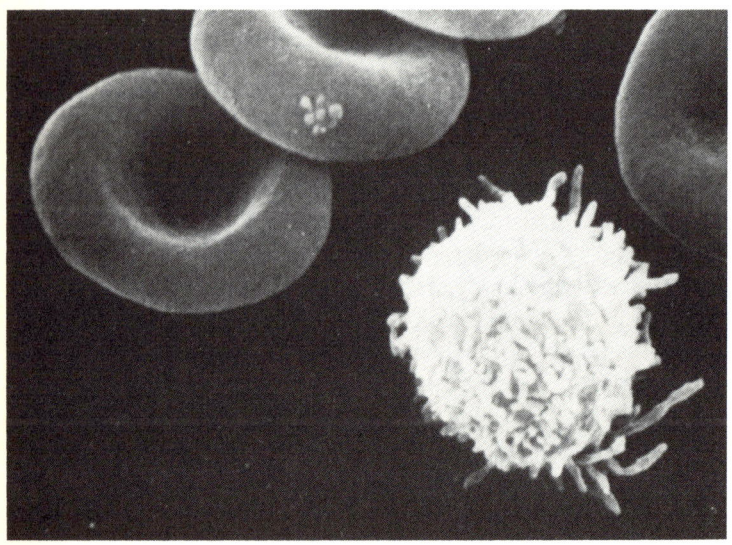

Abb. 24a: Rasterelektronenmikroskopische Aufnahme von roten und weißen Blutkörperchen

Abb. 24b: Die meisten Zellen des Immunsystems entwickeln sich aus Stammzellen des Knochenmarks. Im Laufe ihrer Reifung werden daraus die verschiedenen Immunzellen – spezialisiert auf die Abwehr von Viren, Bakterien oder Würmern.

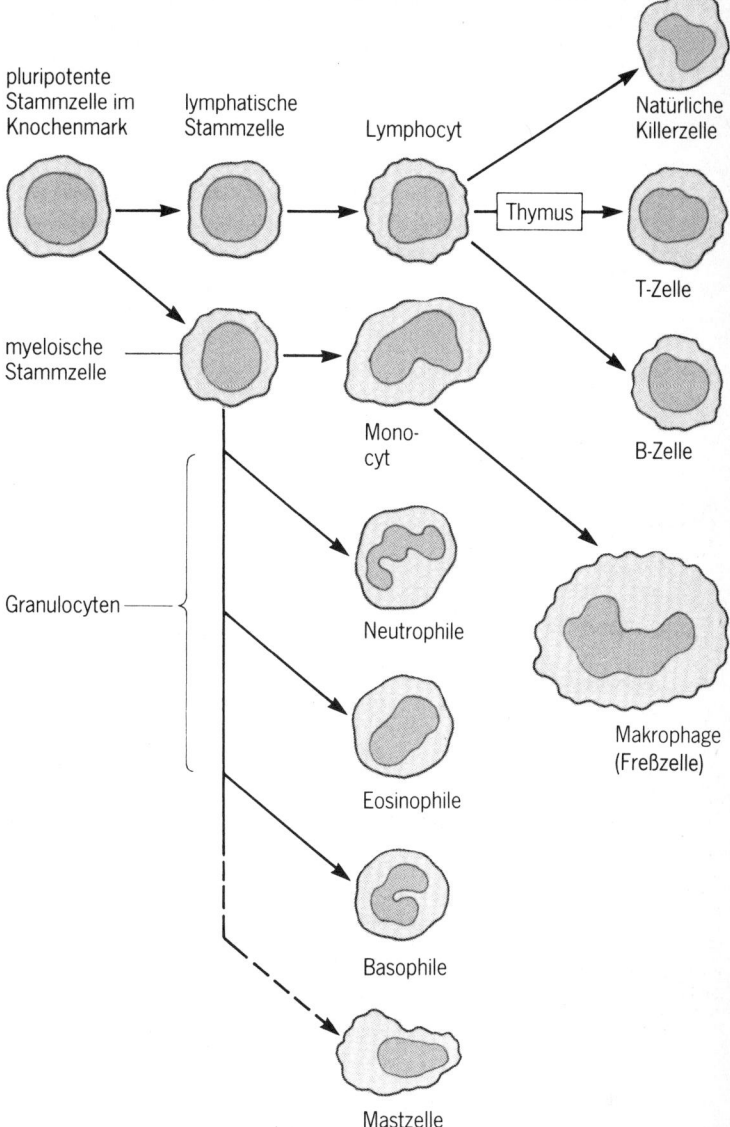

pluripotente Stammzelle im Knochenmark

lymphatische Stammzelle

Lymphocyt

Natürliche Killerzelle

Thymus

T-Zelle

B-Zelle

myeloische Stammzelle

Mono-cyt

Makrophage (Freßzelle)

Granulocyten

Neutrophile

Eosinophile

Basophile

Mastzelle

Name	Funktion
Monocyten	nicht aktivierte, sogenannte undifferenzierte Freß-zellen im Blut
Makrophagen	ausgereifte Freßzellen in Gewebe und Lymphe
Antigenpräsentierende Zellen (APZ)	Makrophagen, dendritische Zellen im Gewebe und Langerhanszellen in der Haut präsentieren den T-Zellen Antigene und starten damit eine Reaktions-kaskade
Granulocyten	
Neutrophile	Freßzellen gegen Bakterien, Viren und Pilze im Blut
Eosinophile	Abwehrzellen gegen Parasiten
Basophile	Abwehrzellen gegen Parasiten
Mastzellen	schütten entzündungsfördernde Substanzen aus, reagieren vor allem auf Immunglobulin E
B-Zellen	
B-Lymphocyten	leben im Knochenmark und in den lymphatischen Organen ; Vorläufer von Plasmazellen
Plasmazellen	spezialisierte antikörperproduzierende Zellen
B-Gedächtniszellen	auf ein Antigen geprägte B-Zellen, die sich bei Antigenreiz sofort zu Plasmazellen differenzieren und Antikörper produzieren
T-Zellen	
T-Helfer-Zellen	erkennen Antigene auf antigenpräsentierenden Zellen, aktivieren Plasmazellen und Killerzellen
T-Suppressor-Zellen	bremsen die Immunantwort, hemmen die Lympho-kinausschüttung
T-Gedächtnis-Zellen	auf spezielle Antigene ausgerichtete, langlebige T-Helfer-Zellen
Cytotoxische T-Killerzellen	erkennen und zerstören von Viren befallene Körper-zellen und wahrscheinlich Tumorzellen
Natürliche Killerzellen (NK)	greifen virusinfizierte Zellen und Tumorzellen an

Tabelle 1 Die wichtigsten Immunzellen

Bakterien umschließen und verdauen können. Sie sind eine Art Müllabfuhr des Immunsystems. 6 Prozent der weißen Blutkörperchen sind Makrophagen, 60 Prozent Neutrophile. Makrophagen entwickeln sich aus undifferenzierten Monocyten des Knochenmarks. Sie leben ein bis zwei Tage im Blut, zwängen sich dann durch die Kapillarwände ins Gewebe und werden dort zu langlebigen Makrophagen. Auch im Gehirn verrichten sie ihre wichtigen Säuberungsarbeiten, und zwar als Mikrogliazellen (siehe Seite 43). In jeder Minute produziert das Knochenmark aber auch 80 Millionen Neutrophile, die ebenfalls ins Gewebe wandern. Haben sie etwa zwanzig – oder sogar hundert – Mikroben verschlungen, sterben sie. Ihre Überreste räumen die Makrophagen weg.

Freßzellen erkennen Antigen-Antikörper-Komplexe. Die fündig gewordene Paßkontrollstelle teilt der Freßzelle etwa folgende Nachricht mit: «Komm her und hilf mir! Ich habe einen Eindringling erkannt und festgehalten. Du kannst ihn jetzt vernichten.» Während das Antigen oben am Antikörper festhängt, bindet sich die Freßzelle an den Stamm des «Ypsilons». Dort hat jeder Antikörper eine spezielle Bindungsstelle für Freßzellen. Das «große Fressen» kann beginnen. Der Startpunkt für die Vernichtung des Bakteriums sind also die Antikörper. Doch einige passende Antikörper im Blut würden es wohl kaum schaffen, mit vielleicht hunderttausend Bakterien, die sich zudem sehr schnell vermehren, fertig zu werden. Woher kommt also der Nachschub an passenden Antikörpern? Dafür sind die B-Zellen verantwortlich, denn die Immunglobuline oder Antikörper befinden sich nicht nur in ungebundener Form im Blut, sondern sie sitzen auch fest auf diesen B-Zellen (B kommt von *bone marrow*, dem englischen Wort für «Knochenmark»).

Auf jeder der Milliarden B-Zellen sitzt allerdings immer nur eine Sorte Immunglobuline, die sich auch nur gegen ein einziges Antigen richten. Wird nun ein Antigen nicht von einem frei zirkulierenden Antikörper gefangen, sondern von einem Antikörper, der auf einer B-Zelle sitzt, ist das ein massiver Reiz für diese Zelle. Der Effekt ist dramatisch: Sie entwickelt sich innerhalb von fünf Tagen zu einer Plasmazelle, die pausenlos nur noch Antikörper produziert, und zwar zu genau dem Antigen passend, welches sie stimuliert hat. Dann entstehen aus einer Plasmazelle pro Sekunde zweitausend gleiche Antikörper, die jetzt mit den Bakterien ein leichtes Spiel haben. Komplement-Enzyme, Makrophagen und Neutrophile erledigen den Rest. B-Zellen lassen sich also mit einer Paßkontrollstelle und einem angeschlossenen Kopierwerk vergleichen. Bei dem richtigen Signal werden neue Kontrolleure auf Patrouille geschickt, die auf ein ganz bestimmtes Fahndungsfoto geeicht sind. Allerdings lassen nicht alle Erreger dem Immunsystem so viel Zeit zum Kopieren und Vernichten. Bei manchen Antigenen ist die Zeit von der Aktivierung des Immunsystems bis zur effektiven Antikörperproduktion zu lang, um noch wirken zu können. Nach dem Biß einer Kobra, die mit ihren Giftzähnen ein Nervengift in die Blutbahn des Opfers spritzt, bleiben nur Minuten, ehe das Gift die Nervenzellen angreift, zu Lähmungen und schließlich zum Tod führt. So schnell arbeitet das Immunsystem nicht, und das Opfer hat nur eine Überlebenschance, wenn es ein Gegengift einnimmt. Es besteht aus sozusagen künstlich vorproduzierten Antikörpern, die man aus Pferdeblut gewonnen hat.

Damit sich das Immunsystem nach getaner Arbeit wieder «beruhigt», werden Antikörper gegen die Antikörper gemacht. Sie neutralisieren sie und löschen quasi den Fahndungsauftrag – so eine der Hypothesen. Gäbe es diese negative Rückkopplungsschleife nämlich nicht, dann würde das Immunsystem ständig nicht mehr benötigte Antikörper herstellen, und damit wäre es uneffektiv, weil für die dringlicheren Aufgaben dann weniger Energie zur Verfügung stünde. Die nutzlosen Antikörper würden überhandnehmen.

Ist die Krankheit abgeklungen und sind alle Bakterien vernichtet, bleiben nach der heftigen Aktion oft Gedächtnis-B-Zellen in einer Art Schlafstadium zurück, die bei einem nächsten Angriff sehr viel schneller zu Plasmazellen reifen und sofort Antikörper produzieren. In vielen Fällen bricht dann die Krankheit nie wieder aus, auch wenn der Erreger noch einige Male angreift.

Eine wichtige Frage hat die Immunologen jahrelang intensiv beschäftigt: Wie schafft es das Immunsystem, für jedes auch nur mögliche Antigen, zum Beispiel auch Chemikalien, immer passende Antikörper bereit zu halten, damit überhaupt die Reaktionskaskade mit Makrophagen und B-Zellen ablaufen kann? Woher weiß das Immunsystem, welche Keime uns im Laufe eines Lebens befallen werden?

Wir müßten theoretisch 10 Millionen Gene in unserem Erbgut für diese verschiedenen möglichen Antikörper haben. Das allerdings würde den Zellkern schlichtweg sprengen. So viele Informationen passen nicht hinein. Des Rätsels Lösung ist einfach und raffiniert: Der Bauplan für Antikörper besteht aus mehreren gestückelten Genen – eine Art Bausteinversatzkasten. Sie werden in einer B-Zelle nach dem Zufallsprinzip kombiniert. So reichen dreihundert Gene für Millionen verschiedener Antikörper. Außerdem sind diese Gene noch äußerst mutationsfähig, so daß immer wieder neue Varianten erstellt werden.

Nach der bisherigen Beschreibung könnte man meinen, die B-Zellen seien völlig ausreichend, um uns zu schützen. Aber in Wahrheit sind sie nur die eine Säule der Immunabwehr. Die zweite sind die T-Lymphocyten (T von Thymus). So müssen T-Helfer-Zellen die B-Lymphocyten stimulieren, wenn sie zu Plasmazellen reifen sollen. Die T-Suppressor-Zellen sind die Bremsen des Immunsystems. Beide zusammen regulieren die Immunreaktion. T-Lymphocyten reagieren spezifisch auf ein Antigen, allerdings nur unter bestimmten Bedingungen, und das unterscheidet sie von den B-Lymphocyten. T-Zellen erkennen ein Antigen nur, wenn es ihnen in einer speziell aufbereiteten Form präsentiert wird. Antigene können von Makrophagen, B-Zellen oder von den Langerhans-Zellen in der Haut präsentiert werden. Man nennt sie deshalb auch antigenpräsentierende Zellen (APZ). Es wird deutlich, daß Immunzellen immer mehrere Aufgaben haben. So erkennen Makrophagen Antigen-Antikörper-Komplexe – wie beschrieben –, aber auch Bakterienantigene allein. Sie verschlucken quasi die fremde Zelle und stülpen die kennzeichnenden Antigenstrukturen wieder nach außen. Eine T-Helfer-Zelle versteht diese Nachricht, die sich ungefähr so anhören könnte: «Schau mal, was ich hier gefressen habe! Interessiert dich das?»

Und ob! Erkennt eine T-Zelle einen fremden Paß (das Antigen) auf einer APZ, ist das ein Alarmsignal. Allerdings muß ihr das Antigen zusammen mit einem zweiten Paß (dem MHC-Molekül) gezeigt werden. Der Rezeptor auf den T-Zellen ist somit eine Art doppelte Paßkontrollstelle oder ein Doppelsicherheitsschloß (Abb. 25).

MHC, der zweite molekulare Marker, kennzeichnet dabei die APZ als zum Körper dazugehörig: Jeder Mensch hat individuelle ererbte Markierungsmoleküle und die dazugehörigen Gene. Diese gehören zum *major histocompatibilty complex* (MHC). Eingedeutscht müßte es heißen: Haupt-Gewebeverträglichkeits-Komplex. Die Internationale Abkürzung ist jedoch MHC oder HLA (Humanes Leucocyten-

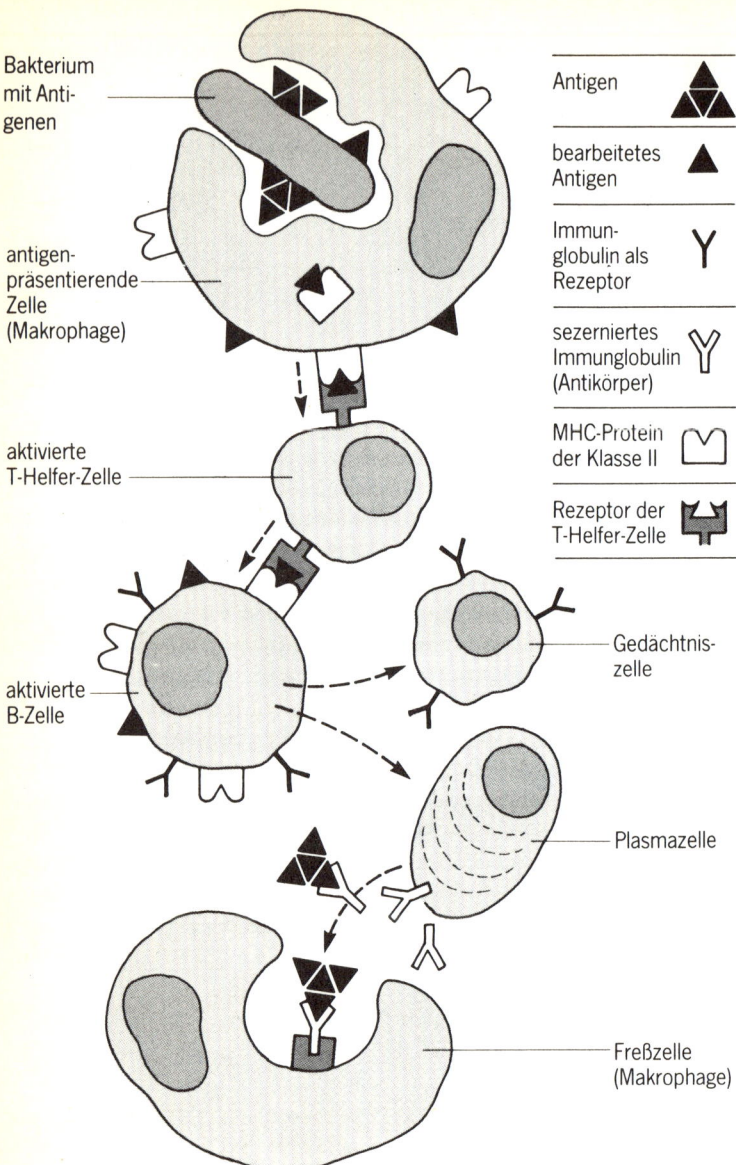

Bakterium
mit Anti-
genen

antigen-
präsentierende
Zelle
(Makrophage)

aktivierte
T-Helfer-Zelle

aktivierte
B-Zelle

Antigen

bearbeitetes
Antigen

Immun-
globulin als
Rezeptor

sezerniertes
Immunglobulin
(Antikörper)

MHC-Protein
der Klasse II

Rezeptor der
T-Helfer-Zelle

Gedächtnis-
zelle

Plasmazelle

Freßzelle
(Makrophage)

Antigen). Das Molekül macht es dem Immunsystem überhaupt erst möglich, zwischen «Selbst» und «Nicht-Selbst» zu unterscheiden. So ist das Immunsystem nur bei eineiigen Zwillingen austauschbar, weil dann die Zellen mit haargenau dem gleichen MHC-Typ markiert sind. Man wird auf der Welt nur wenige Menschen finden, die nicht verwandt sind und trotzdem ein gleiches MHC-Muster haben. Deshalb sind auch Knochenmarkstransplantationen nur bei nahen Verwandten möglich. Genau diese MHCs erschweren auch Organtransplantationen. Das Immunsystem des Empfängers bemerkt sofort, daß das Spenderorgan fremd ist, und stößt es ab, wenn nicht starke Medikamente das Immunsystem dämpfen. Alle kernhaltigen Körperzellen und Blutplättchen haben MHC-Moleküle der Klasse I. B-Zellen, Makrophagen und antigenpräsentierende Zellen haben Moleküle der Klasse II. Alle Zellen müssen dem Immunsystem ständig dieses molekulare Paßbild zeigen, um als «Selbst» erkannt zu werden und der Vernichtung zu entgehen.

Die antigenpräsentierenden Zellen halten dem T-Zell-Rezeptor nun zwei Pässe gleichzeitig zur Kontrolle hin: den eigenen MHC der Klasse II und das Antigen des aufgenommenen Bakteriums. Die T-Helfer-Zelle bindet sich an die APZ und schüttet Botenstoffe aus, die dann die B-Zelle zur Teilung und Antikörperproduktion animiert (Abb. 25). Die vielen Antigen-Antikörper-Komplexe, die daraufhin entstehen können, aktivieren nun ihrerseits – wie beschrieben – die Makrophagen in ihrer Funktion als Freßzellen. Mit dieser doppelten geballten Macht ist das Immunsystem in der Lage, die vielen verschiedenen Bakterien, die sich nur allzugern in jeder Sekunde in unserem Körper einnisten wollen, in Schach zu halten.

Das Immunsystem hat neben den B- und den T-Zellen aber noch eine weitere Kampftruppe: die Killerzellen. Sie haben besondere Aufgaben

Abb. 25: Ein Beispiel: Ein Bakterium befällt den Darm. Durch die Antigene auf der äußeren Hülle werden Makrophagen aktiviert, die Teile dieser Erkennungsstrukturen aufnehmen und im Innern an ein MHC-Molekül der Klasse II binden. Diese Signalstruktur stülpen sie nach außen. T-Helfer-Zellen erkennen sie mit ihrem speziellen T-Zell-Rezeptor und werden aktiviert. Sie vermehren sich. Diese aktivierten T-Zellen geben Lymphokine ab und stimulieren damit B-Zellen, die ebenfalls die zirkulierenden Antigene des Bakteriums über ihre Immunglobuline auf der Oberfläche aufgenommen haben und sie wie die Makrophagen den T-Zellen präsentieren. Die aktivierten B-Zellen differenzieren sich zu Plasmazellen, und diese produzieren nun massenweise Antikörper gegen die Bakterien.

in der Immunabwehr, und zwar bei der Abwehr von Viren. Viren sind für das Immunsystem ein besonders «harter Brocken», denn diese kleinen Partikel aus Eiweiß und DNS besitzen nur wenige Gene (3 bis 250), sind von einer Hülle umgeben und können, da sie keinen eigenen Proteinsyntheseapparat besitzen, sich nur in funktionsfähigen Zellen vermehren. Sie schleusen ihr Erbgut ein und veranlassen Leberzellen (bei Hepatitisviren), Nervenzellen (bei Cytomegalieviren), Immunzellen (bei AIDS-Viren), nun nicht mehr nur die eigenen Aufgaben wahrzunehmen, sondern vorwiegend neue Viren zu produzieren. Einige Viren leben aber auch jahrelang unbehelligt als blinde Passagiere in den Zellen und werden erst durch äußere Einflüsse wie UV-Licht bei Herpes-

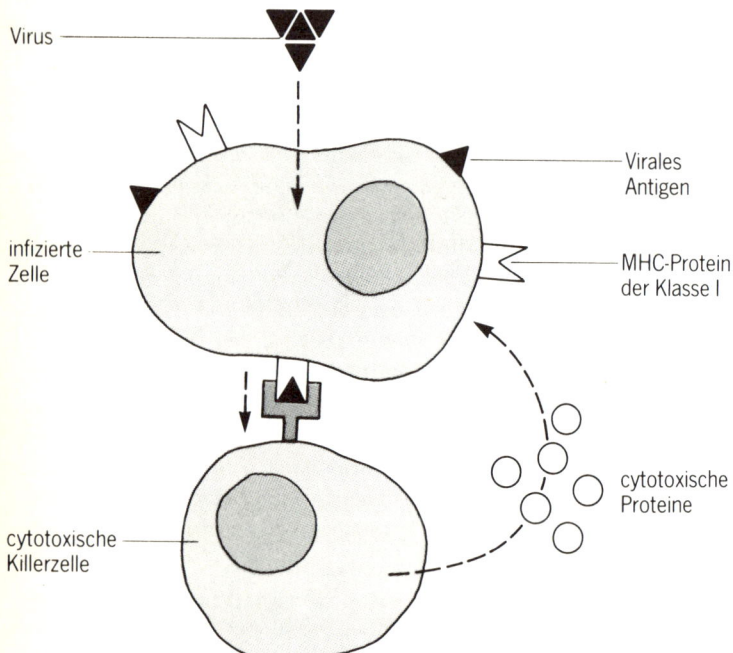

Abb. 26: Dringt ein Virus in eine Körperzelle ein, aktiviert diese befallene Zelle das Immunsystem, indem sie virales Antigen mit dem MHC-Molekül der Klasse I auf der Zelloberfläche zeigt. Cytotoxische Killerzellen erkennen diesen «Hilfeschrei», binden mit ihrem Rezeptor und schütten zellzerstörende Proteine aus. So stirbt zwar auch die Körperzelle, aber das Virus ist jedenfalls vernichtet.

Viren aktiviert. Andere reagieren auf Hormone. Wie soll das Immunsystem solche trojanischen Pferde erkennen? Antikörper reagieren nur auf äußere Antigene, und T-Helfer-Zellen reagieren nur auf Antigene, die zusammen mit dem MHC der Klasse II präsentiert werden. Körperzellen aber haben das MHC der Klasse I. Sie sind keine antigenpräsentierenden Zellen und sind somit für T-Helfer-Zellen nicht erkennbar. Beide Mechanismen, die bei Bakterien so wirkungsvoll sind, nützen bei diesen versteckten Viren nichts. Dafür sind die T-Killerzellen zuständig. Befällt nämlich ein Virus eine Zelle, erscheint das Antigen – das Hüllprotein des Virus – bald außen auf der Zelloberfläche. Es wird wahrscheinlich zunächst im Cytoplasma zerlegt, dann an MHC I gebunden und in kleinen Bläschen nach außen transportiert. Die neue Markierung ist eine Art Hilfeschrei der Zelle. Sie zeigt den Immunzellen sozusagen einen schlecht gefälschten Paß. Die Killerzellen erkennen diese Fälschung, binden sich an die «trojanischen Zellen» und produzieren porenbildende Enzyme, die die Zellmembran anbohren (Abb. 26). Es entstehen 5 bis 20 Millionstel Millimeter große Löcher. Die leckgeschlagenen Zellen sterben dann und mit ihnen die Viren. Deshalb nennt man diese zellzerstörenden Vernichter auch cytotoxische T-Zellen oder cytotoxische Killerzellen. Der Vorgang an sich wird als Lyse bezeichnet. Ähnlich dürfte auch die Tumorabwehr funktionieren (siehe Seite 99 f).

Daneben gibt es noch natürliche Killerzellen (NK). Sie sind ebenfalls Lymphocyten, haben aber kein immunologisches Gedächtnis und sind beim Erkennen ihrer Zielzelle nicht wie die cytotoxischen Killerzellen auf MHC-Marker angewiesen. Wie sie ihre Zielzellen erkennen, weiß man noch nicht. Klar ist jedoch, daß sie durch die Botenstoffe aktivierter T-Zellen stimuliert werden, vor allem durch Interferone und Interleukin 2. Das bedeutet, daß sie erst aktiv werden, wenn T-Zellen ein Opfer gefunden haben. Dann helfen diese natürlichen Killerzellen bei der Abwehr der Eindringlinge mit. Aktivierte natürliche Killerzellen lysieren andere Zellen, ähnlich wie die cytotoxischen Killerzellen. Wahrscheinlich spielen sie eine Rolle bei der Bekämpfung von Krebszellen, vor allem Metastasen, und von Zellen, die mit viralen Erregern infiziert sind.

Die Anzahl der natürlichen Killerzellen im Blut dient oft als Maßeinheit für die Funktionstüchtigkeit des Immunsystems. Bei psychoneuroimmunologischen Studien werden oft T-Zellen und natürliche Killerzellen gezählt und ihre Aktivität oder «Angriffslust» gemessen, um abzuschätzen, ob das Immunsystem normal funktioniert oder geschwächt ist.

Insgesamt stehen dem Immunsystem viele verschiedene und ineinandergreifende Mechanismen zur Verfügung, um uns zu schützen. Wenn man die Komplexität der Abwehr begreift, ist es erstaunlich, wie selten das Immunsystem versagt und wie selten wir krank werden.

Der Thymus als Trainingslager

Wo und wie lernen die T-Zellen, zwischen «Selbst» und «Nicht-Selbst» zu unterscheiden? Das ist eine der offenen Fragen, die Wissenschaftler zu beantworten suchen. Das Trainingslager für alle T-Lymphocyten ist die Thymusdrüse. Die «Lehrer» sind dabei die MHC-Moleküle der Klasse I und II. T-Zellen lernen hier, wenn sie aus dem Knochenmark kommen und den Thymus durchwandern, die Toleranz gegenüber den im Thymus präsentierten Selbstantigenen. Hier bildet sich der T-Zell-Rezeptor an den Helfer-Zellen, ebenso wie an den Killerzellen. Daneben erhalten die Immunzellen noch weitere Markierungen wie CD 4 für die T-Helfer-Zelle und CD 8 für die T-Killer oder die T-Suppressor-Zelle. Diese Markierungen entscheiden über ihre Funktion.

Das so entstehende T-Zell-Repertoire ist bei jedem Menschen verschieden. Die Reaktivität der Immunzellen gegen Antigene kann stark variieren und schwanken. Deshalb erkrankt nicht jeder zur gleichen Zeit gleich stark. Manche Menschen werden zum Beispiel bei einer Grippewelle nie krank. Auch die Ausbildung des T-Zell-Rezeptors ist, wie bei den Antikörpern, genetisch über gestückelte Gene gesteuert.

Zellen, die die Toleranz gegen Selbstantigene nicht lernen, gelangen von der Thymusdrüse aus nicht ins Blut, oder sie müssen sterben. Aber wie sie genau erkannt werden, weiß man noch nicht. So verhindert das Immunsystem, daß gegen eigene Körperzellen gerichtete, sogenannte autoaggressive T-Zellen Schaden anrichten können. Bei Autoimmunkrankheiten versagt dieser Lernmechanismus im Thymus offensichtlich (siehe Seite 97 ff).

AIDS-Viren benutzen genau das Erkennungsmolekül CD 4 als Eintrittspforte in T-Helfer-Zellen. Hier vermehren sie sich. Die T-Helfer-

Zellen sterben dabei, das Immunsystem kollabiert, und andere Viren, Bakterien, Pilze und Krebszellen können sich dann nahezu ungehindert ausbreiten. So leiden AIDS-Kranke sehr häufig an Infektionen mit Erregern, mit denen der Körper normalerweise leicht fertig wird.

Immunbotenstoffe: Unterhaltungen auf immunisch

Die Sprache des Immunsystems ist chemisch. Antikörper und T-Zell-Rezeptoren sind zwar die Erkennungsmoleküle des Immunsystems, aber sie würden nur wenig bewirken, wenn chemische Signalstoffe nicht die Kommunikation untereinander und die weiteren Reaktionen vermitteln würden. Noch erscheinen den Wissenschaftlern die Unterhaltungen zwischen den Zellen als verwirrendes «Palaver». Immerhin wurden bereits rund zwanzig Lymphokine entdeckt. Man nennt diese Botenstoffe Lymphokine, weil sie auf einen Antigenreiz von Lymphocyten ausgeschieden werden. Es sind lösliche Zellhormone. Sie ermöglichen die Funktionen der Lymphocyten, regen ihre Teilung an, steuern den Reifungsprozeß und wirken wie Regler in einem Stellwerk (Tab. 2). Früher glaubte man, daß nur Antigene T-Zellen zum Wachstum bringen könnten, aber dann entdeckte man, daß die Information durch das Hormon Interleukin 2 (IL 2) zustande kommt. Wenn eine antigenpräsentierende Zelle mit einer passenden T-Zelle Kontakt aufnimmt, dann schüttet die T-Zelle massiv IL 2 aus und bildet Interleukin 2-Rezeptoren. IL 2 bindet an den Rezeptor, und das ist für die Zelle das Signal zur Teilung. So entstehen zahlreiche identische Zellen mit der Fähigkeit, nur ein spezifisches Antigen zu erkennen. An der Regulation der T-Zell-Immunantwort sind neben Interleukin 2 noch eine Vielzahl anderer Botenstoffe aus dem Immunsystem beteiligt.

Wenn im Laufe einer Infektion durch die Immunabwehr immer weniger Antigene präsentiert werden, wird auch weniger IL 2 gebildet. Also teilen sich auch weniger Zellen, die spezifisch mit dem Antigen interagieren. So wird über ein Zellhormon – vermutlich wie auch durch Anti-Antikörper – die Immunantwort den Erfordernissen angepaßt.

IL 2 wird mittlerweile zur Krebstherapie eingesetzt, weil es eben nur bereits aktivierte T-Zellen mit IL 2-Rezeptoren stimuliert. Man entnimmt einem Patienten Blut und versetzt es mit hohen Konzentrationen IL 2. Dann wird es dem Patienten zurückgegeben in der Hoffnung,

Name	Bildungsort	Wirkung
Interleukin 1 (IL 1)	Makrophagen, Natürliche Killerzellen (NK), Gliazellen, Hautzellen	induziert die Differenzierung von aktivierten B-Zellen, fördert NK-Aktivität, alarmiert Helferzellen, lockt Neutrophile an
Interleukin 2 (IL 2)	aktivierte T-Zellen	induziert Vermehrung und Differenzierung von T- und B-Zellen, induziert Lymphokinproduktion in T-Zellen, erhöht Monocytenaggressivität, aktiviert Killerzellen
Interleukin 3 oder colony stimulating factor (CSF)	Stammzellen, Granulocyten, Makrophagen	fördert Wachstum pluripotenter Zellen, aktiviert Neutrophile, Basophile, Monocyten
Interleukin 4	aktivierte T-Zellen	fördert IgE-Produktion, fördert Expression von MHC auf B-Zellen, Wachstumsfaktor für T-Zellen
Interleukin 5	T-Zellen	fördert Immunglobulinsekretion und Differenzierung von Eosinophilen
Interleukin 6	Monocyten	Wachstumsfaktor für Plasmazellen
Gamma-Interferon oder Makrophagen aktivierender Faktor (MAF)	T-Zellen Natürliche Killerzellen (NK)	steigert NK- und Makrophagen-Aktivität, vermehrt B-Zellen, fördert die Produktion von antiviralen Proteinen in Körperzellen
Tumor-Nekrose-Faktor (TNF)	Makrophagen	aktiviert T- und B-Zellen, zerstört Tumorzellen

Tabelle 2 Einige Immunsignalstoffe (Lymphokine)

die Immunabwehr gegen den Tumor zu stärken. Als Reaktion werden von Monocyten und Makrophagen und im Gehirn von Gliazellen weitere Immunbotenstoffe gebildet.

Aber es gibt noch weitere Therapiemöglichkeiten mit Immunbotenstoffen: Da Glucocorticoide (siehe Seite 65 f) die IL 2-Produktion hemmen, könnte man versuchen, die in der Nebenniere vor allem unter

Streß produzierten Glucocorticoide zu inaktivieren. Man könnte auch versuchen, künstliche IL 2-Moleküle zu konstruieren oder Super-Interleukine, die das Immunsystem bei der Abwehrarbeit unterstützen. Bei Autoimmunkrankheiten wäre es denkbar, IL 2 mit einem Gift zu kombinieren und so die fälschlich überaktiven und autoaggressiven T-Zellen und Antikörper zu vernichten. IL 2 induziert aber nicht nur die Vermehrung der T-Zellen, sondern fördert auch die Produktion eines Stoffes, der Freßzellen veranlaßt, am Ort der Vernichtung zu bleiben. Außerdem fördert es die Produktion von Gamma-Interferon. Dieser Signalstoff fördert die Aktivität der natürlichen Killerzellen, macht Makrophagen «gefräßig» und regt die Ausschüttung virushemmender Proteine an.

Interleukin 1, das wohl wichtigste Immunpeptid, wird von vielen Immunzellen abgegeben und hat eine Reihe von Wirkungen: T-Helfer-Zellen werden alarmiert, Neutrophile angelockt, natürliche Killerzellen «gedopt», und B-Zellen wird die Differenzierung zu Plasmazellen erleichtert. Das Interleukin 1 bewirkt im Gehirn eine Stimulation der Streßhormone, und gleichzeitig macht es müde und fördert den Schlaf, den wir offenbar zur Erholung von einer Infektion benötigen. Außerdem erhöht es die Körpertemperatur, löst also Fieber aus. Vor allem Freßzellen produzieren Interleukin 1 in großer Menge. Damit regulieren sie ja ihren eigenen Nachschub aus der Monocytenlinie. Unterdrückt man Interleukin 1 in Monocyten, dann können sich diese nicht mehr zu Freßzellen weiterentwickeln.

Interleukin 4 fördert die Bildung von Immunglobulin E der B-Zellen, Interleukin 5 die Differenzierung von speziellen Zellen für die Abwehr von Würmern, und Interleukin 6 stimuliert die Entwicklung von Plasmazellen.

Anfang der achtziger Jahre erregte ein weiterer Immunbotenstoff Aufsehen: der Tumor-Nekrose-Faktor (TNF). Die Erwartungen waren ebenso wie bei gamma-Interferon hoch. Der TNF ist ein Protein und wird vor allem von Freßzellen produziert. Sobald diese Freßzellen ein Bakterium verschlungen haben, schütten sie diesen Stoff aus und aktivieren damit T- und B-Zellen. Der TNF spielt also eine wichtige Rolle in der Kommunikation der Immunzellen. Aber allein das machte ihn für die Medizin nicht interessant. Einige Tumorzellen haben offensichtlich einen Rezeptor für den TNF und können ihn aufnehmen. In der Krebszelle führt der Nekrose-Faktor zur Zerstörung der DNS und vernichtet damit die entartete Zelle. So ähnlich stellt man sich zumindest den Mechanismus vor.

In unserem Körper laufen ständig diese sich gegenseitig bedingenden Reaktionen ab, auch ohne eine akute Infektion. Man wird allerdings richtig liegen, wenn man vermutet, daß wir höchstens 10 Prozent der Abläufe erahnen. Davon wurden hier vielleicht 0,1 Prozent angedeutet.

Bei dieser Komplexität leuchtet es ein, daß jeder Eingriff in das Immunsystem riskant ist, weil noch niemand genau weiß, wo und in welcher Konzentration welche Immunbotenstoffe welche Wirkungen und Nebenwirkungen haben. Daß die Interleukine jedenfalls nicht nur auf Immunzellen wirken, sondern auch auf Gehirnzellen, ist eine Erkenntnis der Psychoneuroimmunologie. Man weiß zum Beispiel, daß Immunzellen einen Glucocorticoid-stimulierenden Faktor produzieren, der im Hypothalamus die Streßhormonachse aktiviert (siehe Seite 68). In der Nebennierenrinde wird vermehrt das Streßhormon Cortisol gebildet, das dann wiederum die Aktivität der T-Zellen bremst. Auch das ist ein notwendiger Feedback-Mechanismus, um das Immunsystem in der Balance zu halten. Auch gamma-Interferon stimuliert die Cortisolproduktion und greift somit als Immunbotenstoff in das Hormonsystem ein.

Allergie: Das Immunsystem spielt verrückt

Allergien sind mittlerweile eine Volkskrankheit. Jeder Zehnte leidet darunter. Allergische Reaktionen sind nahezu gegen alle Stoffe möglich – gegen Chemikalien, Gewürze, Obst, Eiweiß, Tierhaare, Hausstaubmilben und Blütenpollen. Es bilden sich rote Quaddeln auf der Haut, schuppige Flecken oder nässende Bläschen. Juckreiz, Asthma-Anfälle, Erbrechen und psychische Störungen sind möglich. Dabei handelt es sich um eine überschießende und nicht adäquate Reaktion des Immunsystems. Bei den verschiedenen Allergie-Typen hat zumindest bei den Allergien vom Soforttyp das Immunglobulin E (IgE) eine besondere Funktion. Es ist normalerweise für die Abwehr von mehrzelligen Parasiten zuständig. IgE lockt auf trickreiche Weise Hilfe an. Parasiten sind nämlich zu groß, um von Freßzellen verdaut werden zu können. Dafür sind die Eosinophilen zuständig, die aus knochenmarksähnlichen Stammzellen entstehen und Bläschen mit Verteidigungsenzymen haben und damit dem Wurm den Garaus machen. Gelangt, nehmen wir an, ein Spulwurm in den Darm, stimulieren die Antigene T-Helfer-Zellen zur Interaktion mit B-Zellen. Die produzieren viel IgE, und das reagiert bevorzugt mit Mastzellen und Basophilen, beides Immunzellen, die eigentlich für die Vernichtung von Parasiten zuständig sind. Sie schütten starke Mediatoren aus, zum Beispiel Histamin und Prostaglandine. Das wiederum führt zu einer lokalen Entzündung. So wird das Gebiet besser durchblutet, und es gelangen vermehrt weiße Blutkörperchen an den «Unfallort». Der eosinophile chemotaktische Faktor (ECF) lockt zudem die wirksamen Eosinophilen zum Wurm hin.

Bei Allergikern produzieren zu viele Plasmazellen zuviel IgE, zum Beispiel gegen die Antigene auf Haselnußpollen. Da die Mastzellen besonders viele IgE-Rezeptoren haben – etwa eine halbe Million pro Mastzelle –, reagieren sie auf dieses Überangebot mit dramatischen Aktionen. Sie schütten rund ein Dutzend Mediatoren aus, die in den kleinen Speicherkörnchen bereitgehalten werden. Darunter sind eben Histamin und Prostaglandin. Histamin verursacht einen starken Juckreiz, Prostaglandin eine Entzündung.

Autoimmunreaktion: Das Immunsystem verwechselt «Selbst» und «Nicht-Selbst»

So effektiv unser Immunsystem jeden Eindringling bekämpft, so konsequent und vehement arbeitet es auch, wenn es fälschlicherweise Zellen des eigenen Körpers für fremd hält. Es bildet dann Auto-Antikörper und autoaggressive T-Zellen. Sie richten sich jeweils gegen ganz bestimmte Zellbestandteile. Bei der Multiplen Sklerose werden die Umhüllungen der Nervenfasern angegriffen, beim jugendlichen Diabetes sind es die Inselzellen der Bauchspeicheldrüse, bei der Myasthenie gehen sie gegen die Zellen der willkürlichen Muskeln vor, bei der Thyreoiditis, einer Erkrankung der Schilddrüse, gegen jodhaltige Schilddrüsenproteine, und bei der chronischen Polyarthritis sind die Knorpelzellen der Gelenkinnenhaut ihr Ziel. Bei der Basedow-Krankheit, einer Schilddrüsenfunktionsstörung, entstehen Auto-Antikörper gegen den Schilddrüsenhormon-Rezeptor auf den Zellen der Schilddrüse. Diese Antikörper bewirken eine Überfunktion der Schilddrüse. Die Hauptsymptome sind Kropf, hervortretende Augen, ein vergrößertes Herz und extreme Stimmungsschwankungen.

Autoimmunerkrankungen sind immer schwerwiegende Erkrankungen, die zur Zeit nicht heilbar sind. Allenfalls läßt sich der Krankheitsprozeß durch Medikamente aufhalten oder doch zumindest verlangsamen. Besonders dramatisch ist der Systemische Lupus Erythematodes. B-Lymphocyten produzieren dabei Antikörper fast gegen alle Zellen, und zwar meist gegen den Zellkern. Das führt zu schweren Organfunktionsstörungen.

Am Beispiel der erblichen Muskelschwäche Myasthenie läßt sich der autoimmune Mechanismus gut erläutern: Bei dieser Krankheit ist die Übertragung des Nervenimpulses an der neuromuskulären Endplatte auf den Muskel gestört. Der Neurotransmitter ist in dem Fall Acetylcholin, das in den synaptischen Spalt abgegeben wird und sich postsynaptisch an den Acetylcholinrezeptor bindet (siehe Seite 45). Das ist für die Muskelzelle das Signal zur Kontraktion. Bei der Myasthenie blockieren nun Antikörper den Rezeptor, und die Impulsübertragung wird verhindert.

Die Frage ist: Warum gerät bei einigen Menschen das sonst so perfekte Immunsystem außer Rand und Band, und warum werden völlig unsinnige Antikörper oder Killerzellen produziert? Noch gibt es keine umfassende Antwort auf diese Frage. Aber wahrscheinlich sind Autoimmunkrankheiten multifaktoriell begründet. Meist liegt vermutlich eine genetische Disposition vor, denn Autoimmunkrankheiten treten in manchen Familien gehäuft auf. In vielen Fällen hat man auch schon Markierungsgene aus dem MHC-Bereich entdeckt, die mit den Autoimmunkrankheiten in Zusammenhang stehen. Bestimmte ererbte MHC-Muster, die ja die körpereigenen Zellen für das Immunsystem als «selbst» markieren, begünstigen offensichtlich das Auftreten einer bestimmten Autoimmunkrankheit. Aber das kann nicht der einzige Faktor sein. Umweltreize sind wahrscheinlich die entscheidenden Auslöser. Dazu gehören Viren und auch Bakterien. Sie könnten Antigene haben, die bestimmten Zellstrukturen sehr ähnlich sehen. So wird das Immunsystem irregeführt. Es könnte aber auch sein, daß ein Immundefekt im Thymus bei der Reifung der T-Zellen die Bildung autoaggressiver Zellen zuläßt. Oder die Suppressor-Zellen, die normalerweise allzu heftige Immunreaktionen unterdrücken, funktionieren nicht optimal. Gleichzeitig könnten Sexualhormone eine Rolle spielen. Immerhin erkranken auffällig mehr Frauen an Autoimmunkrankheiten. Männliche und weibliche Sexualhormone scheinen gegenläufige Effekte auf Immunzellen zu haben. So bremst Östrogen die Aktivität bestimmter T-Zellen und die der natürlichen Killerzellen, während Testosteron, zumindest bei Mäusen, die Bildung von Anti-Schilddrüsen-Antikörpern reduziert. Kastriert man die Mäuse aber, verschlimmert sich die autoimmune Schilddrüsenerkrankung. Eine endgültige Antwort gibt es aber – wie schon betont – nicht.

Tumorimmunität: Der ständige Kampf gegen Krebszellen

Tumorzellen entstehen durch Veränderungen der DNS. Schlafende Viren im Erbgut können die Ursache sein oder Krebsgene, die nach Aktivierung die Zellen zu unkontrolliertem Wachstum veranlassen, oder chemische Substanzen wie Nitrit, Dioxin und viele mehr. Hinzu kommen noch UV- und radioaktive Strahlung. Daß die Entstehung von Krebszellen in irgendeiner Form mit der Immunüberwachung zusammenhängt, ist eine Theorie, die der deutsche Arzt und Nobelpreisträger (1908) Paul Ehrlich schon vor vielen Jahrzehnten entwickelt hat. Einige Beobachtungen sprechen dafür. Patienten, die nach einer Organtransplantation mit immunsupprimierenden Medikamenten behandelt werden müssen, erkranken häufiger an Krebs als die Normalbevölkerung. Auch Krebspatienten, die während einer Chemotherapie ein geschwächtes Immunsystem haben, tragen ein erhöhtes Risiko für die Bildung anderer Tumoren.

Wenn man eine Immunüberwachung durch das Immunsystem annimmt, dann müssen Krebszellen zwangsläufig in irgendeiner Form für Immunzellen erkennbar sein. Sie müssen sich von gesunden Körperzellen unterscheiden! Es könnte sein, daß bei Krebszellen neue oder veränderte Oberflächenantigene entstehen oder der MHC I modifiziert ist oder aber bestimmte Erkennungsstrukturen verlorengehen. Wenn die Transformation einer Zelle durch Krebsviren ausgelöst wurde, sollten Virusantigene die befallene und wuchernde Zelle kennzeichnen. All diese Veränderungen könnten für Immunzellen ein Signal sein, daß «etwas nicht stimmt». Allerdings wurden bislang, trotz intensiver Suche, erst wenige spezifische Tumorantigene entdeckt. Trotzdem reagieren Immunzellen auf Tumorzellen. Killerzellen, Makrophagen und Botenstoffe sowie der Tumor-Nekrose-Faktor sind beteiligt. Es könnte sein, daß abgestoßene Antigene einer Tumorzelle von antigenpräsentierenden Zellen aufgenommen werden. Dadurch würden die T-Helfer-Zellen aktiviert, die dann B-Zellen veranlassen, Antikörper zu produzieren. Diese Antikörper könnten sich an Killerzellen binden, und die könnten Tumorzellen angreifen (Abb. 27). Die vielen Konjunktive in dieser hypothetischen Beschreibung zeigen schon, daß die wissenschaftlichen Erkenntnisse noch recht dürftig sind.

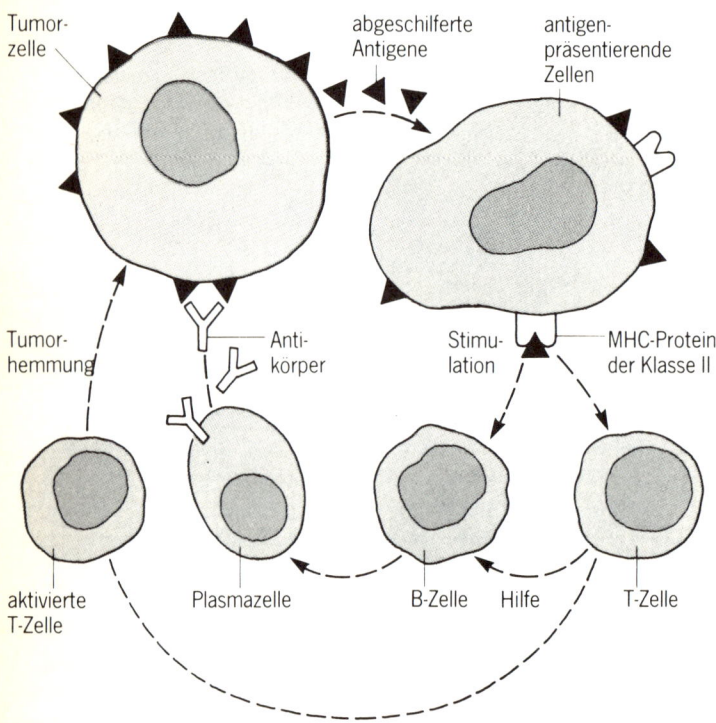

Abb. 27: Man nimmt an, daß Tumorzellen spezielle Erkennungsmoleküle besitzen. Diese Antigene (woher sie auch immer kommen – eine Möglichkeit wären krebserregende Viren) sollten vom Immunsystem erkannt werden und zur Vernichtung der Tumorzelle führen. Wenn antigenpräsentierende Zellen, wie Makrophagen, solche Antigene aufnehmen, werden T- und B-Zellen stimuliert. Dann kommt es entweder zur Ausschüttung zellzerstörender Enzyme oder zur Produktion von Antikörpern.

Immunregulation:... und alle helfen mit

Das Immunsystem führt den täglichen Kampf gegen antigenes Material und Krebszellen nicht allein. Seine Arbeit wird durch Hormone und das Nervensystem unterstützt und beeinflußt: Sexual- und Streßhormone haben einen dämpfenden Effekt, Wachtumshormon und Insulin einen steigernden. Um diese zellulären und molekularen Mechanismen der Verknüpfung zwischen Gehirn und Immunsystem mittels der Hormone wird es in den folgenden Kapiteln gehen. Das Immunsystem funktioniert auf keinen Fall so schematisch, wie es hier, der Verständlichkeit halber, beschrieben wurde. Dann müßten alle Menschen gleich schwer erkranken oder auch nicht. Wir kommen aber fast alle mit denselben Erregern in Berührung, und trotzdem reagieren die Immunsysteme äußerst unterschiedlich. Es gibt MHC-Muster, die bestimmte Antigene schlechter präsentieren können als andere. Auch das T- und B-Zell-Repertoire ist bei jedem Individuum unterschiedlich. Die Effizienz des Abwehrsystems hängt von vielen Faktoren ab: von der genetischen Grundausstattung, von der Ernährung, von Vorerkrankungen, vom allgemeinen Gesundheitszustand und sicher auch vom psychischen Befinden.

Das Megapuzzle – Netzwerk Mensch

PNI-Forschungsstrategien auf dem Prüfstand

Eine grundlegende Voraussetzung für Gesundheit ist das störungsfreie Zusammenspiel zwischen Nerven-, Hormon- und Immunsystem. Störfaktoren können Veränderungen in allen drei Körperkreisläufen verursachen und in letzter Konsequenz sowohl den Ausbruch als auch den Verlauf von Krankheiten beeinflussen. Vor diesem theoretischen Hintergrund wurden und werden Studien von Psychoneuroimmunologen konzipiert. Für die überaus logisch erscheinende Vorstellung, der menschliche Körper sei ein Netzwerk aus miteinander agierenden Systemen, gibt es mittlerweile eine nahezu unüberschaubare Anzahl von Forschungsergebnissen. Wie in einem komplizierten Puzzle muß Baustein für Baustein zusammengefügt werden, um irgendwann das gesamte Bild zu sehen. Jedes Puzzle-Steinchen ist ein kleines Beweisstück für die Netzwerktheorie der Psychoneuroimmunologie. Dabei arbeiten sich die Wissenschaftler von einer makroskopischen Ebene langsam in die mikroskopische und molekulare Ebene vor: Zunächst einmal lassen sich Phänomene beobachten, dann müssen die Verbindungen der Systeme entschlüsselt werden, bis schließlich im letzten Beweisschritt die Kommunikationswege zwischen Psyche und Körper auf zellulärer Ebene aufgeklärt werden. Erst dann wird die Vorstellung «Emotionen beeinflussen Krankheitsprozesse» allgemein wissenschaftlich anerkannt sein, und erst dann werden sich auch hilfreiche neue Therapiekonzepte entwickeln lassen. An einzelnen Forschungsergebnissen, die diese Theorie unterstützen, fehlt es dabei nicht, nur das Gesamtbild bleibt zur Zeit noch schemenhaft. Pathetisch ausgedrückt, wird es jedoch von Woche zu Woche deutlicher.

Die Beiträge kommen aus den unterschiedlichsten Forschungsgebieten und Forschungsansätzen: Tierexperimente, Streßstudien an Menschen, Tests an Zellkulturen, biochemische Messungen von Substanzen und DNS- und RNS-Analysen mittels gentechnischer Verfahren. So kann man bei Versuchspersonen durch Befragen psychologische Parameter wie Streß, Zufriedenheit oder die depressive Stimmung erfassen, gleichzeitig die Anzahl und Aktivität von Immunzellen im Blut untersuchen und dann nach Jahren Statistiken über aufgetretene Erkrankungen bei den Versuchspersonen aufstellen. Gleichzeitig lassen sich Stoffwechselprodukte exakt identifizieren und die Aktivität von Genen erfassen.

In retrospektiven, also zurückschauenden Studien sucht man nach dem Auftreten einer Erkrankung nach Variablen, die sie beeinflußt haben könnten. Da werden Patienten gefragt: «Was haben Sie vor fünf Jahren oder vor drei Monaten erlebt? Erinnern Sie sich an einen einschneidenden Schicksalsschlag? Wie haben Sie sich gefühlt? Wie groß war Ihr Alkohol- und Medikamentenkonsum? Hatten Sie Schlafstörungen?» Das Problem bei retrospektiven Studien liegt auf der Hand: Wer weiß schon, wenn man ihn fragt, wie er sich vor fünf Jahren gefühlt hat, was ihn damals bewegt hat, wieviel er getrunken und geraucht hat? Die Erinnerung, das ist wohl jedem geläufig, ist da immer subjektiv. In prospektiven, also vorausschauenden Studien dagegen werden zu einem Zeitpunkt X psychologische, hormonelle und immunologische Parameter bei einer zufälligen, aber repräsentativen Bevölkerungsstichprobe erfaßt und nach vielen Jahren erfragt, welche Krankheiten aufgetreten sind. Diese Studien sind immer zeitaufwendiger und kostenintensiver, aber auch aussagekräftiger.

Um die Persönlichkeit eines Menschen, seine depressive Grundhaltung und seinen Umgang mit Streßfaktoren zu erfassen, werden meist Fragebögen verwendet, zum Beispiel das Minnesota Multiphasic Personality Inventory (MMPI). Mit Hilfe von rund fünfhundert allgemeinen Fragen versucht man in einer Art Schrotschußstrategie Persönlichkeitsskalen aufzustellen. «Sind Sie leicht gekränkt?», «Sind Sie gesprächig?» oder «Haben Sie einen großen Bekanntenkreis?» – sind einige Fragen aus dem MMPI. Aus den Antworten erkennen Psychologen in etwa, ob jemand eher ein zurückhaltender Mensch oder ein extravertierter, kontaktfreudiger Typ ist. Neben diesen Erhebungen werden auch Tagebuchprotokolle geführt, die einen Einblick in die aktuelle psychische Situation eines Menschen erlauben. Im persönlichen Interview zwischen Wissenschaftler und Patient oder Versuchsperson werden die Hintergründe für bestimmte Einstellungen und zu bestimmten

Lebenssituationen geklärt. Eine depressive Verstimmung wird zum Beispiel durch die Bewertung folgender Aussagen erfaßt: Ich bin öfter schlecht gelaunt, ich kann schlecht einschlafen, ich habe keine Gefühle mehr, morgens fühle ich mich schlecht.

Hat man solche psychologischen Parameter bestimmt, ist es wichtig, auch die hormonellen Veränderungen einer Person aufzuzeigen. Verschiedene Hormone, vor allem das Streßhormon Cortisol, lassen sich im Blut bestimmen. Eine einfachere Methode ist der Speicheltest. Dabei hält die Testperson ein circa vier Zentimeter langes Watteröhrchen für ein bis fünf Minuten im Mund. In der Watte sammeln sich rund zwei Milliliter Speichel, aus dem im Labor der Cortisolgehalt ermittelt werden kann.

Immunologen müssen sich bei der Beurteilung des immunologischen Status eines Tieres oder auch des Menschen auf Blutuntersuchungen beschränken. Sie haben das Problem, daß sie nur an das Blut aus der Körperperipherie herankommen. Man wird keine Studie machen können, um den Effekt von Streß auf das Immunsystem zu studieren, und dabei der Versuchsperson ein Stück Gewebe aus dem Thymus oder einem Lymphknoten herausoperieren. Es bleibt nur die Möglichkeit, einige Milliliter Blut abzunehmen. In diesem Blut lassen sich dann die Konzentration verschiedener Hormone sowie die Anzahl einiger Immunzellen und deren Aktivität bestimmen.

Die Aktivität wird dabei so gemessen: Die Lymphocyten aus dem entnommenen Blut werden einem Mitogen ausgesetzt. Das sind Stoffe, die die Antigenreaktion der Lymphocyten anregen. Sie stimulieren die Lymphocyten, sich zu teilen, und funktionstüchtige Immunzellen reagieren prompt darauf. Da man den Lymphocyten radioaktiv markierte DNS-Bausteine anbietet, läßt sich später der radioaktive Anteil in ihnen messen. Je mehr vorhanden ist, desto aktiver waren die Immunzellen. Die üblichen Mitogene für PNI-Studien sind Concanavalin-A (CON-A) und Phytohämagglutinin (PHA) – beides pflanzliche Substanzen.

Wie gut und schnell Immunzellen auf diese Mitogene reagieren, ist ein Maß für die Teilungsfreudigkeit der Lymphocyten auf unspezifische Reize hin. Man vermutet, daß man so aber auch beurteilen kann, wie effektiv sie auf ein natürliches Antigen reagieren würden, wenn der Körper zum Beispiel von Bakterien oder Viren befallen würde.

Nicht alle Immunologen sind überzeugt, daß die Mitogenstimulation wirklich ein realistisches Maß für die Abwehrkraft darstellt. Vielleicht würde sich bei der Untersuchung von Lymphocyten direkt aus den Lymphknoten ein anderes Bild ergeben? Diese Kritik läßt sich gegenwärtig weder bestätigen noch von der Hand weisen. Alle Forschungsergebnisse sind somit mit diesem Unsicherheitsfaktor behaftet. Genauso unsicher ist aber auch die Auswertung der psychologischen Erhebung. Sagen die Versuchspersonen oder Patienten die Wahrheit? Schätzen sie sich richtig ein? Besonders wenn die Störfaktoren Streß und Depression erfaßt werden, muß es jedem einzelnen überlassen werden, was er darunter versteht, und das kann im Extremfall sehr unterschiedlich sein. Eine Scheidung mag für den einen ein äußerst belastendes Ereignis sein. Der andere mag die Freude kaum verbergen können und fühlt sich von einer bedrückenden Lebenssituation befreit. Der Begriff «Streß» ist so mehrdeutig und wird so unterschiedlich benutzt, daß Forscher ihn manchmal als «semantischen Alptraum» bezeichnen. Es gibt einen «gesunden» Streß (Eustreß) und einen «ungesunden» Streß (Disstreß), einen physischen und psychischen Streß, einen akuten und einen chronischen Streß, einen unkontrollierbaren und einen kontrollierten Streß. Und niemand weiß genau, was das eigentlich bedeutet. Daneben gibt es bewußten Streß, also den Streß, den man bei einer rein psychischen Belastung erlebt, zum Beispiel bei einem Partnerkonflikt oder bei einem körperlichen Streß, etwa einem Tritt auf einen Reißnagel. Dann gibt es Mischungen hieraus, etwa einen Schmerz, der zwar geringer ist als der des Reißnagels in der Ferse, aber verbunden ist mit dem psychischen Streß einer drohenden Gefahr. Ein Zeckenbiß zum Beispiel tut nicht weh, aber es besteht das Risiko, in der Folge an einer Gehirnentzündung zu erkranken. All dies sind bewußte Streßformen, sowohl im physischen als auch im psychischen Bereich. Es gibt aber auch – und dies ist ein Thema für Psychoneuroimmunologen – den unbewußten oder nichtkognitiven Streß in Zusammenhang mit einer Infektion. Hierbei wird eine große Palette verschiedenster Streßadaptionsmechanismen in Gang gesetzt, ohne daß es dem Betroffenen überhaupt bewußt wird.

Zunächst ist Streß mit Sicherheit ein lebenswichtiges Element. Er ist sozusagen eine Alarmreaktion, die sich auch körperlich auswirkt. Herzfrequenz, Blutdruck und Hormonkonzentrationen ändern sich. Man unterscheidet die Streßsituation, den Stressor, die Streßreaktion und die Streßbewältigungsstrategie. Nur lang andauernder, belastend erlebter Streß führt zu Erschöpfung und ist deshalb ungesund. Dieses Streßkonzept entwickelte der österreichisch-kanadische Pionier der Streßforschung Hans Selye bereits 1936. Er rief auch den – heute geradezu imageträchtigen – Begriff «Streß» ins Leben.

Mindestens ebenso häufig und vieldeutig benutzt wird der Ausdruck «Depression». Auch dahinter verbirgt sich eine Vielzahl von Symptomen und unterschiedlichen Empfindungen. Wer sagt, er sei depressiv verstimmt, fühlt sich niedergeschlagen, hat kein Interesse mehr am Alltagsgeschehen, leidet unter Schlafstörungen, fühlt sich körperlich unwohl, hat oft eine verstärkte Schweißneigung, einen erhöhten Puls und eine erhöhte Streßhormonausschüttung. Trotzdem mag die Empfindung der Symptome sehr unterschiedlich sein. Jemand, der mal einen Tag «nicht so gut drauf ist», und jemand, der durch den Lebensüberdruß sogar Selbstmordgedanken hat, bezeichnet sich selbst mit dem gleichen Wort: depressiv.

Psychoneuroimmunologen erforschen die physiologischen Veränderungen, die durch Streß und Depressionen verursacht werden, und welche Auswirkungen das auf die Gesundheit hat. Kann die Seele also ein Risikofaktor sein? Ja, sie kann!

Ehe es allerdings unter Wissenschaftlern akzeptabel wurde, das Fragezeichen durch ein gewagtes Ausrufezeichen zu ersetzen, vergingen Jahrzehnte. Jahrzehnte, in denen die wissenschaftliche Literatur über das Netzwerk Körper einige Güterzüge füllte.

Ich kann meinen Ärger nicht ausleben.
Das ist eines meiner Probleme.
Statt dessen brüte ich einen Tumor aus.

Woody Allen in «Der Stadtneurotiker»

Phänomene: Risikofaktor Seele

Wir schreiben das Jahr 1974. Robert Ader bereitet im Keller der medizinischen Fakultät an der University of Rochester nahe am Ontario-See im Norden des Staates New York ein Experiment mit Ratten vor. Kann man den Labortieren eine Abneigung gegen Zuckerwasser antrainieren? Das ist seine Forschungsfrage.

Er versucht die Ratten zu konditionieren, ähnlich wie es der russische Physiologe Iwan Petrowitsch Pawlow um die Jahrhundertwende zum erstenmal mit Hunden demonstrierte. Das Pawlow-Experiment war schon damals weltweit als «klassische Konditionierung» bekannt. Er hatte einige Male die Futterausgabe mit einem Glockensignal kombiniert: Sahen und rochen die Tiere ihr Futter, ertönte gleichzeitig die Glocke. Schon nach einigen Konditionierungen genügte allein das akustische Signal, und den Hunden lief – meßbar – der Speichel «im Maul zusammen», genauso wie es auch beim Anblick der leckeren Mahlzeit geschah. Die Glocke wurde zum konditionierten Signal und die Reaktion zum erlernten, also bedingten Reflex.

Robert Ader, ein experimentell arbeitender Psychologe, gibt seinen Ratten zunächst Zuckerwasser zu trinken. Dreißig Minuten später bekommen sie eine einmalige Injektion mit Cyclophosphamid, eine niedrige und ungefährliche Dosis. Das ist der unkonditionierte Stimulus. Diese chemische Substanz löst bei den Ratten Übelkeit und Unwohlsein aus. Der Effekt tritt prompt ein. Den Ratten vergeht der Appetit auf das sonst so beliebte Zuckerwasser. Sie trinken etwa 60 Prozent weniger, wenn sie es jeden dritten Tag angeboten bekommen. Da sie durstig sind, trinken sie es trotzdem, und ihnen wird sofort wieder schlecht, auch ohne Cyclophosphamid. «Experiment gelungen» – denkt der Psychologe: Offensichtlich läßt sich auch eine Geschmacksaversion konditionieren! Allerdings möchte er gern noch weiter erforschen, wie lange diese Aversion anhält. Wie lange erinnern sich die Ratten an die einmal gelernte Verknüpfung zwischen dem süßen Wasser und der übelkeitserregenden Substanz?

Ader ahnt zu diesem Zeitpunkt noch nicht, daß er mit den folgenden Experimenten ein medizinisches Dogma in Frage stellen, eine neue Forschungsrichtung ins Leben rufen und ihr Jahre später den Namen Psychoneuroimmunologie geben wird.

Die Ratten bekommen nun jeden dritten Tag Zuckerwasser zu trinken. Alles verläuft planmäßig. Nach einigen Tagen ist die Geschmacksaversion «gelöscht». Doch eines Morgens – nach etwa vierzig Tagen – findet Robert Ader einige Ratten tot im Käfig. Er ist natürlich überrascht und bestürzt über den Ausgang seines doch so harmlosen Experiments. Nachdenklich wird er auch, als er bemerkt, daß die Tiere ziemlich genau im Verhältnis zu der Menge an Zuckerwasser sterben, die sie getrunken hatten. Je öfter sie dem konditionierten Reiz ausgesetzt sind, desto fataler ist die Wirkung.

Von diesem Punkt an nimmt der simple Versuch eine entscheidende Wende. Ader will die Ursache für den Tod seiner Versuchstiere aufklären. Es war bekannt, daß Cyclophosphamid nicht nur Übelkeit verursacht, sondern auch das Immunsystem schwächt. Deshalb werden ähnliche Substanzen auch zur Behandlung von Autoimmunkrankheiten eingesetzt, um die aggressive, selbstzerstörerische Abwehrkraft zu bremsen. Eine einzelne Injektion allerdings konnte bei den Ratten nicht diese tödliche Folge gehabt haben – das war klar. Robert Ader entwikkelt deshalb 1975 folgenden Gedankengang: Kann nicht der Lernvorgang bei der Konditionierung «Zuckerwasser – Übelkeit» parallel auch einen Effekt auf das Immunsystem «Zuckerwasser – immunschwächende Reaktion» haben? Konnte es sich um eine erlernte Unterdrückung des Immunsystems handeln? Das allerdings würde bedeuten: Es muß eine Verbindung zwischen dem Gehirn und dem Immunsystem geben! 1975 erschien diese Vorstellung den Immunologen absurd. Aber Robert Ader ist Psychologe und stellte deshalb die These auf: Jedesmal, wenn die Ratten das gesüßte Wasser trinken, hat das einen negativen Effekt auf die Abwehrkräfte. So werden die Tiere im Laufe der Zeit immer anfälliger für die üblichen Krankheitserreger, die es in jedem Labor gibt, mit denen sie aber unter normalen Bedingungen leicht fertig werden. Das war die Todesursache.

Die Hypothese bedurfte natürlich einer wissenschaftlichen Überprüfung. In der Kantine der Universität von Rochester traf der Psychologe dann den Immunologen Nicholas Cohen. Beide sind übrigens Raucher, eine in den USA schon 1975 verpönte Eigenschaft, zumal in einem Krankenhaus. Robert Ader meint heute scherzhaft, das hätte damals in der Kantine das Eis zwischen den beiden gebrochen. Nick Cohen hört sich die «seltsamen» Überlegungen des Kollegen in Ruhe an und verspricht, das Blut der Ratten zu untersuchen. Er erinnert sich rückblickend: «Meine erste Reaktion nach Bobs Erläuterungen war: Das ist unglaublich. Aber meine zweite Reaktion war: Alles ist möglich. Wir haben erst so wenige Antworten auf so viele Fragen. Außerdem war es für mich als Immunologen einfach, die Hypothese zu überprüfen. Unsere Testsubstanzen stehen immer einsatzbereit im Kühlschrank. Und ich dachte mir, vielleicht hat er recht, und das wäre dann wirklich eine aufregende Sache.»

Robert Ader hatte recht. Nick Cohen stellte fest, daß nach dem Zuckertrunk die Abwehrkraft meßbar geschwächt war. In einem weiteren Experiment wurden neunzig drei Monate alte Ratten zunächst konditioniert, wie beschrieben. Dann aber wurde ihnen ein Antigen in Form von roten Blutkörperchen von Schafen gespritzt. Das ruft normalerweise eine heftige Immunreaktion hervor. Die konditionierten Ratten bildeten meßbar weniger Antikörper gegen die Schaf-Erythrocyten im Vergleich zu den nicht konditionierten Tieren.

Die beiden Wissenschaftler wiederholten das Experiment in vielen Variationen, zum Beispiel mit Kontrollgruppen, denen statt Cyclophosphamid eine Salzlösung gespritzt wurde. Auch andere Forscher haben weltweit die Versuche oft wiederholt – immer mit demselben Ergebnis. Das war der erste klare wissenschaftliche Hinweis darauf, daß Vorgänge im Gehirn das Immunsystem beeinflussen können – zumindest bei Ratten.

Die Fachwelt begann sich für diese Experimente zu interessieren. Und jetzt erschienen auch Versuche der Russen Metalnikow und Chorine am Pasteur-Institut in Paris in den zwanziger und dreißiger Jahren in einem anderen Licht. Man kombinierte damals Huptöne mit einer gezielten Infektion mit Bakterien. Nach einigen Versuchen wurde das Immunsystem der Kaninchen allein auf das Signal hin aktiv, auch ohne Infektion. Es produzierte massiv Antikörper gegen die nicht vorhandenen Bakterien.

Ein anderer Versuchsansatz mit Meerschweinchen zeigte ähnliche Ergebnisse. Ihnen wurden Staphylokokken-Krankheitserreger in die Bauchhöhle gespritzt. Der konditionierte Reiz war in diesem Fall das Rasieren und Erhitzen der Einstichstelle. Eine Kontrollgruppe bekam statt der Erreger eine harmlose Emulsion injiziert, aber mit derselben Prozedur. Dieses Verfahren wiederholte man täglich rund drei Wochen lang. Nach einer zwölftägigen Pause wurde wieder rasiert und erhitzt, aber überhaupt nichts gespritzt. Prompt stieg in der konditionierten Gruppe, die zuvor die Krankheitserreger bekommen hatte, die Zahl der Freßzellen an. In diesem Fall wurden die Neutrophilen gemessen, die typischerweise bei einer Bakterieninfektion in Aktion treten. Ein Beispiel zeigt, wie dramatisch die Auswirkungen sind: In der Konditionierungsphase steigt jedesmal nach der Infektion im Bauchhöhlensekret der Meerschweinchen der Neutrophilen-Wert auf 90 Prozent. In der Pause pendelt sich der Wert auf den normalen Bereich von 0,6 Prozent ein. Nach dem konditionierten Reiz steigt er schon fünf Stunden später auf 62 Prozent.

Nach der Neuentdeckung und neuen Bewertung dieser Experimente durch Robert Ader und Nick Cohen begann eine noch nicht beendete Diskussion darüber, wie der Effekt zustande kommt. Kritiker meinten, daß allein die Prozedur, die die Versuchstiere über sich ergehen lassen müssen, den Effekt hervorrufen könnte. In einer Versuchsreihe mit Lithiumchlorid zeigte Ader jedoch, daß die Kritik nicht berechtigt ist. Lithiumchlorid verursacht ebenfalls Übelkeit, hat aber keine immunsupprimierende Wirkung. Wie erwartet, hat Lithiumchlorid deshalb auch keine konditionierten immunschwächenden Folgen. Die Psychologen Wolfgang und Sybille Klosterhalfen von der Universität Düsseldorf haben Anfang der achtziger Jahre nachgewiesen, daß wohl noch nicht einmal die konditionierte Geschmacksaversion nötig ist, um die Immunschwäche zu konditionieren. Sie wiederholten die Ader-Experimente mit Cyclosporin A – einem Mittel, das die Abstoßungsreaktionen bei Transplantationspatienten unterdrückt. Ratten reagieren nach der Konditionierung ebenfalls mit einer Immunsuppression, ohne daß Cyclosporin A überhaupt Übelkeit verursachen würde.

Was bei Ratten funktioniert, muß für den Menschen noch lange nicht gelten – diese Zweifel sind sicher angebracht. Und sicher ist die Vermutung nicht abwegig, daß wir Menschen solch ein Manöver mit konditionierten Reizen schnell durchschauen würden. Aber es gibt erste Hinweise auf genau das Gegenteil. Clemens Kirschbaum und Dirk Hellhammer von der Universität in Trier führten folgendes Experiment durch: Einige Versuchspersonen erhielten über mehrere Tage eine harmlose Adrenalinspritze als unkonditionierten Reiz. Vor und nach der Injektion wurde Blut entnommen und die Aktivität der natürlichen Killerzellen bestimmt. Natürliche Killerzellen reagieren auf das Aufputschhormon Adrenalin mit einer gesteigerten Aktivität. Unmittelbar vor der Injektion bekamen die Versuchspersonen jeweils ein Brausebonbon zum Lutschen – den konditionierten Reiz. Am fünften Tag des Versuchs wurde allerdings kein Adrenalin, sondern eine Salzlösung gespritzt, die keinerlei Auswirkungen auf die natürlichen Killerzellen haben dürfte. Die Versuchspersonen bemerken den Unterschied nicht. Trotzdem stieg die Aktivität dieser Abwehrzellen etwa eine Stunde nach der Injektion an. Die Vermutung liegt nahe, daß das Brausebonbon den Effekt ausgelöst hat, denn eine Injektion ohne Brausebonbon zeigte keine Wirkung.

Aber nicht nur die inzwischen oft bestätigten Konditionierungsexperimente von Robert Ader und Nicholas Cohen deuteten schon vor vielen Jahren auf eine Verbindung zwischen Nerven- und Immunsystem hin, auch andere Tierexperimente hätten das bereits 1963 vermuten lassen können. Aber die Zeit war damals für solche gegen die herrschende Lehrmeinung gerichteten Hinweise nicht reif. Weder Metalnikow und Chorine noch Jelena Kornewa erregten großes Aufsehen. Es blieb zunächst bei der strikten Trennung der Systeme und der festen Annahme, das Immunsystem sei ein ausschließlich selbstregulierter Regelkreis. Erst Ende der siebziger Jahre, als sich die Hinweise langsam zu Beweisen verdichteten, begannen einige Wissenschaftler allmählich umzudenken.

Die Russin Jelena Kornewa von der Leningrader Universität fand 1963 heraus, daß Kaninchen nach gezielten Verletzungen im Hypothalamus eine geringere Funktion der B- und T-Lymphocyten zeigten. Dagegen führt eine elektrische Stimulation des Hypothalamus bei Ratten zu einer vermehrten Antikörperproduktion. Marvin Stein von der Mount Sinai School of Medicine in New York hörte von diesen Experimenten, als er sich gerade mit allergischen Reaktionen beschäftigte. Allergiker können, wenn sie nur eine Blumentapete oder Plastikrose sehen, also ohne tatsächlich mit dem allergisierenden Material in Berührung zu kommen, einen allergischen Anfall bekommen. Das kann in seltenen Fällen zu einer anaphylaktischen Reaktion mit Herz-Kreislauf-Versagen führen.

Etwa zur gleichen Zeit, als Robert Ader einige hundert Kilometer nördlich von New York mit seinen Konditionierungsexperimenten begann, entdeckte Marvin Stein, daß er die anaphylaktische Reaktion bei allergischen Meerschweinchen durch eine Verletzung in einem bestimmten Hypothalamus-Bereich verhindern konnte. Auch diese Versuche kann man kaum anders interpretieren, als daß das Gehirn, vor allem eben der Hypothalamus als oberste Hormonschaltzentrale, das Immunsystem entscheidend beeinflussen kann.

Pierre Neveu aus Bordeaux erweiterte dann Anfang der achtziger Jahre diese Beobachtungen, indem er nachweis, daß auch die Hirnrinde Immunfunktionen hemmen kann. Eine gezielte Störung der Hirnrinde der linken Gehirnhälfte bei Mäusen unterdrückte die T-Zellfunktionen und die Aktivität der natürlichen Killerzellen, während eine gleichzeitige Störung auf der linken und rechten Seite keinen Effekt hatte. Dieses Phänomen führte zu der Vermutung, daß sogar jede Hirnhälfte die Immunfunktionen in gegensätzlicher Richtung modulieren kann. Neveu zeigte das für T- und B-Zellen und für Freßzellen. Die Forschungen gingen jedoch noch einen Schritt weiter. Auch bei Mäusen gibt es Links- und Rechtspföter wie es bei Menschen Links- und Rechtshänder gibt. Linkspfötige Mäuse hatten, Neveu zufolge, eine höhere Lymphocyten-Stimulierbarkeit im Mitogentest und eine gesteigerte Auto-Antikörperproduktion. Auch beim Menschen hat man übrigens eine schwache Beziehung zwischen der Bevorzugung der linken Hand und einer höheren Rate an Autoimmunerkrankungen gefunden. Allerdings sind diese Ergebnisse statistisch nicht eindeutig und bis heute nicht genauer untersucht. Außerdem liegt völlig im dunkeln, welche Hirnstrukturen überhaupt daran beteiligt sein könnten. Immerhin läßt sich aus diesen Versuchen vermuten, daß verschiedene Zonen der Hirnrinde wohl unterschiedliche Aufgaben bei der Immunregulation erfüllen.

Zur Psychophysiologie des Streß

Diese Ergebnisse aus der experimentellen Grundlagenforschung an Tieren waren eindeutig: Es muß eine Verbindung zwischen dem Gehirn und dem Immunsystem existieren. Das aber heißt strenggenommen noch nicht, daß auch psychische Prozesse das Immunsystem beeinflussen können. Diesen Beweis als weiteres Puzzle-Steinchen zum Konzept der Psychoneuroimmunologie lieferten Streßexperimente. Die ersten Versuche dieser Art sind allerdings nur bedingt beweis- und aussagekräftig. Da man noch so wenig über das Immunsystem wußte, konnte man Immunfunktionen auch nicht genau messen. Aber schon 1944 beobachtete man, daß Mäuse, die, von ihren Artgenossen isoliert, in einem Käfig leben müssen, häufiger spontan an Brustkrebs erkranken als Mäuse, die in kleinen Gruppen zusammenleben. Auf der anderen Seite sind Mäuse, die in überfüllten Käfigen auf zu engem Raum leben, weniger resistent, zum Beispiel gegenüber Herpes-Viren und Malaria-Parasiten. Sowohl die Isolation als auch das zu enge Zusammenleben sind Streßfaktoren. Aber selbst der schlichte Anblick einer Katze macht Mäuse empfänglicher für eine Infektion mit Bandwürmern.

Vernon Riley, ein Psychologe an der University of Washington in Seattle, begann 1975 die Auswirkungen von Streß auf die Abwehrkräfte bei Tieren genauer zu untersuchen. Er infizierte weibliche Mäuse mit einem Virus, der einen Tumor in der Brust auslöst. In der normalen Laborumgebung hatte der Tumor bei den meisten Mäusen nach 358 Tagen eine festgelegte kritische Größe erreicht. Wenn die Mäuse aber unter extrem günstigen Bedingungen gehalten wurden, bei wenig Lärm und wenig Störungen, dauerte es durchschnittlich 566 Tage. Viele Studien haben dieses Ergebnis bestätigt, und zusätzlich konnte demonstriert werden, daß der Effekt mit zunehmendem Alter der Mäuse immer deutlicher wurde.

Für ein weiteres Streßexperiment konstruierte Vernon Riley eine Art Streßmaschine. Dabei rotieren die Versuchstiere in ihrem Käfig zehn Minuten pro Stunde im Kreis. Das ist für den Gleichgewichtssinn der Maus eine äußerst verwirrende Angelegenheit. Bereits nach zwei Stunden sinkt die Zahl der T-Zellen dramatisch ab, der Corticosteron-Spiegel (das Pendant zum menschlichen Cortisol) steigt, und nach 24 Stunden in der Streßmaschine beginnt sich der Thymus zurückzubilden.

Streß kann allerdings die Immunfunktionen auch stärken. Andrew Monjan von der Johns Hopkins University in Baltimore setzte Mäuse alle drei Minuten etwa fünf Sekunden einem Lärm von 100 Dezibel aus. Das ist ungefähr eine Lautstärke, wie man sie auch in Diskotheken antrifft. Pro Tag dauerte das Experiment drei Stunden. In der ersten Woche war die Immunabwehr geschwächt, aber nach zehn bis zwanzig Tagen war das Immunsystem sogar funktionstüchtiger als vor Beginn der Testreihe. Das zeigt, daß die einfache Gleichung *Streß = Immunschwächung* so nicht stimmt. Wenn sich Tiere an die Streßfaktoren gewöhnen, kann der Effekt genau gegensätzlich sein. Außerdem scheint die Streßdosis entscheidend zu sein. Geringer Streß hat durchaus einen immunstärkenden Effekt. Der Körper leistet ja im Rahmen der Adaption an den Streß eine Vielzahl von Anpassungsarbeiten. Dazu zählt, neben erhöhter Aufmerksamkeit und vermehrter Glucosebereitstellung, sozusagen Hirnnahrung, eben auch eine erhöhte Abwehr gegen Infekte. Schädlich ist Streß erst dann, wenn er chronisch und unkontrollierbar wird.

Daß Streß nicht gleich Streß ist, zeigen auch die «Yoked-control»-Versuche. Das bedeutet, daß die Tiere den Stressor kontrollieren können. Mehrere Forschergruppen konstruierten differenzierte Versuchsbedingungen. Ratten bekamen zum Beispiel leichte Elektroschocks. Dabei werden entweder elektrische Schläge über einen Draht an den Rattenschwanz oder auf die Pfoten der Ratte geleitet, indem man den Metallrost, auf dem die Nager hin- und herlaufen, jeweils kurz unter Strom setzt. Das ist sowohl ein physischer als auch psychischer Streß für die Tiere. Die eine Gruppe konnte jedoch durch das Drücken einer Taste den Stromstoß beenden. Gleichzeitig wurde dadurch auch der Schock in der zweiten Gruppe in einem anderen Käfig gestoppt, nur hatten diese Tiere keinen Einfluß darauf. Sie konnten nicht aktiv werden, sondern waren dem Streß und dessen Unterbrechung sozusagen hilflos ausgeliefert. Beide Gruppen erhielten aber über die Kabelverbindung der Käfige die gleiche Anzahl an Elektroschocks. Vor dem Versuch wurden den Tieren Tumorzellen implantiert. Wie schnell der Tumor wächst, ist somit ein Maß für die Abwehrkraft. In der zweiten, hilflosen Gruppe war das Tumorwachstum signifikant schneller als in der «Yoked-control»-Gruppe. Außerdem waren ihre T-Zellfunktionen schlechter. Die Konsequenz aus diesem Experiment: Kontrolle über den Streßfaktor beugt einer Immunsuppression vor.

Die meisten Streßforscher gehen davon aus, daß der Effekt auf das Immunsystem über die durch den Streß vermehrte Produktion von Glucocorticoiden (Corticosteron bei Mäusen, Cortisol beim Menschen) in der Nebennierenrinde zustande kommt. Glucocorticoide haben ja bekanntlich einen hemmenden Effekt auf Immunzellen. Daß dies aber nicht der einzige Reaktionsweg sein kann, demonstrierte 1981 Steven Keller, der wie Marvin Stein an der Mount Sinai Medical School of Medicine arbeitete. Je nach Stärke der elektrischen Schläge waren die T-Zellfunktionen bei Ratten eingeschränkt – ein übliches Streßexperiment. Der Effekt war allerdings genauso stark, wenn den Ratten vorher die Nebenniere entfernt worden war. Sie konnten dort zumindest keine Glucocorticoide mehr produziert haben. Man vermutete daher, daß die Peptidhormone der Hypophyse, die bei Streß vermehrt ausgeschüttet werden (siehe Seite 67 ff), ebenfalls das Immunsystem verändern können. Michael Irwin von der University of California hat daraufhin geprüft, ob das vom Gehirn unter Streß vermehrt produzierte Corticotropin-Releasing-Hormon (CRH), das ja der Ausgangspunkt erhöhter Cortisolkonzentration im Körper ist, die Immunfunktion beeinflussen kann. Dazu wurde Ratten Corticotropin-Releasing-Hormon in das Gehirn injiziert, und die Anzahl der natürlichen Killerzellen nahm in der Tat ab. Da Irwin und seine Mitarbeiter wissen wollten, ob dies durch den hormonellen Effekt von CRH auf Hypophysenzellen hervorgerufen wurde, entfernten sie die Hypophyse im Rattengehirn und wiederholten das Experiment. Dabei fanden sie zu ihrer Überraschung, daß durch das vom Gehirn produzierte Streßhormon CRH die Funktion der natürlichen Killerzellen im Blut unterdrückt wurde, ohne daß das Hypophysen-Hormon ACTH oder irgendeines der anderen Streßhormone im Blut erhöht gewesen wäre. Daraus schlossen die Wissenschaftler, daß die vermehrte Produktion von Peptidhormonen im Gehirn als Antwort auf Streß eine ganze Palette von Reaktionen im Körper auslösen kann, die eben auch das Immunsystem erfassen. Auf welche Weise die natürlichen Killerzellen im Blut erfahren, daß das Gehirn vermehrt das Streßpeptid Corticotropin-Releasing-Hormon produziert, ist noch nicht geklärt. Erst langsam beginnt man die Mechanismen, die hinter diesen zunächst unerklärlichen Ergebnissen stecken, zu verstehen.

Ergebnisse aus Tierversuchen mit der Ratte direkt auf den Menschen zu übertragen, davor warnen alle seriösen Psychoneuroimmunologen.

Nicht nur die Hirnfunktionen und die Psyche unterscheiden sich verständlicherweise erheblich, sondern auch das Immunsystem. Streßexperimente am Menschen sind sicher ein ethisch bedenkliches Kapitel. Aber da wir im Alltag naturgemäß auch Streß erleben – wie vage die Definitionen auch immer sein mögen –, ergeben sich eine Menge natürlicher Situationen, die erforschbar sind. Stanislaw Kasl von der Yale University in New Haven, Connecticut, untersuchte die Kadetten der Militärakademie in West Point, eine Eliteschule, die von jedem angehenden Offizier eine Menge verlangt. Von 1327 Kadetten hatten zwei Drittel Antikörper gegen das Epstein-Barr-Virus im Blut. Die meisten Menschen sind mit diesem Herpes-Virus verseucht, zum größten Teil sind sie jedoch nie erkrankt. Das Virus kann jedoch unter bestimmten Bedingungen das Pfeiffersche Drüsenfieber, eine Erkrankung des Lymphsystems, verursachen. Im Volksmund nennt man die Krankheit auch Kußkrankheit, weil das Virus vor allem über den Speichel übertragen wird und vor allem Jugendliche infiziert sind. Auch die West-Point-Kadetten machten da keine Ausnahme. Nur ein Drittel hatte noch keine Antikörper, war also noch nie mit dem Virus in Berührung gekommen. In dieser Gruppe traten jedoch innerhalb des ersten Jahres in West Point bei 20 Prozent Antikörper auf. Aber nur jeder vierte erkrankte auch an dem Drüsenfieber. Warum nur jeder vierte? Worin unterschieden sich die Erkrankten von den Infizierten, die keine Symptome entwickelten? Stanislaw Kasl ließ die Kadetten einen detaillierten Fragebogen ausfüllen und stellte eine signifikante Korrelation fest: Die Befragten, die stark unter dem hohen Erwartungsdruck litten und den Anforderungen nicht gerecht wurden und bei denen die Väter enorm leistungsorientiert die Karriere der Söhne verfolgten, erkrankten häufiger als diejenigen, die die Ausbildung als wenig belastend empfanden und gut zurecht kamen. Offensichtlich war der Streß auf der Eliteschule nicht für alle gleich groß.

Für Astronauten gelten diese Unterschiede bislang nicht. Während der zweiten Skylab-Mission 1973 wurde bei den Astronauten Conrad, Kerwin und Weitz die Aktivität der T-Lymphocyten im Mitogentest untersucht. Alle hatten in den ersten drei Tagen nach der Landung eine verminderte Aktivität. Um der Kritik, es könne sich auch um physische Auswirkungen der Landung handeln, etwas entgegenhalten zu können, wurde der Immuntest auch vor dem Start des knapp 628stündigen Fluges gemacht. Und schon dort zeigte sich eine Immunschwächung.

Das heißt: Die Aufregung und die Aussicht auf den Streß während des Weltraumfluges hatten bereits Auswirkungen auf das Immunsystem.

Ein weiteres geeignetes Streßexperiment ist eine Prüfung. Nur die wenigsten dürften während eines Examens nicht angespannt und nervös sein. Diese Streßsituation haben der Immunologe Ronald Glaser und seine Ehefrau, die Psychologin Janice Kiecolt-Glaser, von der Ohio State University in Columbus genutzt. Seit 1982 haben sie über hundert Medizinstudenten vor und während der verschiedenen Examen getestet. Diese füllten einen psychologischen Fragebogen aus, und ihnen wurde jeweils vor und mehrmals nach der Prüfung Blut abgenommen. Das Ergebnis der Prüfungsstreßstudien ist eindeutig: Im Examen produzieren die mit CON-A stimulierten Lymphocyten der Studenten weniger Interferon. Die Aktivität der natürlichen Killerzellen ist daraufhin reduziert. Im Blut war die Anzahl der T-Helfer-Zellen geringer. Der Antikörperspiegel gegen das Epstein-Barr-Virus stieg an. Das bedeutet, daß das latente Herpes-Virus durch die schwächere Immunkontrolle aktiver wurde und deshalb B-Zellen vermehrt Antikörper produzieren mußten. All diese Veränderungen erhöhen auch das Risiko einer Infektionskrankheit. Und die Studenten berichteten denn auch, daß sie während des Examens häufiger Symptome von Infektionskrankheiten spürten als vor den Prüfungen, die sich in den USA über einige Wochen hinziehen. Diese Resultate zeigen eindeutig, daß selbst ein kurzfristiger Streß, wie eine Prüfung, das Immunsystem nachweislich hemmen kann. Aber das war nicht das einzige Ergebnis. Die Glasers fragten die Studenten auch nach ihren sozialen Beziehungen. Fühlten sie sich einsam? Hier ergab sich eine bemerkenswerte Verbindung. Wer sich selbst als einsam bezeichnete und unter dem Mangel an sozialen Kontakten litt, hatte während des Examens eine deutlichere Immunschwächung als Studenten, die ganz zufrieden waren. Die Autoren der Studie ziehen daraus die naheliegende Schlußfolgerung, daß die Zufriedenheit mit den persönlichen Beziehungen einen Einfluß auf bestimmte Immunfunktionen hat. Da man während eines Examens unter Umständen weniger schläft, sich nicht so bewußt ernährt, mehr raucht oder trinkt, mußten diese Störfaktoren, die alle das Immunsystem negativ beeinflussen können, statistisch herausgefiltert werden. Es ergab sich keine Verbindung zwischen der Ernährung, dem Drogen-, Alkohol- und Zigarettenkonsum und den Immunfunktionen. Man muß also annehmen, daß die Effekte wirklich aufgrund des psychischen Stresses in der

Prüfungssituation vermittelt werden. Ein weiteres aktuelles Beispiel: Derzeit untersuchen Uwe Tewes, Manfred Schedlowski, Reinhold E. Schmidt und Thomas Wagner, inwieweit kurzfristig extreme emotionale Belastungen bedeutsame endokrinologische und immunologische Reaktionen auslösen können. Sie testen Fallschirmspringer bei ihrem ersten Sprung. Auch dieser Streß beeinflußt sowohl das Hormon- als auch das Immunsystem.

Wenn schon kurzfristiger Streß solch relativ dramatische Effekte hat, was bedeutet dann chronischer, langfristiger Streß für das Immunsystem? Dieser Frage ging das Ehepaar Glaser ebenfalls nach. Sie untersuchten über zweihundert Personen, die an der Alzheimer-Krankheit leidende Angehörige betreuen. Die Krankheit tritt im fünften und sechsten Lebensjahrzehnt auf und verursacht eine fortschreitende Zerstörung des Gehirns, vor allem der Hirnrinde. Zunächst macht sich eine leichte Vergeßlichkeit bemerkbar, dann kommt es zum Verlust geistiger und emotionaler Fähigkeiten. Die Erkrankten erkennen ihre Verwandten und Freunde nicht mehr, können nicht mehr allein essen oder zur Toilette gehen. Die Betreuung erfordert daher einen hohen körperlichen und psychischen Einsatz der Angehörigen bis zum Tod des Alzheimer-Patienten. Allein in den USA sterben jährlich hunderttausend Menschen an dieser immer noch rätselhaften Krankheit, und das National Institute of Aging schätzt, daß bis zum Jahr 2050 14 Millionen ältere Menschen in den USA betroffen sein werden. In der Bundesrepublik erkranken jedes Jahr fünzigtausend Menschen neu an der von dem deutschen Psychiater und Neurologen Alois Alzheimer Anfang dieses Jahrhunderts entdeckten Krankheit. Die Patienten müssen oftmals zehn bis zwanzig Jahre betreut werden.

80 Prozent der pflegenden Verwandten, meist die Lebenspartner oder die Kinder, erfüllten in der Glaser-Studie die klassischen Kriterien einer Depression, die vermutlich durch den chronischen Streß bedingt ist. Sie leiden auch häufiger unter Infektionskrankheiten als Menschen der gleichen Altersklassen, die nicht diesem dauernden Streß ausgesetzt sind. Die Glasers haben die Teilnehmer in ihrer Untersuchung alle drei Monate kontrolliert. Die Aktivität des Immunsystems wurde dabei im CON-A-Test gemessen, und es zeigte sich in der Tat eine schwächere Abwehrbereitschaft als in der Kontrollgruppe. Sie hatten zudem signifikant weniger T-Zellen, besonders Helfer-Zellen, ein schlechtes T-Helfer/T-Suppressor-Verhältnis und einen auffallend hohen Antikör-

perspiegel gegen das Epstein-Barr-Virus. Sicher läßt sich hier kaum unterscheiden, ob die physische Anstrengung der Betreuung bettlägriger Verwandter oder die psychische Belastung, den unaufhaltsamen Verfall eines geliebten Menschen miterleben zu müssen, stärker im Vordergrund steht. Sicher wird beides zusammenkommen. Die Unterscheidung ist wahrscheinlich auch nur in den seltensten Fällen sinnvoll.

Den Beweis, daß physischer Streß allein sich ebenfalls auf das Immunsystem auswirkt, erbrachte 1978 ein weiteres Experiment. Zwölf Studenten mußten 48 Stunden wach bleiben. Im PHA-Test zeigte sich, daß die T-Zellen weniger stimulierbar waren als vor dem Schlafentzug. Erst nach fünf Tagen kehrte die Angriffslust der Immunzellen wieder auf den normalen Ausgangswert zurück. Wer schlecht schläft, muß mit einem supprimierenden Einfluß auf Immunfunktionen rechnen. Aber warum schläft jemand schlecht? Da spielen nun wieder viele psychische Faktoren eine Rolle. Während einer Depression zum Beispiel ist das normale Schlafmuster sehr häufig gestört.

Die Arbeitsgruppe von Florian Holsboer, jetzt am Max-Planck-Institut für Psychiatrie in München, fand einen engen Zusammenhang zwischen der Hirnaktivität während des Schlafs und Hormonen. Wenn das Streßpeptid Corticotropin-Releasing-Hormon ansteigt, dann verändert sich die Aktivität des Gehirns während des nächtlichen Schlafs ähnlich wie bei Patienten mit Depression. Die gleiche Arbeitsgruppe fand auch, daß Patienten mit HIV-Infektion eine deutliche Veränderung der nächtlichen Schlafstruktur haben, was sicherlich wieder Rückwirkungen auf die Immunfunktion hat. Daß nicht nur psychischer, sondern auch körperlicher Streß Auswirkungen auf Hormon- und Immunstatus haben, vermuten Isabella Heuser vom Max-Planck-Institut für Psychiatrie und der Freiburger Sportmediziner Josef Keul. Die beiden Wissenschaftler untersuchten Marathonläufer in verschiedenen Altersgruppen und zeigten, daß bei diesen Sportlern die Regulation der Streßhormone deutlich verändert ist. Sie prüfen nun, ob dies in Zusammenhang mit der bei Hochleistungssportlern häufig zu beobachtenden Infektanfälligkeit steht.

Die Psychobiologie der Trennung

Trennungserlebnisse sind einschneidende Erfahrungen und in den meisten Fällen der stärkste vorstellbare Streßfaktor. Das kann der Tod des Lebenspartners sein, die Trennung einer Lebensgemeinschaft oder der Verlust des Arbeitsplatzes. Die wichtige Frage, die die Psychoneuroimmunologen beantworten wollen, ist: Kann ein Trennungserlebnis das Immunsystem negativ beeinflussen?

Die grundlegenden Forschungen zur Psychobiologie der Trennung begann Herbert Weiner in den sechziger Jahren, also lange vor dem eigentlichen Startschuß für die Psychoneuroimmunologie. Der Psychiater, Psychoanalytiker und Psychosomatiker an der University of California in Los Angeles trennte Rattenbabys am fünfzehnten Tag von ihrer Mutter. Man ging von der Theorie aus, daß Verlusterlebnisse und die emotionalen Antworten darauf sowohl auf körperlicher und psychischer Ebene als auch auf der Langzeit-Verhaltensebene Änderungen hervorrufen können. Die erste Reaktion auf einen Verlust ist Trauer. Standardisiert läßt sich das nur an Tieren erforschen. Die Rattenbabys zeigen nach der Trennung von der Mutter eine verstärkte Betriebsamkeit. Sie putzen und lecken sich und quieken häufiger. Ihnen fehlt die Gegenwart der Mutter, ihre Wärme und Berührungen. Die Rattenbabys schaffen es allein kaum, die Körpertemperatur zu regeln, obwohl sie normal ernährt werden. Herzschlagfrequenz und Atmungsraten sinken innerhalb der ersten zwei bis vier Stunden nach der Trennung um 30 Prozent. Der Gehalt der Neurotransmitter Adrenalin und Noradrenalin sinkt im Gehirn, und sie schütten weniger Wachstumshormon aus. Sie bleiben deshalb untergewichtig, solange sie leben. Außerdem haben sie Schlafstörungen, meist weniger Tiefschlaf- und Traumphasen. Während der Puls in den ersten Tagen nach der Trennung sinkt, steigt er nach einigen Wochen an. Statt dreihundertmal pro Minute schlägt das Herz der von der Mutter getrennten Babys dreihundertfünfzigmal pro Minute. Diese Veränderung bleibt in ihrem gesamten Leben erhalten. Die meisten entwickeln auch einen erhöhten Blutdruck. Wenn sie rund hundert Tage alt sind, leiden 50 Prozent der Ratten an opportunistischen Infektionen, die normalerweise zu keiner Krankheit führen. Unter Belastungen bekommen sie häufiger Magengeschwüre als normal aufgezogene Ratten. Auch bei menschlichen Waisenkindern wurden ähnliche Veränderungen festgestellt.

All diese Veränderungen zeigen, daß die Trennung oder der Verlust der Mutter ein starkes Streßerlebnis ist. Es bleibt die Frage: Was fehlt den verlassenen Tieren eigentlich? Ist es der körperliche Kontakt zur Mutter, sind es ihre Laute, ihr Geruch, ihr Anblick, ihre Fürsorge, ihre Unterstützung? Genau diese Fragen muß man auch stellen, wenn man die Auswirkungen von Trennungserlebnissen bei Menschen untersucht, meint Herbert Weiner. Er ist überzeugt, daß «das Fehlen oder die Unterbrechung von sozialen Beziehungen eine große Bedrohung für die Gesundheit und das Leben an sich darstellt. Sie kommt anderen Risikofaktoren, wie zum Beispiel Fettleibigkeit, erhöhtem Blutdruck, erhöhten Blutfettwerten, Zigarettenrauchen, Alkoholmißbrauch und fehlender Bewegung gleich.» Weiner bewertet den Einfluß besonders groß bei folgenden Krankheiten: Magersucht, Eßsucht, Autoimmunerkrankungen, Asthma, Diabetes mellitus, Darm- und Magengeschwüre, Leukämie, Bluthochdruck, Herzinfarkt, Darmentzündung, Tuberkulose, Schwangerschaftsdepressionen und den meisten schweren psychischen Erkrankungen. Wobei die Unterscheidung zwischen psychischen, somatischen und psychosomatischen Erkrankungen nicht zu treffen sein wird. Im Sinne der neuen «integrativen Medizin» entstehen Krankheiten immer in einem Wechselspiel zwischen Psyche, Körper und Umwelt.

Daß der Verlust von menschlichen Beziehungen sogar tödliche Folgen haben kann, belegt eine Studie aus dem Jahr 1963. 213 von 4486 Witwern starben innerhalb der ersten sechs Monate nach dem Tod der Ehefrau. Das ist immerhin eine Zunahme von 40 Prozent im Vergleich zu verheirateten Männern gleichen Alters. Untersuchungen in den USA, Schweden und Finnland belegen weiter, daß die Sterblichkeitsraten bei unverheirateten und geschiedenen Personen höher sind als bei verheirateten, selbst wenn Risikofaktoren wie Fettleibigkeit und Alkoholkonsum statistisch herausgefiltert werden. Offensichtlich aber sind die Reaktionen altersabhängig. Trennungen wirken sich bei Kindern und älteren Menschen besonders vehement aus. Das mag auch daran liegen, daß sowohl in der ersten Lebensphase als auch im Alter das Nervensystem, das Hormonsystem und das Immunsystem starken Wandlungen unterworfen sind. So verringert sich im Alter die Fähigkeit des Hormonsystems, sich Streßfaktoren geeignet anzupassen. Außerdem bildet sich von der Pubertät an der Thymus zurück und produziert weniger Thymushormone. Die Folge ist, daß immer mehr unreife

T-Lymphocyten ins Blut gelangen und die notwendige Reifung der Zellen nicht mehr optimal abläuft. Damit ist auch die Abwehr von Krankheitserregern beeinträchtigt. Das muß nicht zwangsläufig dramatische Folgen haben. Aber in Belastungssituationen mag dieser Effekt verstärkt in Erscheinung treten. Auch das Nervensystem verändert sich im Alter. Die Gehirnzellen sind nicht mehr in dem Maße fähig, neue Verbindungen untereinander aufzubauen, und die Bildung der Botenstoffe ist unter Umständen gestört. Im Gegenteil: Die Anzahl der Hirnzellen nimmt ab. Auch das hat normalerweise nicht unbedingt negative Auswirkungen, da die Reservekapazität des Nervensystems enorm groß ist. Aber wiederum kann unter Umständen die geringere Plastizität im Alter eine verminderte Fähigkeit, sich Streßerlebnissen anzupassen, zur Folge haben.

Seit den siebziger Jahren werden Verlusterlebnisse beim Menschen systematisch erforscht. Roger Bartrop von der University of New South Wales in Sidney begann 1975 mit einer Trauerfallstudie (*bereavement study*). Er konnte 26 Hinterbliebene, deren Lebenspartner verstorben waren, dazu bewegen, an einer Langzeitstudie teilzunehmen. Zunächst wurden den Teilnehmern Blutproben entnommen und die Lymphocyten isoliert. Die Immunzellen von Trauernden waren dabei im CON-A-Test signifikant weniger aktivierbar als bei einer Kontrollgruppe. Der Effekt blieb ungefähr ein Jahr erhalten. Seit 1975 sind immer wieder Hinterbliebene in diese Studie aufgenommen worden, und 1985 begann man damit, rückblickend alle Teilnehmer noch einmal zu befragen. In ganz Australien wurden die Personen angeschrieben und interviewt. Welche Krankheiten hatten sie in den vergangenen Jahren? Wie fühlen sie sich jetzt? Gleichzeitig wurden von allen behandelnden Ärzten die Krankenakten angefordert, um eine genaue Statistik der Erkrankungen erstellen zu können. An welcher Krankheit hatten zum Beispiel die inzwischen Verstorbenen gelitten? Das Ergebnis war wie erwartet: Im Vergleich zu einer Kontrollgruppe ohne Verlusterlebnis hatte die Bereavement-Gruppe signifikant höhere Krankheitsraten (psychische Erkrankungen, Angina, Bluthochdruck und Brustkrebs).

Die Psychologen Marvi Stein und Steven Schleifer und der Immunologe Steven Keller – 1983 arbeiteten alle an der Mount Sinai School of Medicine in New York – konnten diese Ergebnisse bestätigen. Sie untersuchten in der Klinik fünfzehn Männer, deren Frauen an Brustkrebs im Endstadium litten. Alle sechs Wochen bis zum Tod der Ehefrau und zweimal nach dem Tod wurden die Immunzellen getestet. Während vor dem Tod keine Veränderungen auftraten, obwohl die emotionale Belastung sehr groß war, verringerte sich die Lymphocytenaktivierbarkeit im PHA- und CON-A-Test sofort nach dem Tod. Obwohl in manchen Fällen ein grausamer und belastender Todeskampf ohne Hoffnung stattfand, konnten die betreuenden Männer ihren Frauen hilfreich zur Seite stehen. Mit dem Tod mußten sie erkennen, daß alle Bemühungen umsonst gewesen waren. Die Veränderungen des Immunsystems korrelierten übrigens zur Schwere der Depression, die nach dem Tod der Ehefrau bei den meisten eintrat, und zum Alter des Hinterbliebenen. Je älter und je schwerer die Depression, desto stärker sind die Auswirkungen auf die Immunzellen. Erst nach einem Jahr normalisieren sich die Werte wieder. «Wenn der eine stirbt, stirbt der andere mit», diese traurige Weisheit des Volksmundes scheint einen wahren Kern zu haben.

Steven Keller, der heute als Immunologe in der Psychiatrischen Abteilung der New Jersey Medical School in Newark arbeitet, ist überzeugt, daß das zugrundeliegende Phänomen die Depression ist, die den Verlust eines geliebten Menschen nahezu immer begleitet.

Diese Trauer-Depression läßt sich häufig klinisch nicht von einer endogenen Depression, die ohne äußeren Anlaß auftritt, unterscheiden. Patienten, die unter schweren Depressionen leiden, haben oft schlechtere Testergebnisse bei der Mitogenstimulation, und sie können weniger T-Helfer-Zellen haben. Das alles gilt natürlich nur im statistischen Mittel und muß keineswegs bei jedem Patienten so auftreten. Aber die Forschungsergebnisse sind deutlich. Ist die Depression nämlich behandelt und geheilt, dann existieren diese Unterschiede zu Nicht-Depressiven nicht mehr.

Während der akuten Krankheitsphase zeigt sich bei einer schweren Depression häufig eine Erhöhung des Cortisolspiegels im Blut. Sogar die Vergrößerung der Nebennierenrinde, die Produktionsstätte des Cortisols, läßt sich durch bildgebende Verfahren nachweisen. Die Ursache hierfür ist die Überaktivität der Hypothalamus-Hypophysen-Nebennierenrinden-Achse (siehe Seite 68). Die Ursache für diese vermehrte Aktivität ist die bei Streßsituationen gesteigerte Produktion des Peptidhormons Corticotropin-Releasing-Hormon im Hypothalamus. Dieses «Streßpeptid» löst im Tierexperiment viele depressionstypische

Verhaltensweisen aus. Es verändert aber auch – unabhängig von seiner Wirkung auf die Streßhormone im Blut – die Immunfunktion in ähnlicher Weise, wie dies von Steven Keller bei depressiven Patienten berichtet wurde.

Psyche und Krebs:
Wer bekommt einen Tumor und wer nicht?

Wenn man davon ausgeht, daß eine Depression generell das Auftreten anderer Krankheiten begünstigt, muß sich das irgendwie statistisch nachweisen lassen. Und tatsächlich haben diese Patienten häufiger Erkrankungen, bei denen in irgendeiner Weise das Immunsystem mitbetroffen ist. Schon lange wird vermutet, daß bei Patienten mit Depression auch erhöhte Krebsraten auftreten. Die meisten Studien konnten das nicht bestätigen. Die Korrelation war, wenn überhaupt vorhanden, nur schwach. Nur eine Langzeitstudie über siebzehn Jahre an 2020 amerikanischen Männern, alles Angestellte der Western Electric Company in Chicago, zeigte, daß von allen Persönlichkeitsmerkmalen, die man mit Hilfe der MMPI-Skala erfaßte, nur der Depressions-Score mit der Todesursache Krebs korrelierte. Männer, die unter Depressionen litten, starben doppelt so häufig an Krebs wie Männer mit einem normalen Depressionswert auf der MMPI-Skala. Aber viele andere Studien konnten die Beziehung zwischen Streß und Depression und der Diagnose eines Tumors nicht bestätigen. Dazu gehört auch die groß angelegte Untersuchung der obersten amerikanischen Gesundheitsbehörde, der National Institutes of Health. Zum erstenmal konnte man dabei auf einen repräsentativen US-Bevölkerungsquerschnitt zurückgreifen. Im Rahmen einer Gesundheits- und Ernährungserhebung wurden zehntausend Amerikaner zwischen 1971 und 1975 mit Hilfe anerkannter Fragebögen nach ihrer Gemütslage befragt. Zehn Jahre später wurde nach Erkrankungen und Todesursachen gefragt: Jeder Zehnte litt an einem bösartigen Tumor. Es enthüllten sich Verbindungen zu Zigarettenkonsum, Alter und Geschlecht, aber keine Verbindung zu einer depressiven Gemütslage. Allerdings wurde schon mehrfach der Aufbau dieser Studie kritisiert, zum Beispiel hat man die Beteiligten nicht nach psychischen Erkrankungen und ihrem Konsum von Psychopharmaka und Drogen gefragt. Da sowohl psychische Erkrankungen, wie Depression, Angststörungen, Schizophrenie, als auch die Abhängigkeit von Drogen und anderen Suchtmitteln (fünf bis sechs Millionen Amerikaner nehmen Psychopharmaka) sehr häufig sind, könnten die Ergebnisse der «Psycho-Tests» verfälscht sein.

Fördern nun Depressionen Krebserkrankungen oder nicht? Es gibt Anhaltspunkte sowohl für eine positive als auch für eine negative Antwort. Die Wahrheit wird – wie so oft in der Wissenschaft – in der Mitte liegen: Bei einigen Tumorarten wird bei einer unsicheren Anzahl von Patienten die Psyche eine Rolle spielen. Wenn man die Neigung zu depressiven Verstimmungen nicht allein als Krankheit auffaßt, sondern als Charaktermerkmal, das die Persönlichkeit eines Menschen entscheidend bestimmt, ergibt sich ein erweiterter Forschungsansatz: Gibt es eine «Krebspersönlichkeit?»

Bereits Anfang dieses Jahrhunderts entwickelten Psychoanalytiker – meist Schüler von Sigmund Freud und Carl Gustav Jung – diese Theorie der «Krebspersönlichkeit». Zwischen den psychodynamischen Prozessen in der frühkindlichen Entwicklung, der Befriedigung von Bedürfnissen, der Verarbeitung von Konflikten, der sich daraus bildenden Persönlichkeit eines Menschen und der Entstehung von Krebs besteht ein Zusammenhang – so die Annahme. Krebsbegünstigend könnten danach folgende Merkmale sein: Hoffnungslosigkeit, Verzweiflung, Verdrängung, Aufopferung, gehemmte Sexualität, großes Harmoniebedürfnis, mangelnde Fähigkeit, Wut und Ärger ausdrücken zu können, keine aktive Auseinandersetzung mit und Verarbeitung von Konfliktsituationen. Krebs wurde so zur «Erkrankung der Seele» oder «Krankheit der Triebunterdrückung». Die Persönlichkeitsmerkmale wurden zusammengefaßt zu einer «Cancer prone personality», oft als Typ C bezeichnet.

Die Psychologin Lydia Temoshok untersuchte an der University of California in San Francisco 119 Patienten, die an einem bösartigen Melanom der Haut litten. Es zeigte sich folgendes Ergebnis: Wer seine Traurigkeit und seinen Ärger emotional ausdrücken kann, hat eine geringere Teilungsrate der Krebszellen. Das bedeutet, der Tumor wächst langsamer.

Auch der Psychoanalytiker Claus Bahne Bahnson aus Kiel fand solche Beziehungen zwischen psychologischen Variablen und der Prognose der Krebserkrankung. Variablen wie «kämpferische Einstellung» und «eher extravertiert» korrelieren mit einer günstigeren Prognose, während sie bei Variablen wie «Angst», «Depressionen», «Schuldgefühlen» und «emotionale Kontrolliertheit» eher ungünstig ausfiel.

Die Untersuchungen, die zu solchen Persönlichkeitseinteilungen führten, waren allerdings alle retrospektiv angelegt und wurden nur mit wenigen Patienten durchgeführt. Die Vermutung liegt nahe, daß die aufgezählten Eigenschaften nicht Ursache, sondern die Folge in der Auseinandersetzung mit der Krankheit sind. Patienten, die wissen oder ahnen, wie gering ihre Überlebenschancen sind, werden verständlicherweise ängstlicher und deprimierter sein.

Beweisen ließe sich die Theorie der «Krebspersönlichkeit» nur in prospektiven Studien, so die Meinung der meisten Krebsforscher. Solch eine Studie initiierte in den siebziger Jahren der Medizinsoziologe und Verhaltenstherapeut Ronald Grossarth-Maticek in Heidelberg und Jugoslawien. Dabei wurden 2563 Personen mit psychosozialen Meßinstrumenten untersucht. Wer dem Typ 1 zugeordnet wurde, starb im Laufe der folgenden zehn Jahre statistisch signifikant häufiger an Krebs als zum Beispiel Menschen des Typs 4. Der Typ 1 zeichnet sich durch eine dauerhafte Neigung aus, ein emotionales Objekt, einen Freund oder ein berufliches Ziel als die wichtigste Bedingung für sein Wohlergehen anzusehen. Der Entzug des Objekts führt zu emotionalen Krisen. Trotzdem kann derjenige seine idealisierende Abhängigkeit von diesem Objekt nicht lösen. Typ 1 kreuzt im Fragebogen zum Beispiel folgende Aussage an: «Ich tue alles für dich, dann liebst du mich». Typ 4 würde ankreuzen: «Ich liebe dich und mich, doch kenne und akzeptiere ich die Bedingungen dafür.»

Ob solche psychologischen Konstrukte in der Tat die vielschichtige Gesamtheit einer Perrsönlichkeit erfassen oder nur eine momentane Stimmung, ist fraglich. Kritik läßt sich bei solch komplexen Fragestellungen und Studien immer anbringen.

Die Debatte zum Thema «Psyche und Krebs», die teilweise einem Glaubenskrieg ähnelt, erreichte ihren vorläufigen Höhepunkt im Jahre 1985. Die Eskalation kam durch eine Untersuchung von Barrie Cassileth vom Krebszentrum der University of Pennsylvania zustande. Sie fand bei 359 Patienten, die alle an einer weit fortgeschrittenen Krebserkrankung litten, keine Korrelationen zwischen emotionalen und psychosozialen Faktoren und dem Tumor. Marcia Angell, die Herausgeberin des *New England Journal of Medicine*, zog in ihrem Editorial aus der Cassileth-Studie den Schluß: «Es ist Zeit, endlich anzuerkennen, daß unser Glaube, Krankheiten seien ein direktes Abbild unserer Emotionen, in weiten Teilen in den Bereich Wunschdenken gehört.»

Die Studie und das Editorial führten zu Diskussionen und seitenlangen Leserbriefen in der angesehenen amerikanischen Fachzeitschrift. Marcia Angell wurde scharf attackiert. Sie kehre eine überwältigende Masse an Forschungsergebnissen unter den Teppich, ignoriere exzellente Studien und werte die Arbeit von Tausenden Wissenschaftlern pauschal ab. David Felten, Neuroanatom an der University of Rochester, warf ihr vor, das «Kind mit dem Bade» auszuschütten. Er sei überzeugt, daß Barrie Cassileth recht habe. Im Endstadium einer Tumorerkrankung hätten psychische Faktoren in der Tat keinen Einfluß mehr. Da überrolle die Biologie die Psyche. Es mache keinen Unterschied mehr, ob Menschen positiv gestimmt seien, einen starken Lebenswillen hätten oder nicht. Das beeinflusse den Tumor im Endstadium nicht im geringsten. Aber man müsse über den Beginn einer Krankheit und den Verlauf über Jahre reden: «Marcia will unsere Arbeit in den Bereich der Mythen stellen, aber sie übersieht, daß die seriöse PNI-Forschung einfach nur noch ein wenig Zeit braucht, um die Fakten vom Wunschdenken zu trennen» (siehe Seite 178). Marcia Angell antwortete in der *New York Times* auf diese Vorwürfe: «Alle regen sich auf, als hätte ich so heilige Werte wie die Mutterrolle angegriffen!»

Der Ausgewogenheit halber sei hier auch noch eine Gegenstudie zu den Cassileth-Ergebnissen zitiert. Sandra Levy kam 1981 am National Cancer Institute bei einer Untersuchung mit 34 Patientinnen, die an Brustkrebs in fortgeschrittenem Stadium litten, zu folgendem Resultat: Diejenigen, die nur noch wenige Monate lebten, hatten signifikant mehr Metastasen zu Beginn der Studie und hatten weniger Freude am Leben und eine höhere Depressivität als Patientinnen, die über zwei Jahre lebten. Die Schlußfolgerung für Levy ist: Die Prognose bei Brustkrebs hängt auch von dem Faktor «Freude» ab. Noch eindeutiger war eine weitere Untersuchung von 1985 bei Frauen mit Brustkrebs im Frühstadium. Frauen, die über einen Mangel an familiärer Unterstützung klagten, wie eine unglückliche Ehe, mangelnde Kommunikation, wenige hilfsbereite Freunde, waren gehäuft in der Gruppe mit der ungünstigeren Prognose für eine Heilung. Damit wäre die soziale Isolation ein Risikofaktor für den Verlauf einer Brustkrebserkrankung. Daß in diesen Studien meist der Tumor der Brust untersucht wurde, hat zwei Gründe. Erstens reagiert dieser Krebs auf Hormone, und zweitens wächst er langsam, so daß psychologische Faktoren über einen längeren Zeitraum überhaupt wirksam werden können.

Fazit: Eine einheitliche Aussage zum Thema «Krebs und Psyche» gibt es derzeit nicht. Die Diskussionen gehen weiter. Daß die Wogen gerade bei diesem Thema so hoch schlagen, ist verständlich. Wissenschaftler sehen die Gefahr, daß Patienten sich selbst an ihrem Schicksal schuldig fühlen könnten, wenn sich allzu populär die Vorstellung breitmachen sollte, daß negative Emotionen sowohl beim Ausbruch von Krebs als auch beim Krankheitsverlauf eine Rolle spielen. Zudem ist Krebs die zweithäufigste Todesursache in der zivilisierten Welt. 1986 erkrankten schätzungsweise 254 550 Personen in der Bundesrepublik. 1987 starben 166 526, und noch steht kein effektives Allheilmittel zur Verfügung. Nur bei wenigen Krebsarten sind die Überlebenschancen mittlerweile beeindruckend gut. Die Patienten selbst suchen nach den Ursachen, warum es gerade sie getroffen hat, und sind bei der verständlichen Suche nach einer möglichen Therapie bereit, jeden auch noch so dünnen Strohhalm zu ergreifen. Aber auf der anderen Seite ist die Erforschung von Krebs extrem schwierig. Die verschiedenen Krebsarten haben unterschiedliche Ursachen, und viele Faktoren spielen eine Rolle. Neben krebsauslösenden Substanzen, Viren und der erblichen Vorbelastung zudem auch Emotionen, die soziale Situation oder gar Charaktereigenschaften einzubeziehen und diese Einzelfaktoren getrennt zu untersuchen gleicht dem Versuch, einen gordischen Knoten aus hundert Stricken mit einem Schwertschlag lösen zu wollen. Ein weiterer wichtiger Faktor ist der Einfluß der lebensbedrohlichen Krankheit selbst auf die Psyche eines Menschen. Wenn man jemanden fragt, ob er deprimiert sei, wenn er seit einem Jahr weiß, daß er an einem unheilbaren Tumor leidet, dürfte die Antwort nicht verwundern. Ob dieser Mensch sich aber fünf Jahre vor der Diagnose auch schon als depressiv bezeichnet hätte, kann wohl niemand mehr beurteilen, auch nicht der Betroffene selbst. Aber die Entstehung eines Tumors kann Jahre und sogar Jahrzehnte zurückliegen. Hier ist es besonders schwierig, psychophysische Verbindungen herauszufiltern. Die Gefahr ist groß, Folgen mit Ursachen zu verwechseln.

Einen Ansatz, der weiter verfolgt werden sollte, gibt es dennoch. Ronald Glaser aus Ohio hat sich gefragt: Wie wirkt denn die Depression auf ein mögliches Tumorgeschehen? Man weiß, daß durch krebsauslösende Substanzen oder radioaktive beziehungsweise UV-Strahlung Fehler im Erbgut von Zellen, in der DNS, auftreten können. Normalerweise werden diese Fehler durch Reparaturenzyme wieder behoben, und die Zelle entartet nicht. Die Aktivität dieser Enzyme steigt, je mehr Fehler in der DNS auftreten. Glaser fand 28 psychisch kranke Patienten, die unbehandelt neu in ein Krankenhaus in Columbus aufgenommen wurden und bereit waren, sich Blut abnehmen zu lassen und den MMPI-Test zu machen. So ergaben sich zwei Gruppen – eine depressive und eine weniger depressive Gruppe. Die entnommenen Lymphocyten der Personen wurden dann mit Röntgenstrahlen geschädigt und die Reparaturrate mit Hilfe der Aktivität der Reparaturenzyme gemessen. Je deprimierter die Personen waren, desto geringer war die Reparaturaktivität. Das könnte ein erster Hinweis auf einen biologischen Mechanismus sein. Noch ist nicht endgültig geklärt, was die Aktivität der Enzyme steuert und woher sie selbst wissen, ob der Mensch, in dem sie gebildet werden, depressiv ist oder nicht.

Die Autoimmunpersönlichkeit

Zwischen 8 und 10 Prozent der deutschen Bevölkerung leiden an einer der vierzig bekannten Autoimmunkrankheiten. Damit stehen diese Erkrankungen des Immunsystems nach den Herz-Kreislauf-Krankheiten, Krebs und psychischen Erkrankungen an vierter Stelle. 1,2 Millionen Menschen leiden allein in der Bundesrepublik an chronischer Polyarthritis, gemeinhin als Rheuma bezeichnet. Es handelt sich dabei höchstwahrscheinlich um eine Autoimmunkrankheit, die eine chronische Entzündung der Gelenkinnenhaut hervorruft. Die Psychiater George Solomon und Rudolf Moos, damals an der Stanford University, haben schon 1964 die These aufgestellt, daß Persönlichkeitsfaktoren – neben einer erblichen Belastung – das Auftreten dieser Krankheit begünstigen. Sie untersuchten sechzehn Rheumapatientinnen und ihre Schwestern, bei denen man auch eine erbliche Vorbelastung kannte. Aber nur die jeweils eine Schwester war an Arthritis erkrankt. Die gesunden Frauen waren alle «emotional gesund», hatten keine Depressionen und waren glücklich verheiratet. Die Erkrankten dagegen waren nervös, unruhig, eher verschlossene Persönlichkeiten, introvertiert und eher unterwürfig. Sie wurden von ihren gesunden Schwestern so beschrieben: «Schon als Kind war sie immer scheu, über alles sehr besorgt und wenig aktiv.» Allerdings sollte man bedenken, daß die Geschwister keine eineiigen Zwillinge waren. Das bedeutet: Sie hatten kein identisches Genom. Die gesunde Schwester muß also die Veranlagung für die Krankheit nicht ererbt haben, da bei Geschwistern das Erbgut äußerst unterschiedlich sein kann. Dann wäre aber auch das Ergebnis dieser Studie, die den Einfluß von psychologischen Faktoren auf die ererbte Veranlagung nachweisen sollte, zweifelhaft. In einer Untersuchung von fünf eineiigen Zwillingen, bei denen jeweils einer an Rheuma litt, fand man immerhin heraus, daß vier davon kurz vor Ausbruch der Krankheit eine Zeit erhöhten Streßerlebens hatten. Genauer wird das in der Veröffentlichung nicht diskutiert und muß deshalb offenbleiben.

In vielen weiteren Studien mit insgesamt über fünftausend Arthritikern fiel immer wieder das Merkmal «Unfähigkeit, Gefühle auszudrücken» auf. Ähnliches ergab auch eine Untersuchung von Patienten, die an chronischer Darmentzündung (Colitis ulcerosa) litten – auch eine Autoimmunerkrankung. Sie waren ständig darauf bedacht, was andere von ihnen denken, hatten äußerst rigide Moralvorstellungen und waren sehr ordentlich.

Auch hier läßt sich wie bei den Studien zur «Krebspersönlichkeit» berechtigte Kritik anbringen. Jemand, der an einer äußerst schmerzhaften Krankheit mit Fieberschüben leidet, hochdosiert Medikamente einnehmen muß und weiß, daß es keine Heilung geben wird, kann sich durchaus auch charakterlich verändern. Die Persönlichkeit, Wünsche, Hoffnungen und auch die Offenheit gegenüber Mitmenschen mag sich bei ihm grundlegend wandeln. Befragt man ihn einige Jahre nach Ausbruch der Krankheit, wird man nicht mehr dem Menschen begegnen, der er früher war. Diese Kritik bedeutet nicht, daß es keine Beziehungen zwischen der Psyche und dem Auftreten einer Autoimmunkrankheit gibt, aber wahrscheinlich sind diese Beeinflussungen differenzierter, als die beschriebenen Studien es glauben machen. Auch hier könnten allein prospektive Untersuchungen und neue Forschungsansätze weiterhelfen. Wissenschaftler haben auch nach belastenden Lebenssituationen in den Jahren vor Beginn der Erkrankung gesucht und hatten Erfolg: Bei 85 Prozent aller Arthritiker war ein Trauerfall in der Familie zu beklagen gewesen, oder eine Trennung, Kündigung, Finanzprobleme, eine ungewollte Schwangerschaft oder eine belastende

Arbeitssituation. Aber noch bleibt die Frage offen, ob man nicht auch bei gesunden Menschen eine bejahende Antwort erhält, wenn man nach solchen Ereignissen innerhalb der letzten fünf Jahre fragt: Wer hat schon keinen einzigen einschneidenden Schicksalsschlag erlitten?

AIDS und der Umgang mit der Krankheit

Schätzungsweise sind heute weltweit bereits sechs bis acht Millionen Menschen mit dem AIDS-Virus infiziert, also HIV-positiv. Daß die erworbene Immunschwächekrankheit AIDS nicht nur eine Viruserkrankung des Immunsystems ist, sondern eng mit dem Verhalten und der Psyche der Betroffenen verbunden ist, hat sich seit dem Auftreten der «Seuche» 1981 herausgestellt. Die Hauptrisikogruppen sind Homosexuelle und Drogenabhängige. Die Übertragung erfolgt über Körperflüssigkeiten wie Samen und Blut. Trotzdem ist die Vermutung nicht abwegig, daß Homosexuelle und Fixer spezielle Persönlichkeitsmerkmale haben und unter besonderen psychosozialen Bedingungen leben. «Streßfaktoren» dürften eine größere Rolle spielen als in der sogenannten «Normalbevölkerung». Aber es gibt noch mehr Gründe, das Thema «Psyche und AIDS» ausführlich zu diskutieren. Bei jedem Zweiten befallen die Viren nicht nur Immunzellen, sondern auch Gehirnzellen. Konzentrationsstörungen und psychische Veränderungen können sogar erste Symptome einer Infektion sein. Außerdem muß man davon ausgehen, daß die krankhaften Vorgänge im Immunsystem auch Auswirkungen auf das Gehirn haben (siehe Seite 95). Wahrscheinlich dürfte das gesamte hormonelle System, das ja vom Gehirn aus gesteuert wird, gestört sein. Und sicher wird auch die Diagnose «HIV-positiv» einen Betroffenen nicht unberührt lassen. Angstzustände, Schock und Depressionen sind häufig die Folge. Insofern ist AIDS für Psychoneuroimmunologen ein Modell für PNI-Studien. Bei AIDS geht es aber im Gegensatz zu Krebs und Autoimmunkrankheiten weniger um die Frage: «Warum erkrankt der eine und der andere nicht?» Nach bisherigen Erkenntnissen erkranken alle Menschen, wenn sie mit einer ausreichenden Menge an HI-Viren infiziert sind. Aber die Latenzzeit, also die Zeit bis zum Ausbruch der Krankheit, ist sehr unterschiedlich und schwankt zwischen wenigen Monaten und vielen Jahren. Die entscheidenden Fragen sind: «Warum bricht die Krankheit bei dem einen

früher aus und bei dem anderen später? Warum sind die symptomfreien Perioden und der Verlauf der Krankheit bei HIV-Infizierten so
unterschiedlich? Was unterscheidet die ‹long survivers› von den Betroffenen, die innerhalb weniger Monate sterben?»

Die verschiedenen Krankheitsverläufe können nicht nur immunolo-
gisch begründet sein, da der Immunstatus in den jeweiligen Stadien
keine großen Unterschiede zeigt. Ist der Umgang mit der Krankheit, die
Bewältigungsstrategie der wichtigste Faktor? Spielen hier Persönlichkeitsmerkmale eine Rolle?

Die klinische Psychologin und Immunologin Margaret Kemeny von
der University of California in Los Angeles untersuchte die Beziehung
zwischen Verlustängsten, Depression und dem Immunstatus bei männlichen Homosexuellen mit positivem und negativem Testergebnis. Die
deprimierten HIV-positiven Personen hatten weniger T-Helfer- und
weniger T-Suppressor-Zellen als die nichtdeprimierten HIV-Infizierten, obwohl sich beide Gruppen in einem vergleichbaren Krankheitsstadium befanden. Die Unterschiede können also nicht allein aufgrund
der Virusinfektion entstanden sein.

Die Psychologin Lydia Temoshok führte das biopsychosoziale AIDS-
Forschungsprojekt in San Francisco durch, das unter wissenschaftlicher
Leitung von George Solomon stand. Lydia Temoshok untersuchte
Homosexuelle mit dem Vollbild AIDS über sechs Wochen, jeweils einmal pro Woche. Mit aufwendigen psychologischen Testverfahren bestimmte sie bei achtzehn Patienten, wie optimistisch sie trotz ihrer
Krankheit waren. Sie fragte nach Hoffnung, Lebensmut, Einsamkeit
und Angst. Im Immuntest wurden dann Lymphocyten und die natürlichen Killerzellen gezählt. Dabei hat sie konstante Beziehungen gefunden: Je höher der psychische Streß, desto schlechter die Immunfunktionen. Auch in diesem Fall befanden sich alle Patienten im gleichen
Krankheitsstadium. Das ist besonders wichtig, da sich die Immunfunktionen bei AIDS je nach Krankheitsstadium eklatant verändern können.
Sie hatte aber noch ein weiteres Resultat: Wer im psychologischen Test
angab, er würde anderen Menschen einen Gefallen tun, obwohl das für
ihn unangenehm wäre und eine Belastung sei, hatte ebenfalls schlechtere
Immunfunktionen. Dieses Verhalten ordnet die Psychologin unter das
Typ-C-Verhalten ein. Man ist passiv, tut Dinge, die man eigentlich gar
nicht will, fühlt sich hilflos und kann Gefühle nicht ausdrücken. Sie
meint, generell sei bisher die Beziehung zwischen dem Gefühlsleben und

AIDS zuwenig beachtet worden. Aber Lydia Temoshok warnt: «Bei jedem Menschen wird die Beziehung anders sein. Man muß Studien mit sehr kleinen Gruppen beginnen, um überhaupt aussagekräftige Ergebnisse bekommen zu können.» George Solomon hat die Definition des Typ-C-Charakters mittlerweile erweitert. Er versteht darunter eine «immunsuppression prone personality», Menschen also, die besonders empfänglich für eine Immunschwäche sind. Das gilt für Krebs und Infektionskrankheiten. Er hält Marcia Angell, die 1985 in ihrem umstrittenen Editorial die Gefahr beklagte, die von solchen «Erkenntnissen» ausgehe, entgegen: «Unsere Patienten fühlen sich dadurch nicht schuldig. Im Gegenteil. Sie begreifen, daß sie ihre Krankheit in gewissem Rahmen selbst beeinflussen können.» Gern beschreibt George Solomon folgenden Fall: «Ich kenne seit 1983 einen Patienten mit AIDS. Er litt unter vielen gefährlichen opportunistischen Infektionen, und kein Arzt glaubte, daß er noch lange überleben würde. Heute arbeitet er wieder als College-Professor und spricht gut auf die Behandlung mit AZT (Azidothymidin) an. Er ist zäh und sucht ständig nach neuen Therapiemöglichkeiten. Er lebt sehr gesundheitsbewußt und gibt niemals auf. Er hat den stärksten Lebenswillen, den ich je bei einem Menschen erlebt habe. Außerdem wird er enorm durch Freunde unterstützt. Seine T-Helfer-Zellrate liegt bei 28, und normal wäre eine Rate zwischen 500 und 1000. Er lebt trotzdem.» Weltweit wird zur Zeit geprüft, ob psychosoziale Therapiemethoden den Krankheitsverlauf bei AIDS positiv beeinflussen können (siehe Seite 173).

Lydia Temoshok führt ihre Arbeit jetzt als wissenschaftlicher Direktor des Verhaltens-Präventions-Programms an der Henry M. Jackson Foundation for the Advancement of Military Medicine in Rockville/USA weiter.

Erhält eine glückliche Ehe gesund?

Eine depressive Verstimmung kann nicht nur nach einem so belastenden Erlebnis wie dem Tod eines Ehepartners oder Freundes, sondern auch bei einer Trennung oder Scheidung erfolgen. Wieder einmal hat das Ehepaar Glaser eine vielzitierte Untersuchung konzipiert. Es war schon länger bekannt, daß getrennt lebende Frauen 30 Prozent häufiger wegen akuter Krankheiten zum Arzt gehen als verheiratete Frauen.

Dieses Resultat wurde 1979 immerhin im renommierten *Journal of the American Medical Association* veröffentlicht. Aber nicht nur getrennt lebende, auch unglücklich verheiratete Frauen beschrieben sich als gestreßt und ihren Gesundheitszustand als schlecht. Ronald Glaser und Janice Kiecolt-Glaser untersuchten Blutproben von 38 getrennt lebenden oder geschiedenen Frauen und 38 soziodemographisch gleichen – nach eigener Aussage glücklich – verheirateten Frauen. Je schlechter die Ehe nach der Selbsteinschätzung der Versuchspersonen war, desto schlechter waren ihre Immunfunktionen. Und es ergab sich noch eine Korrelation: Je enger der Kontakt zum Noch-Ehemann oder Ex-Ehemann und je kürzer die Trennungsdauer war, desto geringer die Immunfunktionen. Der Prozentsatz der natürlichen Killerzellen lag bei den unglücklichen Frauen bei 7,5. Die «Glücklichen» kamen auf den Wert 12,5. Der Antikörperspiegel gegen das Epstein-Barr-Virus lag bei «Unglücklichen» bei rund 520; bei den «Glücklichen» war der Mittelwert 147. Kein Wunder, wenn man dann häufiger zum Arzt gehen muß! Ein deprimiertes Immunsystem dürfte auf Mikroorganismen wirken wie ein Marmeladenglas auf Bienen. Bei Männern in entsprechenden Eheverhältnissen ergaben sich übrigens ähnliche Werte.

Mitunter sitzt die ganze Seele
in eines Zahnes dunkler Höhle.

Wilhelm Busch

Systeme: Vom Geist zum Molekül

Wie bemerkt eine T-Zelle, ob der Mensch, in dessen Körper sie lebt,
gestreßt oder traurig ist? Wie erkennt die natürliche Killerzelle eine
unglückliche Ehe? Wie soll eine introvertierte Persönlichkeit, die ihre
Gefühle nicht ausdrücken kann, die cytotoxischen T-Lymphocyten
animieren, sich gegen körpereigene Gewebe zu richten? Was sagt der
Nervenzelle, wie heftig gerade Bakterien den Darm traktieren?

In den Streß- und Trauer-Studien wurde jeweils nur ein Phänomen
erfaßt. Hier die Psyche und dort Veränderungen des Immunsystems
oder Krankheiten. Aber eine Korrelation, ein gleichzeitiges Auftreten
zweier Effekte, bedeutet nicht zwangsläufig, daß eine ursächliche Beziehung besteht. Erst die moderne Molekularbiologie, Immunologie
und die Neurowissenschaften konnten die Kluft zwischen Gefühlen
und mentalen Prozessen auf der einen Seite und biochemischen Veränderungen in Zellen auf der anderen Seite überbrücken. Die vielen offenen Fragen lassen sich erst beantworten, wenn man die zugrundelie-
genden biologischen Mechanismen entschlüsselt. Auf welche Weise
kommunizieren Nervensystem, Hormonsystem und Immunsystem
miteinander? Wie senden und empfangen sie gegenseitig Informationen?

Signale vom Nervensystem an das Immunsystem

Der Neuroanatom David Felten legt die Beine auf seinen Schreibtisch
neben den Computer. In seinem grobgestrickten grauen Pullover ähnelt er eher einem Farmer als einem hochkarätigen Wissenschaftler.
Und genauso leger geht es auch in den Labors der Abteilung für Neuro-
anatomie des Strong Memorial Hospital in Rochester zu. Wenn sich

David Felten zusammen mit seiner Frau Suzanne zufrieden die neuesten Fotos mit einem Gewirr grell bunt gefärbter Fäden und einiger rundlicher Gebilde anschaut, dann wird jedem Besucher deutlich, daß hier irgend etwas Aufregendes erforscht wird. Einem Laien allerdings sagen die fast künstlerischen Bilder nichts. Und doch beweisen sie die anatomische Verbindung zwischen dem Nerven- und dem Immunsystem. Sie sind eines der wichtigen Puzzlestücke bei der Aufklärung des physikalisch-biochemischen Netzwerks in unserem Körper. Die Feltens haben sich schon seit vielen Jahren auf die Nervenfasern des vegetativen Nervensystems spezialisiert, die vom Rückenmark ausgehend alle inneren Organe mit Informationen versorgen. Seit Ende der siebziger Jahre ist klar, daß auch die Gewebe des Immunsystems auf diese Weise mit dem Gehirn verbunden sind. Die Nervenfasern innervieren den Thymus, Milz, Lymphknoten, das Knochenmark und das lymphatische Gewebe des Darms. Die vielen und weitverzweigten Enden dieser Nervenfasern liegen direkt neben Immunzellen, die sich in diesen Geweben aufhalten. Während klassische Synapsen im zentralen Nervensystem sogar 20 Millionstel Millimeter von der nächsten Nervenzelle entfernt sind, beträgt der Abstand zwischen der Synpase einer vegetativen Nervenfaser und einem Lymphocyt oder einer Freßzelle nur 6 Millionstel Millimeter. Bei entsprechender Aktivierung werden Neurotransmitter als Überträgerstoffe ausgeschüttet, meist Adrenalin, Noradrenalin und Acetylcholin – also genau die Botenstoffe, die auch der Kommunikation zwischen Nervenzellen im Gehirn dienen.

David Felten erntete, als er die erste Studie zur Veröffentlichung einreichen wollte, zunächst nur höhnisches Gelächter. Immunfunktionen, so hieß es, würden im Reagenzglas getestet. Man könne sich aber nicht entsinnen, daß durch die Glasröhrchen Nervenfasern wüchsen. «Jetzt lachen die Kollegen nicht mehr ganz so laut», stellt Felten mit Genugtuung fest. Er bekam 1988 sogar den angesehenen Preis der McArthur Foundation für seine wichtige und unorthodoxe Forschungsarbeit. Mit Hilfe ausgeklügelter Methoden und einer sehr klaren Beweisführung gelang es, die Fachwelt zu überzeugen. Großen Anteil an diesen neuroanatomischen Arbeiten hat auch Karen Bulloch, die 1979 an der Stony Brook University in New York zeigte, daß solche vegetativen Nervenfasern die Thymusdrüse von Reptilien, Vögeln und Säugetieren, einschließlich des Menschen, innervieren. Die Fasern folgen den Blutgefäßen und gelangen so über viele Verzweigungen in das Innere des Gewebes. Daß sie aktiv sind und tatsächlich Neurotransmitter ausschütten, läßt sich beweisen, indem man die vom Rückenmark kommende Hauptnervenfaser durchtrennt. In der Milz wird dann zum Beispiel 95 Prozent weniger Noradrenalin hergestellt. Es bleibt allerdings die Frage: Was fangen die Immunzellen mit den Neurotransmittern an? Es dauerte nicht lange, ehe mehrere Forscher gleichzeitig die Antwort fanden. Auf Makrophagen und Lymphocyten sitzen Rezeptoren für genau diese Signalmoleküle. Adrenalin und Noradrenalin binden sich an den Adrenorezeptor auf aktivierten B-Zellen, Makrophagen und T-Suppressor-Zellen. Der Acetylcholin-Rezeptor sitzt auf Thymus- und Knochenmarkszellen. Das heißt: Immunzellen können die Nachrichten aus dem Nervensystem empfangen und verstehen. «Als wir das entdeckten, hat es uns fast umgehauen», gesteht David Felten. Und damit war auch klar, daß diese nachgewiesene anatomische Verbindung eine Funktion haben muß. Denn wozu hätte sich im Laufe der Evolution das komplette System entwickelt, wenn es nicht irgendeinen Sinn machen würde? Und welchen? Für Nichtwissenschaftler hält der redegewandte Neuroanatom bei dieser Frage sein Insider-Wortspiel parat:

We now have a clear-cut impression
that bereavement or even depression
can leave our secretions
with serious depletions
resulting in immune suppression

Die vegetativen Nervenfasern sind allerdings nur *ein* Kommunikationsweg zwischen Gehirn und Immunsystem. Den zweiten bilden die Neuropeptide und Hormone, die über die Hypophyse in den Blutkreislauf gelangen und somit direkt mit Immunzellen in Kontakt kommen. Für nahezu alle bekannten Hypophysenhormone aus dem Gehirn wurden Bindungsstellen auf Immunzellen entdeckt. Ein besonders wichtiges Hormonsystem, das vor allem bei Streß und Depressionen aktiviert wird, macht hierbei einen Umweg: Das Hypophysenhormon ACTH stimuliert an der Nebennierenrinde Cortisol, das die Membran der Immunzellen leicht durchdringen kann und im Zellinneren spezifische Bindungsstellen vorfindet. Cortisol hemmt dann zum Beispiel die Differenzierung der Monocyten zu Makrophagen, wahrscheinlich über eine Hemmung der Interleukin-1-Synthese. Herbert Baybutt und Florian Holsboer haben diesen Zusammenhang zum erstenmal 1989, damals an der Universität Freiburg, beobachtet. Man nimmt an, daß sich Cortisol – ein Glucocorticoid – an seinen Rezeptor im Zellplasma der Immunzelle bindet und dann als Komplex in den Zellkern wandert. Dort heftet sich der Komplex aus Hormon und Rezeptor an die DNA und benutzt als Landeplatz ein sogenanntes Glucocorticoid-Response-Element. Dadurch werden im Zellkern Prozesse in Gang gesetzt, die den Immunzellen nützen, ihnen aber auch schaden und im Extremfall zu deren Tod führen können. Dies wäre eine Erklärung, wie chronischer Streß das Immunsystem schwächen kann. Glucocorticoide wie Cortisol fördern oder hemmen auch die Aggressivität der natürlichen Killerzellen und die Antikörperproduktion – je nach Dosis. Cortisol und das weibliche Sexualhormon Östrogen vernichten Thymuszellen, so daß sich bei langandauerndem Streß und Krankheiten des Hormonsystems der Thymus zurückbildet. Schon Hans Selye, der Begründer der Streßforschung, hat diesen Zusammenhang vor vielen Jahrzehnten entdeckt. Diese Thymusrückbildung wirkt sich ebenfalls negativ auf die Reifung der für die Abwehr von Bakterien so wichtigen T-Zellen aus. Auch das Adrenocorticotrope Hormon ACTH hat einen Effekt auf das Immunsystem. Es senkt die Bildungsrate von Antikörpern und stimuliert gleichzeitig die Teilung von B-Zellen. Wachstumshormon und Insulin haben dagegen einen stärkenden Effekt auf verschiedene Immunfunktionen.

Nun zu den Neuropeptiden: Immunzellen haben Rezeptoren für Endorphine, Enkephaline – beide sind für Gefühle und die Schmerzkontrolle zuständig –, den Nervenwachstumsfaktor, das das Eßverhalten steuernde Cholecystokinin, die schmerzvermittelnde Substanz P und den Botenstoff Serotonin. Das sind nur einige Beispiele. Die Substanz P, die bei schmerzhaften Verletzungen in hoher Konzentration von Nervenzellen produziert wird, stimuliert Makrophagen und T-Zellen. Die Immunzellen schütten dann ihrerseits vermehrt immunstärkende Botenstoffe aus. Außerdem wird die Antikörperproduktion gesteigert. Dieser aktivierende Effekt von Substanz P ist – evolutionsgeschichtlich betrachtet – eine sinnvolle Erfindung. So ist das Immunsystem gerüstet, falls durch die Verletzung vermehrt Mikroorganismen in den Körper eindringen sollten, oder um verletzte Zellen abzuräumen und die Heilung voranzutreiben. Serotonin in hoher Dosis verlängert die Produktionszeit für Antikörper und hat daher einen dämpfenden Effekt, genau wie die Droge LSD. Jeder Makrophage hat außerdem 150 000 Bindungsstellen für Benzodiazepine, wie zum Beispiel Valium. Bei dem Kontakt zwischen Benzodiazepin und Rezeptor wird die Herstellung von Interleukin 1 und dem Tumor-Faktor behindert. Beides sind wichtige Substanzen für die Verständigung zwischen den Immunzellen. Man kann daher nicht ausschließen, daß Benzodiazepine auch die Abwehrkraft beeinflussen. Ebenso vermutet man dies auch bei Morphium, Heroin und Opium. Alle Substanzen binden ja an die Opiatrezeptoren, die auch auf T-Lymphocyten vorhanden sind. Es gibt erste Anhaltspunkte, daß Patienten, die wegen ihrer starken Schmerzen mit Morphium behandelt werden müssen, häufiger unter Infektionskrankheiten leiden. Zumindest weiß man, daß die endogenen Opiate wie die Endorphine und Enkephaline in niedriger Konzentration aktivierend wirken und in hoher Dosis hemmend. Wie potent diese Moleküle sind, zeigt ein Versuch von Joseph Wybran von der Universität Brüssel mit HIV-positiven Patienten. Da es im Prinzip nicht schädlich ist, bekamen fünfzehn Patienten über mehrere Monate eine niedrige Dosis Methionin-Enkephalin. Die Aktivität der natürlichen Killerzellen verbesserte sich, und die Zahl der T-Helfer-Zellen stieg an. Ob das einen therapeutischen Effekt hat, ist noch unklar.

An einer neuen AIDS-Therapie arbeitet derzeit auch Candace Pert, bis vor kurzem Leiterin der Abteilung «Gehirnbiochemie» des National Institute of Mental Health. Die amerikanische Psychopharmakologin aus Bethesda geht davon aus, daß AIDS eine Erkrankung des Neuropeptid-Kommunikationssystems im Körper ist. Diese Störungen werden durch das HIV-Virus hervorgerufen. Das nur 100 Millionstel Millimeter große runde Virus hat außen auf der Hülle Zucker-Eiweiß-Moleküle, die für den Eintritt in Körperzellen entscheidend sind. Das wichtigste ist das gp 120, wobei 120 das Molekulargewicht des Glycoproteins beschreibt. Mit den vielen noppenartigen gp-120-Strukturen dockt das Virus an einen bestimmten Rezeptor auf T-Helfer-Zellen an, dem CD-4-Rezeptor, der charakteristisch für diese Immunzellen ist. So gelangt die Erbinformation des Virus ins Innere und beginnt mit dem zerstörerischen Werk. Außerdem werden auch durch freie gp 120 viele Rezeptoren geblockt und verlieren ihre biologische Funktion. Genau das verursacht einige der Krankheitssymptome. Candace Pert hat nun einen Rezeptor auf Gehirn-, Darm- und Immunzellen gefunden, der dem CD 4 gleicht. Das ist der VIP-Rezeptor. Das Vasointestinale Peptid VIP ist ein Neuropeptid, das im Gehirn etwas mit dem

Wachstum von Nervenzellen und den Träumen zu tun hat. Es reguliert im Darm Verdauungsvorgänge und im Immunsystem die Aktionen von T-Zellen. «Es gibt keinen Unterschied zwischen dem VIP- und CD-4-Rezeptor. Die Unterscheidung hat nur historische Gründe. Immunologen haben ihn zuerst auf Immunzellen entdeckt, und deshalb hat er den Namen CD 4. Erst später wurde VIP entdeckt», so Candace Pert.

Wie kann man das Virus hindern, sich in den Zellen einzunisten? Das war in den vergangenen Jahren die wichtigste Forschungsfrage für sie und Michael Ruff. Per Computeranalysen haben sie ein Gegen-Peptid entwickelt, das sie Peptid T nannten. Es ist dem eigentlichen VIP sehr ähnlich, und das AIDS-Virus muß nun mit dem Peptid T um die Bindung an dem VIP-Rezeptor konkurrieren. So lassen sich zumindest theoretisch die AIDS-Viren am Eintritt in ihre Zielzellen behindern. Peptid T hat den Vorteil, daß es den Rezeptor nicht blockiert, sondern dieselbe Funktion erfüllt wie das natürliche VIP. Derzeit werden Studien durchgeführt, die überprüfen sollen, ob sich aus diesem theoretischen Modell Therapiestrategien für die Behandlung Immunschwäche-Infizierter ergeben.

Pert ist überzeugt, daß die meisten AIDS-Forscher die Krankheit bislang zu einseitig untersuchen. Das Immunsystem stand im Vordergrund, und zu wenige haben sich um die Auswirkungen auf das Gehirn gekümmert. Sie hofft, daß dieser neue Forschungsansatz die AIDS-Forschung weiterbringen wird. Vorsorglich hat sie zusammen mit ihrem Ehemann Michael Ruff eine eigene Firma namens «Peptide Design» gegründet – für den Fall, daß Peptid T als Therapie bei HIV-Infektion anerkannt werden sollte...

Viele Wissenschaftler stehen diesen Annahmen sehr skeptisch gegenüber, aber Candace Pert ist eine angesehene, erfolgreiche Rezeptor-Spezialistin. Sie hat den Mut, auch neue Ideen zu verfolgen, und 1973 hat sie zusammen mit Solomon Snyder die Neurowissenschaften einen entscheidenden Schritt weitergebracht. Mitte der sechziger Jahre ging sie an die Johns Hopkins School of Medicine und untersuchte die Effekte von Drogen auf Gehirn und Verhalten. Wieso haben Opiate, wie Morphium, Heroin und Opium, schmerzstillende und stimmungsverändernde Wirkungen? Gemeinsam fanden Pert und Snyder den Opiatrezeptor auf Nervenzellen, an dem diese Drogen ansetzen. Aber natürlich war klar, daß «der liebe Gott uns nicht einen Opiatrezeptor gegeben hat, damit Schmerzmittel wirken können». Weltweit begann ab

1973 die Suche nach körpereigenen Opiaten. Und schon zwei Jahre später stand fest, Nervenzellen produzieren selber diese opiatähnlichen Substanzen, mit vergleichbaren Wirkungen. Damals begann man langsam umzudenken und sich für diese Botenstoffe zu interessieren. Bald war klar, daß in jedem von uns eine gigantische pharmazeutische Fabrik arbeitet. Und 1976 fand Nicholas Plotnikoff von der University of Illinois in Chicago den Opiatrezeptor auch auf Immunzellen.

Es fügte sich ein Puzzlesteinchen ans andere. Die Rezeptoren wurden zu einem der interessantesten Forschungsgebiete. Candace Pert fand viele dieser Bindungsstellen auch in einzelligen Lebewesen und Würmern, und sie vermutet, daß man hier einem universellen Lebensprinzip auf der Spur ist.

Am National Institute of Mental Health, aber auch von Albert Herz am Max-Planck-Institut für Psychiatrie in München, von Larry Swanson am Salk Institute in San Diego und Kjell Fuxe am Karolinska-Institut in Stockholm wurden im Laufe der Jahre viele Neuropeptide und ihre Rezeptoren entschlüsselt und kartiert. Kennt man nämlich die genaue Verteilung der einzelnen Rezeptoren, dann läßt sich eine Art «Gefühlslandkarte» erstellen. Dazu müssen die Substanzen radioaktiv markiert und Versuchstieren gespritzt werden. Fertigt man dann sehr dünne Scheiben zum Beispiel des Rattengehirns an, dann werden die Regionen mit der gebundenen markierten Substanz sichtbar. Im Riechzentrum, der Amygdala, im Hypothalamus und im Hirnstamm finden sich zum Beispiel vierzigmal mehr Opiatrezeptoren für Endorphine als in anderen Gebieten. Man weiß, daß in genau diesen Regionen die Geruchswahrnehmung, die Erinnerung und das Sexualverhalten gesteuert werden. Die «hot spots», also die Regionen hoher Rezeptorkonzentrationen, für Insulin, Cholecystokinin und die Substanz P liegen im limbischen System. Das ist ein Konglomerat von Nervenzellen, das vor allem für unser Gefühlsleben verantwortlich ist.

All diese Hormone und Neuropeptide unterliegen der Kontrolle des Gehirns. So verändern Streßfaktoren die Produktion der Botenmoleküle oder die Anzahl der Rezeptoren, mit denen sie interagieren. Unter Streß, auch unter körperlichen Belastungen wie Sport, steigt der Spiegel an Wachstumshormon. Außerdem kommt es zu Schlafrhythmusveränderungen. Das Brustdrüsen-Hormon Prolaktin wird ebenfalls unter Streß vermehrt gebildet, und vor allem unterliegt die Streßhormonachse CRH-ACTH-Cortisol (siehe Seite 68) der Kontrolle durch äußere Faktoren. Alles, was wir als neu erleben, führt zu einer Anpassung dieser Hormone. Gleichzeitig ändert sich parallel dazu die Endorphin-produktion, da die Information für ACTH und ein bestimmtes Endor-phin zusammen auf einem Gen liegen, also gemeinsam abgelesen und in Eiweiße übersetzt werden.

Insgesamt, so Candace Pert, scheint der durch äußere Faktoren ge-steuerte Signal-Cocktail unser emotionales Leben zu bestimmen. Sie und Michael Ruff glauben, das diffizile Rezeptormuster in den die Emotionen steuernden Hirngebieten zeigte, daß nur die Neuropeptide die biochemische Manifestation der Gefühle sein können. Jedes Neuro-peptid könnte einen unterschiedlichen emotionalen Status hervor-rufen. Und diese Emotionen fühlen wir nicht nur im Gehirn, sondern im ganzen Körper, da offensichtlich eben nicht nur Nervenzellen diese Botschaft verstehen. Viele Neuropeptide werden aber nicht nur von Nervenzellen hergestellt, sondern auch von Zellen des Magen-Darm-Traktes. Für Candace Pert ist es deshalb nicht verwunderlich, daß Menschen von «Gefühlen im Bauch» reden. Die Neuropeptide, die im Gehirn unsere Empfindungen steuern, werden auch im Darm herge-stellt und haben dort gleichfalls Wirkungen.

Daß es zwischen den Systemen trotzdem Schranken geben muß, da-von ist Karen Bulloch, mittlerweile Leiterin des Neuroimmun-Physio-logie-Programms an der University of California in der Nähe von San Diego, überzeugt: «Es existiert eine starke Barriere zwischen kogniti-ven Prozessen und dem Immunsystem, sonst könnten wir uns ständig zu Tode denken und fühlen!»

Das Immunsystem als sechster Sinn des Gehirns

Als der Mikrobiologe Eric Smith und der Immunologe Edwin Blalock 1981, damals an der Medizinischen Hochschule in Galveston/Texas, zu ihrer größten Überraschung feststellten, daß auch Immunzellen Neuropeptide und Hormone herstellen können, von denen man glaubte, nur Nervenzellen und vielleicht noch Darmzellen könnten das, war die Verwirrung zunächst perfekt. In einem Reagenzglas mit wei-ßen Blutkörperchen tauchte plötzlich das Hormon ACTH auf. Bis zu diesem Zeitpunkt waren sich die Wissenschaftler einig, daß nur Hypo-physenzellen diese Substanz bilden können. So hatte auch Ed Blalock

Schwierigkeiten, seine Forschungsergebnisse zu publizieren. Die meisten Gutachter vermuteten, daß da ein Fehler vorliegen müsse, um nicht zu sagen, im Labor in Texas wurde geschlampt. In einem angesehenen britischen Wissenschaftsmagazin wurde er als «radikaler Psychoneuroimmunologe» beschimpft. Es dauerte vier Jahre, bis die Ergebnisse von anderen Wissenschaftlern bestätigt wurden. Ed Blalock leitet heute eine fünfundzwanzigköpfige Psychoneuroimmunologie-Abteilung an der University of Alabama in Birmingham.

Immunzellen produzieren aber nur unter bestimmten Bedingungen Hypophysenhormone. Sie müssen vorher mit einem Virus infiziert werden. Das stimuliert sie. Wahrscheinlich werden die weißen Blutkörperchen über das Virus veranlaßt, Interleukin 2 als Wachstumsstoff für andere Immunzellen zu produzieren. Interleukin 2 aktiviert aber auch das POMC-Gen in der Hypophyse (siehe Seite 67), auf dem die Erbinformationen für ACTH, ein Endorphin und einige weitere Substanzen liegen. Es werden geringe Mengen der mRNS vom POMC-Gen hergestellt. Die Sequenz ist zwar nicht komplett, aber nachweisbar. 1983 zeigte Blalock, daß Immunzellen auch Endorphine synthetisieren können. Später kamen das Wachstumshormon hinzu, die Substanz P und VIP. Er ist sogar der Meinung, daß es kein Neuropeptid gibt, das Lymphocyten nicht auch bilden könnten. Aber warum macht eine Immunzelle Peptidhormone? Mittlerweile wurden zwei Reaktionswege entdeckt. Zunächst einmal dienen sie, genauso wie die Immunbotenstoffe, der Kommunikation im Immunsystem. Aber gleichzeitig haben sie natürlich auch eine Funktion im Gehirn selbst, denn logischerweise verstehen das Gehirn und das Hormonsystem ihre «eigene» Sprache. Die Regulationsmechanismen für die «Neuroimmunopeptide» sind in allen Systemen gleich oder doch sehr ähnlich. Allerdings braucht eine Hypophysenzelle nur Sekunden für die Herstellung, eine Immunzelle Minuten. Außerdem ist die Menge geringer, aber da es sehr viel mehr Immunzellen als Hypophysenzellen gibt, ist das Potential insgesamt gleich groß.

Diese Entdeckungen sind für die PNI-Forschung von großer Bedeutung: Immunzellen lassen sich leicht aus dem Blut eines Menschen gewinnen, während es aus ethischen Gründen nicht möglich ist, mit seinen Nervenzellen zu experimentieren und die Neuropeptide im lebenden Gehirn zu erforschen. Die Immunzellen sind, wie Blalock postuliert, «kleine bewegliche Hypophysen» oder unser «mobiles Ge-

hirn». Er ist sogar überzeugt, daß das Immunsystem wahrscheinlich
eine Art sechster Sinn des Nervensystems ist. Es registriert das, was wir
nicht fühlen, sehen, hören, riechen, schmecken und mit dem Gleichgewichtssinn erfassen können – nämlich Bakterien und Viren, Pilze, Wür-
mer und Krebszellen –, und reagiert darauf mit der Produktion von
Botenstoffen, die eben auch das Gehirn versteht. Und hier schließt sich
der Kreis. Nicht nur das Nervensystem sendet Signale an das Immunsystem, auch das Immunsystem sendet Signale an das Gehirn. Unser
Kommunikationsnetz ist keine Einbahnstraße.

«Diese Erkenntnisse werden eine drastische Wandlung bei der Diagnose und Behandlung von Krankheiten bringen», so der Immunologe
aus Birmingham. «Vielleicht stellen wir eines Tages fest, daß das Immunsystem und das Gehirn bei weitem nicht so unterschiedlich funktionieren, wie wir dachten, und wenn wir das Immunsystem verstehen
lernen, dann verstehen wir vielleicht auch das Gehirn.» Edwin Blalock
geht sogar noch einen Schritt weiter. Er prophezeit, daß innerhalb der
nächsten zwanzig Jahre eine Art Persönlichkeitsanalyse allein mit Hilfe
eines Bluttests möglich werden könnte. Wenn man davon ausgeht, daß
Emotionen, Einstellungen und Verhalten in Rezeptoren und Botenstoffen im Gehirn ihre Basis haben und wenn dann genau diese Strukturen
auch im Immunsystem auftauchen, dann sollte es möglich sein, mit
einer Testreihe an Immunzellen Rückschlüsse auf die Psyche zu erhalten. Vor allem Psychiater finden solche Zukunftsaussichten bestimmt
attraktiv, vermutet Edwin Blalock.

Vom Immunsystem zum Nervensystem

Zur gleichen Zeit als Robert Ader 1975 in Rochester seine Konditio-
nierungsexperimente begann, machten sich drei Wissenschaftler im
Höhenkur- und Nobelskiort Davos daran zu beweisen, daß das Im-
munsystem ständig eigene Signale an das Nervensystem sendet. Das
Hirn versteht die Sprache des Immunsystems – so die Hypothese.
Schon Robert Ader tat sich damals nicht leicht, seine Kollegen für die
Vorstellung zu begeistern, daß Prozesse im Gehirn die Abwehrkraft
ändern, aber die Theorie von Alexander Sorkin, Hugo Besedovsky und
Adriana del Rey hielt man schlicht für unglaubwürdig. Der gebürtige
Argentinier Hugo Besedovsky und seine Mitarbeiter hatten allerdings

bald eindeutige Beweise. Sie spritzten Ratten Antigene in Form von roten Blutkörperchen von Schafen. Die Ratten erkrankten daran nicht, aber das Immunsystem produzierte gegen diese fremden Strukturen Antikörper. Gleichzeitig untersuchte die Arbeitsgruppe am Schweizerischen Forschungsinstitut die Veränderungen im Hormonsystem. Genau parallel zur Immunantwort stieg auch der Streßhormonspiegel bei den Ratten. Besedovsky studierte aber auch direkt die Aktivität von Nervenzellen. Am fünften Tag nach der Injektion mit Schafsblut begann eine starke Antikörperproduktion, und genau zu dem Zeitpunkt erhöhte sich auch die elektrische Aktivität bestimmter Nervenzellen im Hypothalamus um das Dreifache. Mit Hilfe von Elektroden lassen sich die Signale auffangen und aufzeichnen. Das war ein weiterer Beweis dafür, daß das Gehirn die Vorgänge im Immunsystem registriert. Im Labor in Davos soll es Freudentänze gegeben haben, als die Forscher zum erstenmal die knatternden Geräusche der Nervenzellen auf dem Tonband abhörten. Aber auch hier stellt sich die Frage: Wie kommt die Information ins Gehirn? Es muß eine lösliche Substanz geben, die über die Blut-Hirn-Schranke ins zentrale Nervensystem gelangt. Solch eine Substanz könnte GIF sein, der Glucocorticoid-Increasing-Factor. Hugo Besedovsky und seine Ehefrau Adriana aktivierten dazu im Reagenzglas weiße Blutkörperchen. Diese vermehrten sich daraufhin, wie sie es auch beim Kontakt mit einem Bakterium tun würden. Dann allerdings wurden die Immunzellen herausgefiltert und nur der weißliche Überstand einigen Ratten gespritzt. Tatsächlich stieg bei diesen Ratten sofort der Streßhormonspiegel wie bei einer echten Infektion. In dem weißlichen Überstand war GIF, der später als ein Immunbotenstoff identifiziert wurde. Mittlerweile ist bekannt, daß die Nervenzellen, aber auch die Gliazellen im Gehirn, Bindungsstellen für Immunbotenstoffe besitzen. Einer der bestuntersuchten Botenstoffe ist das vor allem von Freßzellen produzierte Interleukin 1 (siehe Seite 95). Es kurbelt im Hypothalamus die Herstellung des Corticotropin-Releasing-Hormons (CRH) an, das dann über das ACTH die Nebennierenrinde veranlaßt, Cortisol zu bilden. Cortisol – das wurde schon mehrfach erwähnt – bremst im Gegenzug die Aktivität von Immunzellen. Dieser Regulationsmechanismus sorgt offensichtlich dafür, daß die Immunreaktionen nicht überschießen. Cortisol behindert konkret die Produktion von Interleukin 1 (IL 1) in Immunzellen, indem das Gen für diesen Immunbotenstoff blockiert wird.

Interleukin 2, Interleukin 6 und Gamma-Interferon haben einen ähnlichen Effekt wie IL 1. Injiziert man einem Menschen ein bis zwei Milligramm IL 2, steigen nach zwei bis sechs Stunden die ACTH- und Cortisol-Spiegel. Manche vermuten, daß IL 2 der von Besedovsky entdeckte GIF ist.

Im Prinzip wird bei einer Infektion die Streßhormonachse aktiviert, genauso wie bei psychischem Streß. Nur ist die Aktivierung der Streßachse in diesem Fall dann gar nicht sinnvoll, weil überhaupt keine Immunreaktion gebremst werden muß, da ja kein Krankheitserreger das System zuvor aktiviert hat. So wird durch Streßfaktoren ein auf einem normalen Level arbeitendes Immunsystem gedämpft, und das ist mit Sicherheit kein günstiger Effekt.

Wenn es nach Hugo Besedovsky ginge, der heute am Institut für Normale und Pathologische Physiologie der Universität Marburg tätig ist, müßten alle diese Signalmoleküle umbenannt werden. Der Name Interleukin besagt ja, daß der Stoff für die Verständigung zwischen Leukocyten, eben weißen Blutkörperchen, zuständig ist. Aber genau das ist nur eine Aufgabe unter vielen. Interleukine beeinflussen alle Körpersysteme. IL 1 läßt zum Beispiel den Insulinspiegel steigen und senkt so den Blutzuckergehalt. Das bedeutet: IL 1 sorgt dafür, daß in den Zellen vermehrt energiereicher Traubenzucker freigesetzt wird – auch eine wichtige Anpassung des Organismus bei einer Infektion.

Genauso wird das Fieber, das nahezu jede Infektion mit Krankheitserregern begleitet, von Immunbotenstoffen verursacht: IL 1, 2, 6, der Tumornekrosefaktor und alpha-Interferon aktivieren das Temperaturzentrum im Gehirn. Viele von ihnen verändern auch unser Schlafverhalten. Sie bewirken, daß wir tiefer schlafen, und verursachen die Müdigkeit, die ebenfalls charakteristisch für Erkrankungen ist.

Während einer Grippe sind wir zum Beispiel müde und schlafen mehr. In der Tat stieg bei Tests der Tiefschlafanteil bei Versuchspersonen. Immunzellen produzieren, angeregt durch die Krankheitserreger, Botenstoffe wie Interleukin 1. Diese Stoffe regulieren aber auch das Schlafverhalten. Selbst ohne Infektion führt Interleukin 1 im Schlaf zu maximaler Entspannung und damit zu einer effektiveren Immunabwehr. Bei streßbedingten Schlafstörungen fällt dieser positive Effekt weg.

Alexandra Montkowski vom Max-Planck-Institut für Psychiatrie hat Ratten Interleukin 1 verabreicht, das bei Verletzungen und Infektionen die Abwehrkraft steigert. Sie konnte jetzt erstmals nachweisen, daß die Tiere angstfreier und damit – wie im Schlaf – entspannter wurden.

Überhaupt dürften diese Stoffe viel tiefgreifender unsere Stimmungen und unser Verhalten beeinflussen, als man sich das bislang vorstellen kann. So zeigen Untersuchungen von Patienten, die mit solchen Immunbotenstoffen behandelt werden, daß häufig Nebenwirkungen auftreten. Konzentrationsmangel, Müdigkeit, Fieber, Angst und Depressionen können die Folge sein. Interleukine und verschiedene Interferone werden bei der Behandlung von Krebs, Virusinfektionen und Autoimmunkrankheiten eingesetzt.

Die Gemeinsamkeiten zwischen Immunsystem und Nervensystem gehen sogar noch weiter. Hypophysenzellen produzieren Botenstoffe des Immunsystems – und die Immunzellen stellen Peptidhormone her, die als Botenstoffe im Gehirn wirksam werden können. Spätestens hier wird deutlich, daß die gesamte Nomenklatur der Botenstoffe revisionsbedürftig ist. Offensichtlich nutzen alle Systeme einen gemeinsamen Pool von Signalmolekülen. Michael Ruff geht zusammen mit vielen Psychoneuroimmunologen sogar noch einen Schritt weiter. Für ihn sind die Gliazellen im Gehirn makrophagenähnliche Zellen. Sie vernichten ebenfalls Abfallprodukte, wie die Freßzellen als «Mülleimer» des Immunsystems. Spezielle Gliazellen, die Astrocyten, können auch Antigene präsentieren, genauso wie Freßzellen zu antigenpräsentierenden Zellen werden (siehe Seite 87 ff). Das heißt: Vielleicht gibt es noch nicht einmal einen großen Unterschied zwischen bestimmten Zellen im Gehirn und Zellen des Immunsystems.

Zum Umdenken fordert auch Hartmut Wekerle vom Max-Planck-Institut für Psychiatrie in Martinsried bei München auf. Er hat sich auf die Erforschung der Multiplen Sklerose spezialisiert, bei der autoaggressive Immunzellen Nervengewebe zerstören. Bis vor kurzem galt das zentrale Nervensystem als «immunologisches Niemandsland». Aber das Gehirn ist nach neuesten Erkenntnissen nicht «wehrlos». In ihm laufen normale und auch krankhafte Immunreaktionen ab. Allerdings haben nur aktivierte Lymphocyten Zugang zum Gehirn. Erst nach einer «Feindberührung» mit einem Bakterium oder einem Virus sind sie fähig, die Blut-Hirn-Schranke zu überwinden. Diese Selektion ist äußerst sinnvoll, da normalerweise kein Erreger vom Immunsystem unerkannt ins ZNS gelangt. Außerdem ist das Nervengewebe äußerst empfindlich, und allzu viele unnütze Immunreaktionen würden es nur schädigen. Die autoaggressiven T-Zellen, die bei der Multiplen Sklerose die Schranke passieren, schütten im Gehirn Signalstoffe aus, die dann die Astrocyten veranlassen, ihrerseits Interleukine freizusetzen. Genau diese Astrocyten präsentieren den T-Zellen aber auch ihr Antigen, auf das sie reagieren. Im Fall der Multiplen Sklerose ist das Antigen das Erkennungsmolekül der schützenden Myelinscheiden der Nervenfasern. T-Zellen zerstören daraufhin diese Myelinscheiden und verursachen so die typischen Krankheitssymptome. Bemerkenswert ist noch, daß diese Astrocyten nach den Nervenzellen die häufigsten Zellen im Gehirn sind. Die klare und eindeutige Trennung zwischen Nervensystem und Immunsystem ist demnach eine künstliche Hilfskonstruktion.

Solche Erkenntnisse ermutigen zu neuen Denkrichtungen und neuen Vorstellungen über die Zusammenhänge in unserem Körper.

Aber es wird noch komplizierter: Der Informationstransport ist sogar zwischen zwei Individuen möglich. Das Immunsystem des einen Menschen kann auch die Gefühle und die Hormonproduktion eines anderen beeinflussen. Diese Schlußfolgerung zieht Roman Ferstl vom Psychologischen Institut der Universität Kiel. Er entdeckte die enge Kopplung zwischen dem Immunsystem und dem jedem Menschen eigenen Körpergeruch. Studien an Mäusen und Ratten lassen nämlich vermuten, daß der spezifische Körpergeruch von Molekülgruppen des Immunsystems bestimmt wird. Die Ausgangsthese ist dabei: Körpergeruch ist individuell. Mütter erriechen schon wenige Tage nach der Geburt zielsicher die getragenen Hemdchen ihrer Babys, und Collegestudenten erkennen unfehlbar ihr eigenes T-Shirt aus zehn anderen heraus – trotz Parfüms, Deodorants und Seifengeruch.

Der Körpergeruch ist ein Geruchsgemisch. Die Ernährung spielt eine Rolle, der hormonelle Zyklus, die körperliche Tätigkeit und natürlich die hygienischen Gewohnheiten. Aber jeder ißt mal einige Knoblauchzehen, schwitzt beim Joggen oder duscht einmal nicht. Das kann nicht den für jeden Menschen spezifischen Duft ausmachen. Außerdem gibt es viele Anzeichen, daß die ureigensten Düfte vor allem das Sexualverhalten mit bestimmen. «Ich kann dich nicht mehr riechen!», solche Aussagen verraten einiges.

Roman Ferstl ist dem Phänomen auf den Grund gegangen, zunächst in Tierexperimenten. Die Überlegung war dabei: Wenn der Körpergeruch individuell ist, muß er genetisch festgelegt sein. Der beste Kandidat ist das MHC-Gen. In diesem *major histocompatibility complex* – beim Menschen auf Chromosom 6 genetisch verankert – liegt die Information für das molekulare «Selbst». Mit Hilfe der MHC-Molekülstruktur unterscheidet das Immunsystem, was zum Körper gehört und was fremd ist (siehe Seite 87 ff). Alle Körperzellen mit Zellkern besitzen solche kennzeichnenden Strukturen auf der Oberfläche. Sie werden aber offensichtlich auch durch Stoffwechselprozesse abgebaut und gelangen über Körperflüssigkeiten, wie Schweiß und Urin, nach außen und werden in der Luft riechbar – so die Theorie von Roman Ferstl. Die Duftmoleküle gelangen in der Nasenschleimhaut an Riechrezeptoren, und die Information wird dann in das Gehirn weitergeleitet und kann zum Beispiel Sympathie und Antipathie auslösen und in das gesamte Hormonsystem eingreifen.

Zunächst wurden in Kiel Mäuse auf den unterschiedlichen Uringeruch zweier anderer Mäusestämme (A und B) dressiert. Dabei unterschieden sich die Mäusestämme jeweils nur bezüglich des MHC-Moleküls. Dann erfolgte eine Knochenmarkstransplantation von Stamm A auf B. Mit der Übertragung des Knochenmarks, also des blutbildenden Systems und somit auch des Immunsystems, wurde der individualspezifische Geruch des Spenders auf den Empfänger übertragen. Der B-Mäusestamm roch also jetzt wie der Stamm A. Und genau dieses Resultat brachte auch ein Test mit den zuvor auf den Urinduft dressierten Mäusen.

Anläßlich einer Diskussion dieser Forschungsarbeiten in einem Psychologieseminar an der Universität Kiel erzählte eine Studentin, daß sie bei sich während der Schwangerschaft über mehrere Monate eine veränderte Wahrnehmung von Körpergerüchen festgestellt hatte. Drei Männer, ihr nicht näher bekannte Studenten, seien ihr durch einen extrem unangenehmen Körpergeruch aufgefallen. Man bat die Studentin und die drei Kommilitonen zur Blutspende und bestimmte die MHC-Moleküle. Dabei ergab sich, daß immerhin zwei mit dem MHC-Muster der geruchsempfindlichen Studentin identisch waren. Die statistische Zufallswahrscheinlichkeit für gleiche MHC-Muster liegt bei 1 : 100 000. An einen Zufall wollte in Kiel aber niemand glauben, und man konzipierte deshalb eine größere Studie. Entscheidend ist dabei, daß Frauen eine niedrigere Geruchsschwelle haben, besser riechen können und empfindlicher reagieren. Unter vierhundert befragten Frauen fanden sich neunzehn, die solche Geruchserlebnisse wie die Studentin schon einmal erlebt hatten. Sie nannten insgesamt 51 Personen, deren Körpergeruch ihnen auffällig war. Allen wurde daraufhin für die MHC-Typisierung 20 Kubikzentimeter Blut abgenommen. Es stellte sich tatsächlich heraus, daß die riechenden Frauen, sobald ihr MHC-Typ dem einer gerochenen Versuchsperson glich, deren Duftnote als unangenehm empfanden. Es könnte sein, daß hier eine archaische Geruch-Inzest-Schranke vorliegt, denn die Chance, ein gleiches MHC zu haben, steigt mit dem Verwandtschaftsgrad. Noch bedarf es vieler weiterführender Studien, um die geruchliche Kommunikation zwischen Menschen und die Rolle des Immunsystems zu entschlüsseln, aber das Beispiel zeigt doch, welch ungeahnte Verbindungen zwischen den Körpersystemen bestehen.

Die Vernetzung und die Kommunikation der Systeme ist extrem komplex und noch lange nicht in Einzelheiten für uns verständlich. Aber alle einzelnen Forschungsergebnisse zeigen: Es gibt diese komplexen Verbindungen, und sie werden auch genutzt. Trotzdem reagiert jeder Mensch anders, leidet an anderen Krankheiten, obwohl er unter sehr ähnlichen Lebensumständen lebt und vielleicht gleiche Erlebnisse zu verarbeiten hat. Jeder reagiert auf Streß mit anderen körperlichen Veränderungen oder Beschwerden. Es muß also eine übergeordnete Abstimmung im Netzwerk geben, die zu einem ganz individuellen Reiz-Reaktions-Muster führt.

Man lebt nicht ungestraft wochenlang
in einem unaufhörlichen geistigen Exzeß.

Stefan Zweig

Gene: Regulation durch Umwelt

Frischgebackene Eltern staunen immer wieder darüber, wie aus der
Vereinigung von Ei- und Samenzelle ein kleiner Mensch entstehen
kann, mit funktionierenden Organen, allen Körperteilen an den richtigen Stellen und einem eigenen Willen. Aber das «Wunder der Natur»
geht noch weiter, wenn man plötzlich feststellt, daß die Gesichtszüge
des lieben Kleinen, die Verhaltensweisen, Vorlieben und Krankheiten
einem sonderbar bekannt vorkommen. Und dafür interessieren sich
nicht nur Eltern, sondern auch Biologen und Mediziner.

Welche Eigenschaften und Merkmale bestimmen unsere Erbanlagen
und welche nicht? Welchen Einfluß haben dann die vielfältigen Umweltbedingungen? – Der Streit um die Vormacht der einen oder anderen Seite ist so alt wie die Leib-Seele-Diskussion. Und auch hier zeichnet sich eine Wende ab. In unserem Körper findet tagtäglich ein Dialog
statt. Es ist eine Art Streitgespräch zwischen Erbgut und Umwelt. In
den 46 zur Hälfte von der Eizelle und zur Hälfte von der Samenzelle
stammenden Chromosomen bestimmen rund hunderttausend Gene
die menschliche Grundausstattung. Dadurch werden nicht nur das Geschlecht, die Haar- und Augenfarbe festgelegt, sondern auch die Veranlagungen für Erkrankungen und für die körperliche und psychische
Konstitution und die Persönlichkeit. Gene für Botenstoffe, Hormone,
Proteine, Antikörper und Rezeptoren auf Immun-, Nervenzellen und
allen anderen Körperzellen bilden dafür die Basis. Und all das hat
schon ein Neugeborenes. Wobei einige Gene unbeeinflußt wirken, zum
Beispiel bei den klassischen Erbkrankheiten wie der Bluterkrankheit,
der Rot-grün-Blindheit, der Phenylketonurie und der Huntington-
Chorea. Eines von zehntausend Babys hat den ererbten Enzymdefekt
der Phenylketonurie (Brenztraubensäureschwachsinn). Giftige Stoffwechselprodukte sammeln sich im Gehirn an und führen zu schweren

Störungen, die sich schon innerhalb des ersten Lebensjahres bemerkbar machen. Die Huntington-Chorea, 1872 zum erstenmal von George Huntington beschrieben, wirkt sich dagegen erst im vierten Lebensjahrzehnt aus. Die tückische Erbkrankheit zerstört Nervenzellen und führt zu Bewegungsstörungen, Angstzuständen, Persönlichkeitsveränderungen und geistigem Verfall. Das bekannteste Opfer war Woody Guthrie, ein amerikanischer Folksänger, der 1967 an dem seltenen Erbleiden verstarb. Neben solchen genetischen Defekten sind aber auch die Zellmarkierungen, die dem Immunsystem sagen, was «Selbst» und «Nicht-Selbst» ist, starr im Erbgut verankert. Bei anderen Merkmalen dagegen wird durch die Gene nur die Variationsbreite festgelegt. Selbst bei dem ererbten Merkmal ‹Körpergröße› bestimmt die Ernährung zu einem nicht unerheblichen Anteil, wie groß jemand dann tatsächlich wird. Auch der Charakter, Verhaltensdispositionen und viele Reaktionsmuster prägen sich letztlich erst durch Lernprozesse, Erziehung und Erfahrungen aus. Ist man eher ein Mensch, der alles «auf die leichte Schulter» nimmt, oder eher nachdenklich und schwermütig? Wie geht der Betreffende mit Streßfaktoren um? Ist der Umgang mit Streß angeboren oder erlernt?

Das eine Kind wird schon in der Schule vor jeder Klassenarbeit eine schlaflose Nacht verbringen, während andere alle Anforderungen meistern, ohne sichtbar darunter zu leiden. Solche Beobachtungen verführen leicht zu der Frage: Woher hat das Kind das nur? Überfordern Eltern oder Lehrer das Kind? Oder ist es einfach unfähig, die geringsten Belastungen zu bewältigen?

Ein weiteres Beispiel: Es gibt Kinder, die objektiv betrachtet eine wenig glückliche Kindheit hatten, mißhandelt wurden, in lieblosen, zerrütteten Verhältnissen aufwuchsen, keine Geborgenheit erlebt und sich trotzdem positiv entwickelt haben und ausgeglichene mit sich selbst zufriedene Persönlichkeiten werden; auf der anderen Seite gibt es Kinder, die unter «optimalen äußeren Bedingungen» leben und unter Lernschwierigkeiten, Ängsten und Depressionen leiden. Genauso findet man Patienten mit Depressionen, die durchaus verständlicherweise nach schweren Schicksalsschlägen erkranken, und Nicht-Depressive, die noch viel Schlimmeres erlebt haben und gesund bleiben.

Die Diskussion um den größeren Einfluß von Erbgut oder Umwelt wird auch weiterhin unvermindert engagiert geführt werden, aber die

Meinung, daß es ein Miteinander ist, ein sich gegenseitig bedingender Prozeß, setzt sich immer mehr durch. Ein Mensch entwickelt seine Persönlichkeit weder allein aus genetischen Festlegungen noch allein aus dem zufälligen Spiel der Umweltfaktoren. Das gilt wohl auch für kognitive Funktionen wie Intelligenz. Allerdings läßt sich der Anteil oder die Bedeutung der ererbten Intelligenz, der geistigen Stimulation und der Schulbildung kaum auseinanderhalten. Die einzige Möglichkeit bietet die Zwillingsforschung. Wenn eineiige Zwillinge bald nach der Geburt getrennt werden und in verschiedenen Kulturkreisen und unter unterschiedlichen Bedingungen aufwachsen, sollte sich erforschen lassen, wie bedeutsam die Gene oder die Umwelt sind. Nach der Untersuchung von zehntausend Zwillingen sind Forscher übereingekommen, daß der Intelligenzquotient zu 30 bis 70 Prozent ererbt ist. Der Mittelwert liegt bei 50 Prozent. Offensichtlich legen die Gene eine gewisse Bandbreite der Intelligenz fest, die dann durch äußere Faktoren ausgeschöpft wird oder auch nicht. Verblüffend sind die Resultate einer Studie des amerikanischen Zwillingsforschers Thomas Bouchard an über hundert eineiigen Zwillingen, die nach der Geburt getrennt aufwuchsen. Als sie sich zum Teil nach vierzig Jahren wiedertrafen, trugen manche Paare die gleichen Hemden mit Schulterklappen, waren beide bei der freiwilligen Feuerwehr, hatten eine Vorliebe für Budweiser-Bier oder die Angewohnheit, Gummiarmbänder am Handgelenk zu tragen. Auch in politischen und religiösen Fragen zeigten die Zwillinge erstaunliche Übereinstimmungen. Andere Studien belegen, daß selbst Eigenschaften wie Scheu vor sozialen Beziehungen oder andere sogenannte neurotische Verhaltensweisen etwa zur Hälfte durch das Erbgut bedingt sein können. Die restlichen 50 Prozent sind Umwelteinflüsse.

Folgendermaßen muß man sich die Wechselwirkungen zwischen Erbgut und Umwelt vorstellen: All das, was wir über die Sinnesorgane aufnehmen, wird zunächst im Gehirn in eine Nervenzellaktivität umgeschrieben. Es kommt zur Hemmung oder Erregung von Gehirnzellen und zur vermehrten oder verminderten Produktion vieler Gehirnbotenstoffe. Und diese veränderten Signale haben Auswirkungen: Die Moleküle können entweder direkt unser Verhalten und Befinden beeinflussen oder über einen Umweg Gene aktivieren, die für Peptide kodieren, die dann stimmungsverändernd wirken.

Das geschieht im normalen Alltagsleben und auch bei außergewöhnlichen freudigen oder belastenden Situationen ebenso wie bei Erkrankungen durch Viren, Bakterien und bei Krebs. Die Verarbeitung all dieser Informationen ist eine Interaktion mit dem individuellen genetischen Muster jedes einzelnen. «Alles, was wir sind, unsere Persönlichkeit, unser Charakter, unsere Begabungen, aber auch unser Risiko, eine Belastungssituation nicht erfolgreich bewältigen zu können, sondern zu erkranken, sind letztlich das Ergebnis der Interaktion unseres individuellen Genotyps mit den ständig wechselnden externen Einflüssen aus der Umgebung», so Florian Holsboer vom Max-Planck-Institut für Psychiatrie in München (Abb. 28).

Man weiß zum Beispiel, daß jede zehnte Frau im Laufe ihres Lebens an einem bösartigen Tumor der Brust erkranken wird. Das Risiko ist aber nicht für alle gleich. Wenn die Großmutter und die Mutter an einem bestimmten Brustkrebs erkrankten (beidseitiger Brustkrebs vor der Menopause), dann ist das Risiko zu erkranken für die Tochter beziehungsweise Enkelin etwa achtmal größer als bei einer Frau, die nicht diese genetische Vorbelastung hat. Bei anderen Arten des Brustkrebs verdoppelt sich zum Beispiel das Risiko, wenn entweder die Mutter oder die Schwester Brustkrebs hatten. Die genetische Veranlagung ist also sehr bedeutsam, aber es ist nur eine Veranlagung und keine Erbkrankheit. Für den Ausbruch der Krankheit müssen noch andere Faktoren hinzukommen. Beim Brustkrebs haben sich mehrere Schwangerschaften und ein früher Zeitpunkt der ersten Menstruation als risikomindernd herausgestellt. Übergewicht, erhöhter Alkoholkonsum und psychische Variablen werden als Risikofaktoren diskutiert.

Solche Risiken lassen sich für viele Erkrankungen ermitteln, und meist ist es schwer zu entscheiden, welchen Anteil genetische Belastungen oder körperliche Einflüsse, wie Essensgewohnheiten oder Schlafqualität, haben. Eine besonders wichtige Rolle für den Ausbruch einer Erkrankung und ihren Verlauf spielen psychische Faktoren. Dazu gehört nicht nur, ob man eher ein fröhlicher oder ein trauriger Mensch ist und welche Art seelischer Belastung eine Krankheit ausgelöst hat, auch psychische Leiden, wie Depression oder Angst, erhöhen das Erkrankungsrisiko ganz generell.

Das Risiko des einzelnen, in seinem Leben an einer Depression zu erkranken, liegt immerhin bei rund 12 Prozent. Sie ist eine der qualvollsten Störungen. So beschrieb der deutsche Psychiater Emil Kraepelin, Gründer des heutigen Max-Planck-Instituts für Psychiatrie, die Sym-

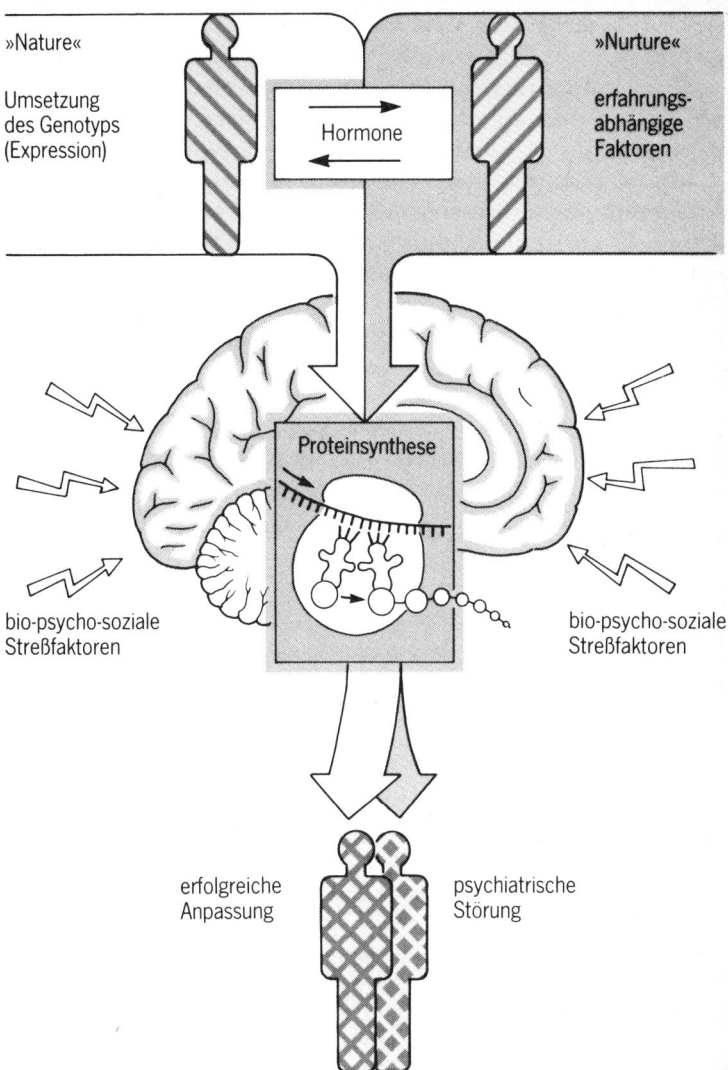

Abb. 28: Wie unser Gehirn mit Streßfaktoren umgeht, ergibt sich aus dem Zusammenwirken von genetischer Veranlagung und Erfahrungen. Dieser Dialog wird vor allem durch das Hormonsystem ermöglicht. Er beeinflußt alle Funktionen unserer Gehirnzellen und entscheidet damit, ob wir uns erfolgreich an eine Streßsituation adaptieren können oder erkranken.

ptome: «Dem Kranken wird das Denken schwer; er vermag nichts mehr aufzufassen, dem Gedankengang eines Buches, eines Gesprächs zu folgen, fühlt sich müde, abgespannt, verdummt, innerlich leer; er beherrscht die ihm sonst geläufigen Kenntnisse nicht mehr, muß sich auf einfache Dinge lange besinnen, findet keine Worte, kann die Sätze nicht richtig zusammenfügen. Die Stimmung ist eine trübe, hoffnungslose. Nichts vermag sein Interesse dauernd anzuregen; nichts macht ihm Freude; er ist unzufrieden mit sich selbst, gleichgültig geworden gegenüber seinen Angehörigen und dem, was ihm früher das Liebste war.»

8 Prozent haben Schlafstörungen, 10 Prozent Angsterkrankungen, und 1 Prozent aller Frauen unter zwanzig Jahren leidet unter Anorexie, dem krankhaften Drang zur Gewichtsabnahme, und ein noch größerer Anteil an Bulimie, den episodenhaften Eßattacken mit Erbrechen. Etwa jeder Hundertste erkrankt im Laufe seines Lebens an einer Schizophrenie, und 1 Prozent der über Fünfundsechzigjährigen ist von der Alzheimerschen Krankheit betroffen, die die häufigste Form der Demenz (geistiger Abbau) darstellt.

Psychische Erkrankungen haben für Psychoneuroimmunologen eine besondere Bedeutung, weil sie andere Erkrankungen nach sich ziehen können, zum Beispiel Tablettenabhängigkeit, Alkoholismus, viele körperliche Symptome und eben eine allgemeine Abwehrschwäche, die dann zum Ausbruch vieler weiterer Krankheiten führen kann. Psychische Erkrankungen sind – bildlich gesprochen – ein idealer Nährboden für Störungen vieler Art.

Immer mehr setzt sich die Meinung durch, daß auch diese psychischen Erkrankungen weder allein auf eine genetische Disposition reduziert werden können noch allein aus einer lebensgeschichtlichen Entwicklung erklärbar sind. Es besteht heute kein Zweifel mehr, daß Depressionen, Schizophrenie und ein Teil der Demenzen genetisch festgelegt sind. In vielen Familien treten diese Krankheiten gehäuft auf. Aber ebenfalls ist klar, daß sowohl das Auftreten als auch ihr Verlauf und das individuelle Krankheitsbild wesentlich von Erfahrungen, Erlebnissen und schicksalshaften Ereignissen abhängig ist. Dazu zählen im Prinzip alle Einflüsse, die aus der Umwelt – bewußt oder unbewußt – auf uns einwirken. Diese Wechselwirkungen zu studieren und daraus neue Therapiemöglichkeiten zu entwickeln ist eines der Hauptziele der Psychoneuroimmunologie.

Eine Reise in den genetischen Psychodschungel

Betrachten wir den Faktor Streß: Streß verändert Gehirnfunktionen. Das kann ein Examen, ein Berufswechsel, eine Trennung vom Lebenspartner sein oder, als positives Streßerlebnis, zum Beispiel die Hochzeit. Bei Befragungen stellt sich immer wieder heraus, daß viele Menschen ihre Hochzeit als eines der aufregendsten Erlebnisse in ihrem Leben einordneten. In all diesen Situationen ist in erster Linie die Aktivität derjenigen Nervenzellen erhöht, die Noradrenalin als Überträgersubstanz benutzen. Diese Nervenzellen haben ihren Ursprung im Locus coeruleus, einem Kerngebiet im Hirnstamm, das mit seinen engen Verbindungen zum limbischen System für unsere Stimmungen, für den Aufmerksamkeitsgrad, den wir Umweltreizen zukommen lassen, und für das Belohnungssystem zuständig ist, aber auch für Angstzustände und Panikattacken. Seine Neuronen haben Verbindungen zu selbst äußerst weit entfernten Nervenzellen, zum Beispiel in der Hirnrinde, und sie sind so stark verzweigt, daß sie mit mindestens einem Drittel aller Nervenzellen des Gehirns Kontakt aufnehmen. Das Wort «coeruleus» ist griechisch-lateinischen Ursprungs und bedeutet «blau»; schneidet man nämlich das menschliche Gehirn auf der Höhe des Locus coeruleus durch, so sieht man ein kleines blaues Oval (siehe Abb. 10a, S. 39).

Je aktiver diese Neuronen sind, desto mehr Noradrenalin schütten sie aus. Mit Hilfe des Noradrenalins kommunizieren die Nervenzellen miteinander, und die vermehrte Bereitstellung des Neurotransmitters ist offensichtlich ein notwendiger Anpassungsprozeß an Streß. Noradrenalin überwindet den synaptischen Spalt und bindet auf der nachfolgenden Nervenzelle an zwei Arten von Rezeptoren: dem alpha- und beta-Adrenozeptor. Wenn Streß zur Dauerbelastung wird, vermindert sich aber die Anzahl vor allem der beta-Adrenozeptoren. Dies geschieht bei Ratten schon bei einem relativ leichten Streß. Eine Verminderung dieser Rezeptoren läßt sich bereits beobachten, wenn man nicht gezähmte junge Ratten nur eine Minute pro Tag einfach in die Hand nimmt. Das ist offensichtlich eine Art Adaptation an die Streßsituation. Noradrenalin bindet an den beta-Adrenozeptor und veranlaßt die Bildung von cAMP, einem wichtigen Signalmolekül, das im Zellinnern viele biochemische Reaktionen reguliert (siehe Seite 73 ff). Ohne Rezeptor wird die Signalkette nicht angestoßen, und es kommt unter Umständen kein Effekt zustande. Das vermehrt gebildete Noradrenalin verpufft sozusagen wirkungslos. Aber die Anzahl dieser Rezeptoren wird nicht nur über die Konzentration von Noradrenalin gesteuert, sondern auch über das Streßhormon Cortisol. Es wird unter Streß in der Nebennierenrinde verstärkt produziert und bildet die zweite Streß-Reaktions-Achse.

Wenn Sie plötzlich im Supermarkt einem Rhinozeros begegneten, würden Sie innerhalb weniger Sekunden das Neuropeptid CRH ausschütten. CRH würde über die bekannten Zwischenschritte (siehe Seite 67 ff) sofort dafür sorgen, daß Cortisol entsteht und ihre Muskeln mit Energie versorgt werden und Sie schnellstens den Ausgang erreichen. Gleichzeitig wären sowohl ihr Appetit auf ein ausgiebiges Mittagessen als auch ihr Sexualverlangen momentan äußerst reduziert. Der Körper ist jetzt mit wichtigeren Dingen beschäftigt – und zwar dem bedrohlichen Rhinozeros zu entkommen. Im Streßexperiment, wenn jemand zum Beispiel spontan eine Rede halten muß, steigt ebenfalls der Cortisolspiegel im Blut abrupt an, sinkt aber kurz danach wieder auf den Normalwert ab – ähnlich wie nach der Rhinozeros-Begegnung. Man kann also untersuchen, wie sich Hormonwerte unter bestimmten Bedingungen verändern, um Einblick in Änderungen der Hirnfunktionen zu bekommen, denn die Cortisolproduktion wird ja über das Gehirn gesteuert.

Nun haben 50 bis 60 Prozent aller Patienten mit schweren Depressionen ohne äußere Stimulation einen ständig erhöhten Cortisolspiegel über Tage, Wochen, ja sogar Monate. Der Mechanismus, der dem Phänomen zugrunde liegt, ist eine Änderung der Hirnfunktionen, die die Ausschüttung des Corticotropin-Releasing-Hormons CRH steuern. Das Neuropeptid CRH wird vor allem im Hypothalamus gebildet und initiiert die Bildung des Neuropeptids ACTH in der darunterliegenden Hypophyse. ACTH wiederum veranlaßt die Nebennierenrinde, Cortisol herzustellen. Die Frage ist: Was verursacht die vermehrte Bildung von CRH? Um diese Frage beantworten zu können, muß man wissen, wie im Normalfall die Streßhormonregulation gesteuert wird. Cortisol wirkt im Gehirn, im Hypothalamus und der Hypophyse als eine Art negative Kontrolle. Das heißt: Je mehr Cortisol von den Zellen der Nebennierenrinde gemacht wird, desto stärker wird die CRH- und ACTH-Bildung durch genau dieses Cortisol unterdrückt. So reguliert sich nach einem Streßerlebnis normalerweise die Produktion der Streßhormone von selbst, wenn der Streß nachläßt. Bei Depressionspatienten ist dieser Regelkreis unterbrochen. Das Cortisol wirkt offensichtlich nicht mehr in dem Maße bremsend auf die Biosynthese von CRH und ACTH, wie es bei Gesunden der Fall ist. Daß in der Tat in einer akuten Phase einer Depression der Regelkreis der Hormone gestört ist, läßt sich jetzt mit einem neu entwickelten Testverfahren nachweisen: Gibt man gesunden Versuchspersonen abends 1 bis 2 Milligramm Dexamethason – das ist ein synthetisches Glucocorticoid –, unterdrückt das den ganzen darauffolgenden Tag die Cortisolproduktion. Das Gehirn glaubt, es sei bereits genügend Streßhormon vorhanden und es müßte nicht noch mehr produziert werden. Bei Patienten mit Depressionen findet diese Unterdrückung nicht statt. Sie produzieren weiter Cortisol. Aber das Cortisol ist nur eine von vielen wichtigen Signalsubstanzen. In den letzten Jahren hat sich die Forschung immer mehr auf das Gehirnpeptid CRH konzentriert. Es dürfte die Schlüsselrolle bei Depressionen, Angstzuständen und Anpassungen an Streßfaktoren spielen. Nach neuesten Erkenntnissen wird die Bildung von CRH im Hypothalamus durch Nervenzellen des limbischen Systems reguliert, vor allem durch den Hippocampus. Im Hippocampus werden alle auf das Gehirn einwirkenden Sinnesreize verarbeitet. Hier sitzt also eine Art Schaltstelle für die Bewertung von Informationen. Und hier fällt wohl auch die Entscheidung, ob wir ein Ereignis oder etwas, das wir sehen, hören oder fühlen, als streßvoll empfinden oder ob es uns zum Beispiel angst macht. Je nach Bewertung dürfte von hier aus im Hypothalamus das CRH-Gen aktiviert und so schließlich die Produktion von ACTH und Cortisol angeregt werden.

Nun ist bekannt, daß die Nervenzellen des Hippocampus die meisten Rezeptoren für Glucocorticoide wie Cortisol im gesamten Zentralnervensystem enthalten. Cortisol dringt in diese Nervenzellen ein und bindet dort an den spezifischen Rezeptor. Der Gen-Rezeptor-Komplex kann wiederum andere Gene ab- oder anschalten. Und zu diesen hormonregulierten Genen zählen auch solche, die am Ende das Verhalten und das Befinden steuern. Auch Peptide des Immunsystems, zum Beispiel Interleukine, die ja ebenfalls zum Teil im Gehirn synthetisiert werden, können durch Cortisol reguliert werden.

So vielfältig die Verknüpfungen sind, noch ist unklar, ob das Peptid CRH allein die Ursache der depressiven Symptome ist. Man weiß nur, daß genau dieser beschriebene Regelkreis zwischen Hippocampus und den Hormonschaltzentralen bei Depressionspatienten gestört ist. Das heißt: Nach Ende der Streßsituation wird die Cortisolausschüttung nicht zurückgeschraubt. Dieses ständige Zuviel an Cortisol hat aber langfristig einen schädigenden Effekt auf die Zellen des Hippocampus. Die beteiligten Neuronen büßen ihre Fähigkeit ein, die Streßhormonproduktion überhaupt noch zu regulieren. Wenn Cortisol über längere Zeit zu hoch konzentriert ist, dann gehen die Neuronen sogar zugrunde. Und hier schließt sich der Teufelskreis. Die so wichtige Streßhormonregulation bleibt stark beeinträchtigt.

Wo der Beginn des Teufelskreises liegt, weiß zur Zeit niemand. Es könnte beispielsweise möglich sein, daß Menschen mit einer Veranlagung zur Depression einen Defekt an denjenigen Genen haben, die für Streßhormone und deren Rezeptoren kodieren. Oder hinterläßt bei ihnen bereits ein einmaliges Streßerlebnis eine neuroendokrinologische «Narbe» im Gehirn und macht sie somit anfälliger für Streß?

Wie Wissenschaftler am Max-Planck-Institut für Psychiatrie in München feststellten, haben Patienten mit Alkoholkrankheit nach ein- bis zweimonatigem Alkoholentzug und Menschen, die unter Angstkrankheiten, wie Panikattacken, leiden, wie die Depressionspatienten eine fehlregulierte Streß-Hormon-Achse. Bei chronischen Angstzuständen, die nicht durch einen echten angstauslösenden Reiz erklärbar sind, scheint der Locus coeruleus eine wichtige Rolle zu spielen. Der Psychiater und Neurobiologe Charles Nemeroff und seine Kollegen an der Duke University in Durham, North Carolina, entdeckten die Zusammenhänge zwischen Panikattacken, CRH und dem Locus coeruleus. Spritzt man Ratten das Peptid CRH in den Locus coeruleus, werden sie ängstlicher und scheuer. Um herauszufinden, wo das Peptid im Rattengehirn wirkt, setzte Charles Nemeroff die Ratten verschiedenen Stressoren aus und maß dann die CRH-Konzentration in unterschiedlichen Hirngebieten. Im Locus coeruleus war ein dramatischer Anstieg zu verzeichnen. CRH aktiviert die Nervenzellen in diesem Hirngebiet und löst so Angst aus. Umgekehrt wird durch die angstlösenden Benzodiazepine das CRH in diesem Kerngebiet abgesenkt. In Durham beschäftigt man sich jetzt mit der Suche nach neuen angsthemmenden Medikamenten, die nicht abhängig machen. Könnte man das CRH daran hindern den Locus coeruleus zu aktivieren, wären Panikzustände für die Betroffenen nicht mehr spürbar.

Aber nicht nur bei Patienten mit Depressionen oder Angstzuständen und alkoholabhängigen Menschen findet man Anzeichen für veränderte Gehirn- und Hormonfunktionen. Gleiches gilt wohl auch für Marathonläufer: Isabella Heuser vom Max-Planck-Institut für Psychiatrie und der Sportmediziner Josef Keul von der Universitätsklinik Freiburg untersuchten ältere Marathonläufer endokrinologisch. Langstreckenlauf ist mit einem extremen Anstieg von Cortisol verbunden, als Reaktion auf die enorme körperliche Belastung. Die Streß-Hormon-Achse von Marathonläufern weist typische Unterschiede zu der von Menschen auf, die keinen Ausdauersport treiben, und es bestehen ähnliche charakteristische Veränderungen wie bei depressiven Patienten. Auch hier vermutet man Funktionsänderungen des Hippocampus, die die Anpassung an Streß erschweren. Marathonläufer haben oft ähnlich wie Menschen mit Depressionen eine erhöhte Anfälligkeit für Infektionskrankheiten, leiden häufig unter Schlafstörungen und verlieren das Interesse am Alltagsleben und auch an Sex.

Interessanterweise sind diese «Verletzungen» oft reversibel. Die holländischen Forscher Ron de Kloet und Hans Reul fanden heraus, daß sich die so geschädigten Hippocampuszellen bei Ratten durch ein vom ACTH abgeleitetes Peptid wieder regenerieren. Und wahrscheinlich wird das auch bei Patienten mit Depressionen nach erfolgreicher Behandlung der Fall sein. Zumindest reagieren sie, wenn sie wieder gesund sind, im Dexamethason-Test wie Gesunde, das heißt, die Cortisolproduktion läßt sich durch das synthetische Glucocorticoid unterdrücken. Die Patienten, bei denen diese hormonelle Normalisierung trotz erfolgreicher Behandlung nicht einsetzt, haben ein erhöhtes Risiko, einen Rückfall zu erleiden und wieder akut depressiv zu werden.

Offensichtlich können aber auch «neuroendokrine Narben» entstehen, unabhängig davon, ob jemand unter Depressionen leidet, weil er einen Trauerfall in der Familie erlebt hat, erschütternde Kriegserlebnisse hatte oder Langstreckenlauf betreibt. All dies sind Streßfaktoren, die das fein abgestimmte Zusammenspiel zwischen Gehirnzellen stören. Ob diese Narben ein Risiko für künftige depressive Erkrankungen sind, wird noch erforscht. Immerhin weiß man, daß mit zunehmendem Alter depressive Phasen immer häufiger werden.

Ein Forschungsansatz, mit dem man solche Fragen zu beantworten sucht, sind Vulnerabilitätsstudien. Die Forschergruppe von Christian Krieg vom Max-Planck-Institut für Psychiatrie führt derzeit ein langwieriges Projekt durch. Man will dabei die Vulnerabilität oder Anfälligkeit von symptomfreien Verwandten von Patienten mit schweren Depressionen untersuchen. Gibt es Marker, mit denen sich das Risiko für die Verwandten bestimmen läßt, selber später einmal an einer Depression zu erkranken? Im Prinzip geht es hierbei genau um die Schnittstelle zwischen einer genetisch fixierten und einer im Laufe des Lebens durch lebensgeschichtliche Ereignisse erworbenen Vulnerabilität. Wie verhalten sich die Risikofamilien bezüglich der Streßhormonregulation? In einigen Jahren wird man aus dem Vergleich der Daten von Risikofamilien und Kontrollfamilien, bei denen eine erbliche Vorbelastung für Depressionen auszuschließen ist, vielleicht eine Testbatterie entwickeln können, um das Risiko für eine Depression abzuschätzen. Es wäre dann auch möglich, solchen vulnerablen Personen zu empfehlen, auf bestimmte Symptome einer beginnenden Depression zu achten und vielleicht die Lebensumstände so zu wählen, daß sie so wenig wie möglich depressionsauslösend wirken können. Genauso rät man ja auch denjenigen, die zu einem hohen Blutfettspiegel neigen, nicht unbedingt jeden Tag einen fetten Schweinebraten zu essen. Man versucht die Ernährung so umzustellen, daß die genetische Veranlagung für einen erhöhten Cholesterinspiegel nicht wirksam werden kann. Genauso lassen sich vielleicht auslösende Umweltfaktoren für Depressionen umgehen, wenn man erforscht hat, welche entscheidend sind.

Auf der Suche nach den Genen

Eine ganz andere Forschungsrichtung dagegen bemüht sich, die Fragen der Vererbung solcher Veranlagungen für Krankheiten zu klären. Mit Hilfe gentechnischer Verfahren kann man heute nach Genen im Erbgut suchen, von denen man annimmt, daß sie etwas mit einer bestimmten Erkrankung zu tun haben. Wie beschwerlich aber die Suche nach einem «Depressions-Gen» oder «Schizophrenie-Gen» ist, zeigt die wissenschaftliche Arbeit der letzten Jahre. 1988 glaubte eine Londoner Forschergruppe, die genetische Basis der Schizophrenie entdeckt zu haben. Auf dem Chromosom 5 fand man Anhaltspunkte dafür. Allerdings hatten diese – das war klar – nicht direkt etwas mit der Erkrankung zu tun. Es handelte sich um sogenannte Restriktions-Fragment-Längen-Polymorphismen, kurz RFLP. Diese *Fragmente* entstehen, wenn sogenannte *Restriktionsenzyme* auf die DNS einwirken. Trotz gleichartiger

Schnittstellen können die Stücke *unterschiedlich lang* (polymorph) sein, was auf Variationen der auf ihnen liegenden Gene hinweist. Diesen Umstand macht man sich zunutze und vergleicht RFLPs von gesunden und kranken Menschen, solange das Gen für eine bestimmte Erkrankung noch unbekannt ist.

Leider konnte im Falle der Schizophrenie keine andere Forschergruppe die Ergebnisse der englischen Kollegen bestätigen. Mittlerweile glaubt man, daß diese psychische Erkrankung auf Fehlern in vielen Genen beruht und somit durch RFLPs nicht zu entschlüsseln ist. 1987 bereits hatten Wissenschaftler der University of Miami, der Yale University und des Massachusetts Institute of Technology – drei der angesehensten amerikanischen Forschungsinstitute – Beweise für ein «Depressions-Gen» vorgelegt. Auf dem Chromosom 11 entdeckten sie zwei genetische Marker für die manisch-depressive Krankheitsform. Untersucht wurde das an einer großen Familie der Amish in Pennsylvania, einer Religionsgemeinschaft, die isoliert lebt, häufig untereinander heiratet und sorgfältige Stammbaumaufzeichnungen besitzt. 1989 mußten die Wissenschaftler ihre Ergebnisse widerrufen, nachdem zwei Mitglieder der Familie ohne das vermeintliche «Depressions-Gen» erkrankten. In Israel und Belgien wurden kürzlich Marker für manisch-depressive Erkrankungen auf dem X-Chromosom entdeckt. Aber auch hier sind die Resultate noch nicht bestätigt. 1990 wurde man in den USA auch bei der Suche nach einem «Alkoholismus-Gen» fündig. Kinder von Alkoholikern haben ein erhöhtes Risiko, selbst alkoholkrank zu werden, auch wenn sie schon früh von Nichtalkoholikern adoptiert wurden. Und als man dann noch feststellte, daß Söhne von Alkoholikern charakteristische Veränderungen im EEG zeigen, wenn sie Alkohol trinken, vermutete man, daß die Veranlagung im Erbgut liegt. Man untersuchte siebzig Gehirne von verstorbenen Alkoholikern und Nichtalkoholikern. In 77 Prozent der Fälle war in den kranken Gehirnen ein Gen für einen Dopamin-Rezeptor vorhanden. Dopamin ist ein wichtiger Botenstoff im Gehirn, der zum Beispiel auch im Belohnungszentrum des Gehirns als Kommunikationsmittel zwischen den Zellen dient. Die Vermutung liegt nahe, daß bei einer Überproduktion von Bindungsstellen für diesen Botenstoff eine Funktionsstörung auftritt, die vielleicht zu einer Alkoholabhängigkeit führen kann. Bei den Nichtalkoholikern war das Gen nur in 28 Prozent der Fälle vorhanden. Von einem richtigen «Alkoholismus-Gen» zu sprechen ist jedoch falsch,

denn offensichtlich spielen auch bei der Alkoholkrankheit noch andere
Faktoren eine Rolle – bei 23 Prozent der Betroffenen existierte das
Gen nicht, und sie waren trotzdem Alkoholiker. Zumindest erhärten
diese Erkenntnisse die Vermutung, daß auch Alkoholismus eine ererbte
körperliche Krankheitsveranlagung ist. Trotzdem können Umweltfaktoren, zum Beispiel, wenn kein Alkohol zur Verfügung steht oder eine
bewußte Erziehung, die Ausprägung des genetischen Phänomens beeinflussen.

Genauso engagiert, wie die Suche nach Genen für psychische Erkrankungen betrieben wird, ist man weltweit auch daran interessiert,
die Gene zu finden, die unser Alter festlegen. Daß wir innerhalb der
letzten hundert Jahre unsere Lebensspanne verdoppelt haben – Männer auf durchschnittlich 73 und Frauen auf 78 Lebensjahre –, zeigt, daß
der medizinische und soziale Fortschritt einen enormen Einfluß hat.
Trotzdem sind Gerontologen davon überzeugt, daß das maximale Le-
bensalter genetisch festgelegt ist. Wahrscheinlich geben uns allen die
Gene rund 120 Lebensjahre vor, und ererbte Veranlagung für Krankheit und Umweltfaktoren entscheiden, wie lange und vor allem wie
gesund wir leben. Wir können also die innere Alternsuhr schneller oder
langsamer ticken lassen, und das zum Teil auch bewußt.

Altern ist keine Krankheit. Die allermeisten Menschen sterben an
ihren Krankheiten und nicht am Alter an sich. So leidet ein Achtzigjäh-
riger durchschnittlich an sieben chronischen Krankheiten. Der natürliche Alterungsprozeß wird also von krankhaften Veränderungen
überlagert, und Gerontologen klagen, daß man das Altern beim Menschen kaum erforschen könne. Wer möglichst lange körperlich und
psychisch gesund altern will, sollte Risikofaktoren für Krankheit vermeiden: Übergewicht, Nikotin, Alkohol, Bluthochdruck, erhöhten
Blutfettspiegel und Streß.

Das «ewige Leben» jedoch wird man auch mit einer noch so gesunden Lebensweise nicht erreichen können. Der normale Alterungsprozeß ist eben genetisch festgelegt. «Alternsgene» wurden immerhin in dem Schimmelpilz Podospora und der Fruchtfliege Drosophila
entdeckt. Man nimmt heute an, daß der Alterungsprozeß durch mehrere Gene gesteuert wird. Sie führen im Erbgut zu «Gen-Rearrange-
ments», wie das die Fachleute nennen. Da werden Gene zerstückelt
und neu zusammengebaut. Damit steht auch fest, daß unser Erbgut
keine starre, einmal festgelegte Masse ist, sondern veränderbar bleibt.

Um den Genen insgesamt auf die Spur zu kommen, begann 1990 das bislang größte Projekt der Molekularbiologie: das *Human Genome Project*. Die *Human Genome Organization*, kurz HUGO, wird vor allem von amerikanischen Wissenschaftlern betrieben. Aber auch deutsche Forscher sind beteiligt. Innerhalb von fünfzehn Jahren wollen sie für schätzungsweise drei Milliarden Dollar das gesamte menschliche Genom entschlüsseln. Es geht darum, die Abfolge der Basen Adenin, Cytosin, Thymin und Guanin in der DNS abzulesen. Bei 46 menschlichen Chromosomen dürften es rund drei Milliarden Basenpaare sein. Bekannt sind heute 3,5 Millionen. Mit neuen Sequenziermaschinen soll jetzt die Arbeit vorangetrieben werden. Eine einzige automatische DNS-Sequenziermaschine schafft es immerhin, pro Tag siebentausend Basen zu analysieren.

Die Oberaufsicht über das Projekt hatte bis April 1992 der Nobelpreisträger James Watson, der zusammen mit Francis Crick vor fast vier Jahrzehnten die Struktur der DNS aufklärte. Er gab seine Position auf, weil innerhalb von HUGO unterschiedliche Auffassungen zum Thema «Patentierung» existieren. Immer mehr Wissenschaftler wollen sich die entdeckten DNS-Sequenzen patentieren lassen, auch wenn sie den Sinn und die Funktion noch gar nicht kennen. Aber falls sich herausstellen sollte, daß dieses Gen für eine Krankheit entscheidend ist, dann läßt sich mit dem Patent und dem Recht, genetische Tests und Therapien zu entwickeln, viel Geld verdienen. James Watson wollte die Kommerzialisierung des menschlichen Erbgutes nicht weiter unterstützen. Aber dadurch wird das Projekt als Ganzes nicht gestört. Immerhin ist man willens, das letzte Geheimnis der Genetik endgültig aufzudecken. Beteiligt sind Labors in den USA, der ehemaligen Sowjetunion, Japan, Australien, Kanada, Großbritannien, Italien und Frankreich. Ob viele Wissenschaftler aus der Bundesrepublik aktiv beteiligt sein werden, ist, laut James Watson, noch fraglich: «Die negative bundesdeutsche Stimmung gegen die Gentechnik könnte das verhindern.»

In der Abfolge von Adenin, Cytosin, Thymin und Guanin hofft man vielleicht doch noch die Gene für Schizophrenie oder die Alzheimersche Krankheit auf dem Chromosom 21 zu finden. Aber vielleicht wird man auch auf ein «Depressions-Gen» stoßen, oder man entdeckt die genauen Erbanlagen für Charaktereigenschaften und Ähnliches. Vielleicht wird sich aber auch herausstellen, daß einige Veranlagungen für Krankheiten nicht in einem oder mehreren veränderten Genen begründet sind, sondern vielmehr die Regulation einiger Gene, zum Beispiel für Peptide oder Rezeptoren, gestört ist. Dieser kompliziertere Weg scheint sogar der wahrscheinlichere zu sein.

Die erste von insgesamt wahrscheinlich viertausend Erbkrankheiten, deren Gen entdeckt wurde, war 1911 die Rotgrünblindheit. Sie liegt auf dem X-Chromosom. Heute sind bereits achtzig Gene bekannt, bei denen ein Zusammenhang mit Krankheiten besteht. Dazu gehören der Muskelschwund, eine erblich bedingte Blindheit und Epilepsie, eine Form von Dickdarmkrebs, zwei Formen von Gebärmutter- und Brustkrebs, Lungenkrebs und eine erbliche Herzkrankheit. Eine häufige Erbkrankheit, die im August 1989 endgültig aufgeklärt wurde, ist die Mukoviszidose oder Cystische Fibrose, eine Stoffwechselkrankheit, an der eines von zweitausend Neugeborenen leidet. Allerdings brachte die Entdeckung des krankmachenden Gens auf Chromosom 7 noch keine neue ursächliche Therapiemöglichkeit. Und da setzt auch die Kritik an HUGO an: Was nützt es, wenn wir den «gläsernen Menschen» ermöglichen und jedem bei der Geburt vielleicht sagen können, ob er an dieser oder jener Krankheit mit welcher Wahrscheinlichkeit erkranken wird, wenn wir ihm dann keine Therapie anbieten können? Im November 1983 zum Beispiel gelang es James Gusella und seinen Mitarbeitern von der Harvard Medical School in Boston, ein RFLP auf dem Chromosom 4 für die Huntington-Chorea-Erkrankung zu finden. Mit hoher Sicherheit könnte man jetzt einem Jugendlichen, dessen Vater oder Mutter daran erkrankt ist, sagen, ob auch er in zwanzig oder dreißig Jahren an dieser Krankheit sterben wird. Die Chancen stehen wie bei jeder autosomal dominant vererbten Krankheit fünfzig zu fünfzig. Derjenige muß dann entscheiden, ob er selbst Kinder haben möchte, die wiederum das fünfzigprozentige Risiko für das unheilbare Leiden hätten. Allerdings: Durch die Genanalyse steigen die Chancen, neue effektive Behandlungen zu entwickeln.

Auch der Mißbrauch solcher Information über individuelle genetische Veranlagungen ist durchaus im Bereich des Denkbaren. Wenn man mit einem einfachen Test nach einem bestimmten Gen suchen kann, wird man einem Arbeitgeber vielleicht vorhersagen können, daß er diesen oder jenen Mitarbeiter besser nicht einstellen sollte, da er stark gefährdet ist, an einer Schizophrenie zu erkranken, oder diesen oder jenen Krebs bekommen wird. Im Rahmen der pränatalen Diagnostik wird man auch werdende Eltern über bestehende oder zukünftige

Krankheiten oder Eigenschaften des Kindes informieren können. Zur Zeit werden in den USA und in Japan Gen-Datenbanken eingerichtet, die all diese Informationen speichern. Wer kontrolliert hier den Zugriff?

Die skeptische Frage vieler Wissenschaftler ist auch: Wird eine exakte Analyse des Erbgutes überhaupt soviel Wissenswertes offenbaren? Einfach eine Base nach der anderen zu sequenzieren nützt wenig, weil man im zweiten Schritt herausfinden muß, welche Abschnitte eine Funktion haben und welche nicht. Das HUGO-Unternehmen gleicht dem aufwendigen Versuch, sechs Ausgaben des großen Brockhaus so zu zerschneiden, daß nur noch einzelne Buchstaben übrigbleiben, und dann zu versuchen, sie wieder zu Worten, Sätzen, Abschnitten, Seiten und Büchern zusammenzusetzen. Der Vergleich mit mehreren Ausgaben ist insofern sehr anschaulich, weil in der DNS in der Tat viele Kopien von gleichen Genen, zum Teil auch noch überlappend, vorliegen können. Außerdem besteht der größte Teil des menschlichen Genoms aus sogenannter Unsinn-DNS, und viele Wissenschaftler vermuten, daß es wesentlich effektiver sei, nach Genen, deren Funktion bekannt ist, direkt zu suchen. Welcher Weg auch immer der bessere sein mag, Walter Gilbert, Chemie-Nobelpreisträger von der Harvard University in Boston, erwartet, daß wir im Jahre 2025 im Supermarkt einen Tropfen Blut abgeben können und nach wenigen Minuten eine komplette genetische Analyse bekommen.

Das Geheimnis liegt in der Interaktion

Diese Bemühungen könnten zwar neue und wichtige Erkenntnisse über unsere genetische Basis liefern, aber dennoch würde die Interaktion mit Umweltfaktoren weiterhin rätselhaft bleiben. Die Erforschung von «nature», also der genetischen Basis, ist nur dann wirklich sinnvoll, wenn gleichzeitig auch die «nurture», die Umweltfaktoren, faßbar werden. Und dazu zählen kognitive Einflüsse wie psychosozialer Streß ebenso wie nichtkognitive Reize, zum Beispiel Infektionen.

Aber es gibt erste Anzeichen, daß man mit ausgeklügelten Methoden auch diesem Zusammenhang bei einzelnen Krankheiten auf die Spur kommt. Mary Pater von der Memorial University in Neufundland/Kanada ist das bei einer bestimmten Form der Gebärmutterhalskrebses ansatzweise gelungen. Papillomaviren und Glucocorticoide spielen dabei eine Rolle. Virologen kennen über fünfzig Papillomaviren, die in den meisten Fällen Warzen verursachen. Aber einige können auch durch Geschlechtsverkehr übertragen werden und Verletzungen im Genitalbereich verursachen. Die Idee, daß der Gebärmutterhalskrebs bei Frauen auf sexuellem Wege übertragen werden kann, entstand durch die Beobachtung, daß die Anzahl der Sexualpartner ein hoher Risikofaktor für diesen Krebs ist. Nonnen leiden äußerst selten daran. Dann entdeckte man, daß sich in den Krebszellen das genitale humane Papillomavirus (HPV) vom Typ 16 und 18 aufhält. Es ist in 70 bis 80 Prozent der Fälle vorhanden und liegt in mehreren Kopien auf verschiedenen Chromosomen in den Krebszellen vor. Mary Pater hat nun festgestellt, daß die Aktivität der im Genom integrierten Viren angeregt wird, wenn man einer Zellkultur Glucocorticoide zugibt. Es scheint so zu sein, daß zumindest beim HPV 16 in einer bestimmten Region des Virusgens eine Art Verstärker-Genstück eingebaut ist. Das ist genau ein Glucocorticoid-Responsive-Element, eine DNS-Sequenz, an der der Glucocorticoid-Rezeptor bindet. Dieses Genstück interagiert mit dem Rezeptor, an dem Cortisol angelagert ist, und das hat ganz offensichtlich einen Effekt auf das Virus selbst. Erforscht wurden diese molekularbiologischen Details an Ratten. Aber die Vermutung liegt nahe, daß bei Frauen, die mit dem HPV 16 oder 18 infiziert sind, das Streßhormon Cortisol die Aktivität des krebsauslösenden Virus fördert. Ein Hinweis ist auch, daß bei den HPV-Varianten 6 und 11, die nur zu Warzen, aber nicht zu Krebs führen, die DNS-Sequenz für den Rezeptor mit dem Cortisol nicht vorhanden ist.

Ein weiteres Beispiel: die Multiple Sklerose (MS). Rund 18 Prozent der Betroffenen haben Familienmitglieder, die ebenfalls unter dieser Autoimmunkrankheit leiden. Bei eineiigen Zwillingen ist das Risiko größer, daß beide Geschwister MS bekommen, als bei zweieiigen Zwillingen. Das deutet darauf hin, daß die Veranlagung für die Krankheit genetisch verankert ist, und zwar auf mehreren Genen. Drei Forschergruppen haben kürzlich unabhängig voneinander Gen-Marker gefunden. Der *major histocompatibility complex* (MHC) und das Gen für den T-Zellrezeptor scheinen beteiligt zu sein. Beide sind entscheidend für Immunfunktionen. Der MHC sagt dem Körper, was «Selbst» und «Nicht-Selbst» ist, und der T-Zellrezeptor ist für die Funktion zwischen Immunzellen und Körperzellen wichtig. Liegen in diesen Genen

Veränderungen vor, dann besteht auch theoretisch die Möglichkeit, daß das Immunsystem betroffener Menschen leichter eigene mit fremden und zu vernichtenden Zellen verwechselt. Und genau das ist ja die Ursache für Autoimmunkrankheiten. In den Gehirnen von verstorbenen MS-Kranken haben Wissenschaftler der Stanford University eine erhöhte Anzahl von T-Zellrezeptor-Genen gefunden.

Da auffällig mehr Frauen erkranken, gibt es Spekulationen, ob sogenannte Resistenzgene auf dem Y-Chromosom vorliegen. Frauen haben ja zwei X-Chromosomen, aber kein Y-Chromosom. Hier gäbe es also kein Resistenzgen, das krankheitsverhindernd wirken könnte.

Die genetischen Unterschiede allein können jedoch die Krankheit nicht bedingen. Es müssen noch weitere Faktoren hinzukommen. Schon lange wird vermutet, daß eine oder mehrere Virusinfektionen bei solchen genetisch prädisponierten Personen den Ausbruch der Multiplen Sklerose auslösen können. Ähnliche Modellvorstellungen gibt es auch für eine bestimmte Form des Diabetes und der chronischen Polyarthritis, die ebenfalls zu den Autoimmunkrankheiten gehören. Nicht auszuschließen ist, daß kognitive Reize, wie Streß, einen zusätzlichen auslösenden Faktor darstellen. Vielleicht wird man in einigen Jahren auch bei Autoimmunkrankheiten Genstücke finden, die indirekt durch Streßhormone aktivierbar sind.

Gerade auf die Erforschung dieser so vielseitigen und verwirrenden Beziehungen zwischen Genen und Umweltfaktoren setzen viele Mediziner große Hoffnungen. Nicht nur das Verständnis von Krankheiten wird damit erweitert, sondern es eröffnen sich auch neue Möglichkeiten für die Therapie.

Medizin und Therapie der Zukunft

Du mußt nicht lange klagen
was alles weh Dir tut
Nur frisch und fröhlich gesungen
und alles ist wieder gut.

Chamisso

Alte Selbstheilungskräfte –
neue Wirkstoffe

Delizia Cirolli macht sich im August 1976 zusammen mit ihrer Mutter
von Sizilien aus auf den Weg in die französischen Pyrenäen. Das zwölf-
jährige Mädchen hat ein schmerzhaft geschwollenes Knie, und an der
orthopädischen Universitätsklinik von Catania ist man nach einer Ge-
websentnahme überzeugt, daß Delizia an einem Neuroblastom leidet,
einem bösartigen Tumor mit Knochenmetastasen. In Catania emp-
fiehlt man eine Operation oder Bestrahlung, aber die Familie lehnt die
Behandlung ab. Statt dessen sammeln Lehrer und Schüler im Heimat-
ort Geld für eine Reise nach Lourdes.

Schätzungsweise 6 Millionen Menschen haben seit über hundert
Jahren die Grotte an den Klippen von Massabielle besucht, in der Hoffnung geheilt zu werden. Die vierzehnjährige Bernadette Soubirous will
hier 1858 die Jungfrau Maria gesehen haben, und so wurde Lourdes
eine Pilgerstätte, 1862 auch von der Katholischen Kirche abgesegnet.
Seit 1883 bereits werden auch die Fälle, bei denen angeblich eine Wunderheilung eingetreten ist, offiziell registriert. Heute wacht ein «Inter-
nationales Medizinisches Kommitee von Lourdes» über die Heilungen.

25 Mediziner begutachten die Anträge der Geheilten. Die ehemals vorhandene ernsthafte Krankheit muß einwandfrei nachgewiesen, eine vollkommene Heilung aus medizinischer Sicht ausgeschlossen gewesen sein. Es darf keine Behandlung erfolgt sein, zumindest keine, die die Heilung auch nur im entferntesten erklären könnte. Die Heilung muß spontan aufgetreten sein, höchstens einige Tage in Anspruch genommen haben, und sie muß vollständig gewesen sein und nicht nur einige Symptome betreffen. Das sind die strengen Kriterien.

Von rund sechstausend Anträgen, die bislang an das Komitee in Lourdes gestellt wurden, sind nur vierzig von den Medizinern und dann auch vom Vatikan anerkannt worden. Darunter waren besonders häufig Krebs- und Autoimmunerkrankungen und Infektionen.

Auch Delizia Cirolli verbrachte vier Tage in der Grotte von Lourdes, betete dort und wohnte den Zeremonien bei. Wieder auf Sizilien zurück, gab die Mutter ihr weiterhin Wasser aus Lourdes zu trinken, und kurz vor Weihnachten setzte sich das auf 22 Kilogramm abgemagerte Mädchen plötzlich im Bett auf und wollte hinausgehen. Die Röntgenaufnahmen zeigten keinerlei Spuren eines Tumors. Noch ist in Lourdes und im Vatikan nicht entschieden worden, ob der Fall des sizilianischen Mädchens eine Wunderheilung war oder eine spontane Remission (Rückbildung), die ebensowenig erklärbar wäre.

Seit 1953 wurden insgesamt nur dreizehn Heilungen als Wunderheilungen anerkannt. Von den Geheilten leben heute noch elf Personen. Ein Mann starb bei einem Autounfall, und eine Frau starb sechzehn Jahre nach der Heilung an den Spätfolgen ihrer ehemaligen Erkrankung.

Kann die Erwartung, daß in den Grotten von Lourdes Wunder geschehen können, einem Menschen solche Hoffnungen machen, daß er in der Tat wieder gesund wird? Oder ist vielleicht doch eine überirdische Kraft im Spiel?

Konzentrieren wir uns auf die Erwartungen, Gefühle, Hoffnungen und auf den Willen zu leben. Daß eine Erwartungshaltung Einfluß auf körperliche und psychische Funktionen, wenn man die Trennung überhaupt noch machen will, haben kann, zeigt auch der Placeboeffekt. Bei Therapiestudien mit Medikamenten und Zubereitungen ohne Wirkstoffe haben auch die Placebos in rund 35 Prozent der Fälle eine Wirkung ähnlich der des echten Wirkstoffes. Der Patient darf dabei natürlich nicht wissen, daß er nur Wasser oder eine Zuckerpille bekommt.

Bei Studien mit Arzneimitteln, die hohen Blutdruck senken sollen, können Placeboeffekte sogar bei bis zu 85 Prozent der Versuchspersonen auftreten. Selbst Nebenwirkungen können als Placebo-Effekte auftreten. In einer Untersuchung über Chemotherapien fielen in der Kontrollgruppe einigen Beteiligten die Haare aus, obwohl sie nur Zuckerpillen bekamen. Sie glaubten, daß der Haarverlust immer die Nebenwirkung einer Chemotherapie sei.

In einem amerikanischen Handbuch über Placebos kann man Folgendes nachlesen: Glaube macht krank, Glaube tötet, Glaube heilt. Die Kraft der Vorstellung ist also enorm.

Ein Beispiel: Vor über dreißig Jahren verlangte der Patient Mr. Wright mit fortgeschrittenem Krebs von seinem Arzt eine Behandlung mit einem experimentellen Medikament namens Krebiozen, da er sich davon eine Besserung versprach. Es konnte – nach Meinung des Arztes und nach dem wissenschaftlichen Stand – dem Patienten niemals helfen. Aber nach nur einer Injektion «schmolz der Tumor wie ein Schneeball auf einem heißen Ofen» – nachweislich. Schon kurze Zeit später fühlte der Patient sich völlig gesund. Aber dann las Mr. Wright zufällig einen Artikel, in dem Krebiozen als nicht effektiv in der Krebstherapie bezeichnet wurde, und kurz darauf bekam er Metastasen. Sein Arzt wagte ein Experiment: Er spritzte ihm lediglich Wasser und erzählte seinem Patienten, daß er eine neue Version des Medikaments bekommen hätte, die helfen würde. Die Metastasen lösten sich auf. Das ist wohl das klassischste Beispiel für eine Placeboheilung, sie wurde 1957 von dem behandelnden Arzt Bruno Klopfer veröffentlicht.

Spontane unerklärbare Heilungen sind Experimente der Natur. Das Phänomen ist rar, aber real. An Ausnahmen lernen Mediziner, und die spontanen Remissionen oder Wunderheilungen lassen die Vermutung zu, daß eine Selbstheilung möglich ist. Der Mensch bekämpft die Krankheit selbst, ob durch die Psyche, den Körper oder religiöse Zeremonien. Aber: Die Heilungen lassen sich wissenschaftlich nicht erklären – noch nicht. Das könnte sich ändern, meint auch Brendan O'Regan, der Vizepräsident des Institute of Noetic Sciences im kalifornischen Sausalito: «Wir müssen nur herausfinden, wie man diese Selbstheilungskräfte anschaltet.»

Die amerikanische Stiftung in Sausalito unterstützt Studien über Leib-Seele-Interaktionen, und vor Jahren begann man mit einer umfassenden Dokumentation über Wunderheilungen. In insgesamt achthundert medizinischen Fachzeitschriften in über zwanzig Sprachen wurden 3500 Berichte über spontane Heilungen in einem Datenpool gesammelt. 1200 davon sind nach den strengen Kriterien von O'Regan anerkannt, 89 aus der Bundesrepublik. Insgesamt betreffen 15 Prozent der Fälle Hautkrankheiten, 27 Prozent Blasen-, Darm- und Unterleibserkrankungen, 13 Prozent Krankheiten des Skeletts und 15 Prozent das Blut. Der Rest verteilt sich auf diverse seltene Krankheiten. Außerdem sind fünf unerklärliche Heilungen von AIDS dokumentiert. Die Infizierten waren HIV-positiv, hatten eindeutige Krankheitssymptome und wurden dann wieder HIV-negativ. Auffällig war bei vielen Patienten mit unterschiedlichen Krankheiten: Oftmals wurde die spontane Remission von einer Infektionskrankheit begleitet, die mit der eigentlichen Krankheit nichts zu tun hatte. Es könnte sein, daß die Bakterien das Immunsystem derart stimulieren, daß es plötzlich die Erkrankung, den Tumor zum Beispiel, kontrollieren kann. Bevor man die Strahlen- und Chemotherapie kannte, wurde dieses Therapieprinzip (mit einer gezielten Infektion eines Patienten) in den vierziger und fünfziger Jahren eingesetzt. Heute weiß man, daß Immunzellen, stimuliert durch eine bakterielle Infektion, vermehrt den Tumor-Nekrose-Faktor (siehe Seite 95 f) produzieren, einen Botenstoff, der Tumorzellen vernichten kann. Das könnte eine Art Mobilisierung für die tumorbekämpfenden Immunzellen bedeuten. Immerhin hat die amerikanische Food and Drug Administration, eine mit dem Bundesgesundheitsamt vergleichbare Institution, 1990 eine Therapie für Blasenkrebs zugelassen, bei der «gezielte Infektionen» am Patienten eingesetzt werden.

Aber aus dem Phänomen der spontanen Remission und des Placeboeffektes folgt auch, daß sich theoretisch das Selbstheilungssystem im Menschen aktivieren lassen muß. Wenn die engen Verbindungen zwischen Nerven-, Hormon- und Immunsystem in der Tat so existieren, wie es der derzeitige Stand der Wissenschaft als wahrscheinlich erscheinen läßt und wie sie in diesem Buch beschrieben werden, dann muß sich der gegenseitige Informationsaustauch zwischen den Systemen auch beim Heilungsprozeß einer Krankheit nutzbar machen lassen! Warum sollten nur Medikamente hilfreich sein und nicht auch der Wille, Gedanken, positive Emotionen und günstige soziale Situationen? Mediziner und Patienten könnten dann gemeinsam das Input-System Psyche für die Gesundung nutzen. So logisch das klingen mag – hier scheiden sich die Geister: Hypnose, Meditation, Suggestion und Entspannungsübungen als neue Behandlung bei Krebs, Autoimmunkrankheiten, AIDS oder Infektionen?

Der psychologische «Regentanz»: Heil dich selbst und denk dich gesund!

Zehn Patienten treffen sich einmal im Monat und sitzen mit geschlossenen Augen entspannt im Kreis. Sie sind bemüht, sich zu suggerieren, daß die Lymphocyten als gefährliche Haie die schwachen Krebszellen in ihrem Körper auffressen und vernichten. Die Methode nennt man in den USA *guided imagery* – geleitete bildliche Vorstellung. Nicholas Hall, Leiter der PNI-Abteilung der psychiatrischen Klinik in Tampa/Florida, war einer der ersten Wissenschaftler, die konsequent versucht haben, die Erkenntnisse der Psychoneuroimmunologie therapeutisch zu nutzen. Der Sinn der Visualisierung ist folgender: Das Immunsystem der schwerkranken Krebspatienten soll im Kampf gegen den Tumor gestärkt werden.

Und tatsächlich steigt mit den Suggestionsübungen die Aktivität der natürlichen Killerzellen, und die T-Lymphocyten im Blut sind im Phytohämagglutinin- und Concanavalin-A Test (siehe Seite 104) aktiver. Daß dies auch bei gesunden Personen funktioniert, haben jetzt Wissenschaftler der Universität von Los Angeles beweisen können. Sie forderten Schauspieler auf, in einem Experiment jeweils eine depressive und glückliche Stimmung auszudrücken und solch einen Menschen in dieser Gemütsverfassung durch Monologe und Gesten auf der Bühne zu spielen. Die Teilungsrate von Immunzellen nach der Stimulation mit Phytohämagglutinin stieg nach der Darstellung der glücklichen Stimmung sofort an, während sie bei der negativen Stimmung sofort sank. Je stärker sich die Schauspieler in ihre Rolle hineinsteigerten, desto deutlicher waren die Unterschiede. Das zeigt, daß auch kurze Stimmungsänderungen Einfluß auf das Immunsystem haben. Läßt sich dieses Phänomen therapeutisch nutzen? Auch Nicholas Hall weiß nicht, ob seine Patienten, die diese *guided imagery* zusätzlich zu der konventionellen Krebstherapie auch zu Hause zweimal täglich durchführen, bessere Heilungschancen haben und länger leben als Patienten, die nicht diese zusätzliche psychologische Therapie machen. Es gibt keine kontrollierten Studien zu dieser Fragestellung. Aber zumindest haben alle Teilnehmer der ersten Pilotstudie in Tampa die Lebenszeit, die ihnen noch prognostiziert wurde, überschritten und fühlen sich wohl. «Der Sinn der Übungen», so Nick Hall aus Tampa, «ist auch, daß diese meist hoffnungslosen und der unangenehmen Krebstherapie hilflos ausgelieferten Menschen das Gefühl haben, sie können selbst aktiv etwas zu ihrem Heilungsprozeß beitragen.» Die positiven mentalen Bilder, die für die Suggestion benutzt werden, sind übrigens nicht festgelegt, sondern jeder Patient kann sich da seine eigenen Vorstellungen machen. Ein Priester zum Beispiel, der an einer bösartigen Form von Hautkrebs leidet, hatte aus religiösen Gründen Schwierigkeiten, etwas zu zerstören, was Gott geschaffen hatte, auch wenn es sich nur um Krebszellen handelte. Er wählte das Bild eines Gartens mit Unkraut. Die wunderschönen Blumen bekamen Wasser und Nährstoffe, während das Unkraut verdorrte und verwelkte. Zusätzlich zu den Suggestionsübungen werden die Patienten in Tampa auch angeleitet, wie man verschiedene Entspannungstechniken einsetzt. Am häufigsten wird die Simonton-Technik angewandt, die von Carl und Stephanie Simonton Ende der siebziger Jahre in der Krebsklinik in Fort Worth/Texas entwickelt wurde. Hier werden Muskelentspannungsübungen und *guided imagery* kombiniert. Die Kassetten mit den Übungsanleitungen sind in den USA und mittlerweile auch in der Bundesrepublik erhältlich.

Häufig kommt auch die Methode des Biofeedback zum Einsatz. Dabei geht man davon aus, daß man Körperfunktionen kontrollieren kann, wenn sie visualisiert und akustisch nachvollziehbar gemacht werden. Diese Methode funktioniert zum Beispiel zur Senkung des Blutdrucks, bei bestimmten Formen von Kopfschmerz und bei Patienten mit Epilepsie. Über ein EEG kann der Patient mittels bunter Lampen und Signaltöne den Rhythmus seiner Gehirnströme verfolgen und ändern. Gleiches gilt für die Kontraktion oder Entspannung von Blutgefäßen im Kopf. Wer unter Spannungskopfschmerzen leidet, kann unter Anleitung lernen, willentlich Gefäße zu erweitern oder zu verengen, obwohl dies normalerweise der Kontrolle des nichtwillentlichen Nervensystems unterliegt. Auch die Aktivität von Killerzellen und Lymphocyten läßt sich visualisieren, und so bietet man den Patienten eine gewisse Kontrolle über den Erfolg der Übungen. Nach jeder Blutanalyse zeigt man ihnen die Aktivitätskurven. Nun könnte man meinen: Gut, vielleicht hilft es etwas, vielleicht auch nicht, aber schaden können diese Übungen auf keinen Fall. Nick Hall allerdings weiß, daß nicht jeder für diese Art Zusatztherapie geeignet ist. Er kennt Patienten, die steigern sich so sehr in die Übungen hinein, daß sie alles andere vergessen, nicht mehr essen, nicht mehr schlafen wollen und kein Interesse mehr an ihrer Umwelt haben. Andere dagegen entwickeln Schuldgefühle gegen sich selbst oder den Ehepartner. Die Effektivität dieser psychologischen Ansätze bei der Krebsbehandlung ist insgesamt nicht erwiesen, und deshalb ist die Befürchtung groß, daß Patienten annehmen könnten, ihre lebensbedrohliche Erkrankung ließe sich allein durch Gedanken und Vorstellungen heilen. Dafür allerdings gibt es keinerlei Beweise. Niemand sollte auf eine konventionelle Therapie mit Chemotherapeutika, Chirurgie oder radioaktiven Strahlen verzichten, denn deren Nutzen ist zumindest erwiesen, wenn sie auch nicht immer zur völligen Heilung führen. Diese Meinung vertreten auch diejenigen, die die psychologischen Zusatzbehandlungen mit viel Engagement propagieren.

Die Geduld, die wissenschaftlichen Erkenntnisse abzuwarten, haben vor allem in den USA jedoch nicht alle Therapeuten, und nicht immer wird überhaupt versucht, die positiven Effekte nachzuweisen. Die Gefahr liegt in der Attraktivität einer einfachen und billigen Heilungsmethode. So wurde das Buch von Norman Cousins «Der Arzt in uns selbst» zu einem Bestseller. Norman Cousins, damals Herausgeber der *Saturday Reviews* in Los Angeles, beschreibt darin spannend und beeindruckend, wie er seine gefährliche Krankheit (Spondylitis ankylosans – eine knochen- und skelettdeformierende schnell fortschreitende Krankheit) mit Hilfe einer Lachtherapie und großer Mengen Vitamin C vollkommen heilte. Er sah sich monatelang Marx-Brothers-Filme oder die amerikanische Version von ‹Versteckte Kamera› an und setzte sich konsequent und vehement mit seiner Krankheit auseinander. Solche Einzelfälle, die sicher immer Erstaunen hervorrufen und bei jedem Betroffenen in einer auswegslosen Situation auf fruchtbaren Boden fallen, besagen jedoch nicht, daß das Prinzip einer Lachtherapie bei jedem einen heilenden Effekt haben müßte. Niemand weiß, ob bei Norman Cousins nicht auch ohne die Unterstützung der Marx Brothers eine spontane Heilung eingetreten wäre. Gleiches gilt für folgenden Fall aus einer Untersuchung des Ehepaars Simonton: Ein sechsundsechzigjähriger Mann litt an einem metastasierenden Prostatakrebs und begann neben der konventionellen Therapie in der Simonton-Klinik mit den Entspannungs- und Vorstellungsübungen. Am 5. Dezember 1980 wurden Metastasen an der Wirbelsäule, den Rippen, den Schultern und beiden Oberschenkeln festgestellt. Am 20. Februar 1981 fand man bei einer weiteren Untersuchung Tochtergeschwülste am Kopf. Noch im Februar begann der Mann mit der psychologischen Therapie: Entspannung mit Musik und Visualisierungstechniken. Gleichzeitig wurden wöchentlich Blutuntersuchungen vorgenommen, um die Aktivität der Lymphocyten und die Konzentration des Thymushormons Thymosin alpha 1, eines für Immunzellen aktivierenden Stoffs, zu messen. Am 27. November 1981 konnte bei einer Routinekontrolle keine einzige Knochenmetastase mehr festgestellt werden. Nach einem Vergleich des persönlichen Tagebuches des Patienten, der alle Übungen und sein Befinden schriftlich festgehalten hatte, und den Ergebnissen der Blutuntersuchungen stellte sich heraus, daß immer, wenn er das Gefühl hatte, die mentalen Bilder gut umgesetzt zu haben, die Konzentration von Thymosin alpha 1 und die Anzahl der Lymphocyten anstieg.

Wie betont: Auch das ist ein Einzelfall, und leider werden die Protokolle beim Versagen der Methoden selten veröffentlicht.

Neben der *guided imagery* ist die Hypnose die zweite Methode der Wahl bei vielen Therapeuten. Immerhin zeigt eine Studie am bekannten Massachusetts General Hospital in Boston, daß Warzen im Laufe einer Hypnosetherapie verschwinden können. Siebzehn Patienten mit Warzen wurden fünfmal wöchentlich hypnotisiert, und es wurde ihnen gesagt, daß sich die Hautmale auflösen würden. Bei neun Patienten hatten die Hypnotiseure Erfolg. Die Warzen verschwanden. Ernest Lawrence Rossi aus Malibu propagiert die Hypnosetherapie auch bei schweren Erkrankungen. Durch die Konzentration, die erhöhte Lernbereitschaft und die tiefe Entspannung werden seiner Meinung nach die Selbstheilungskräfte gezielt eingesetzt. Andere Therapeuten nutzen Delphine, um Krebspatienten zu entspannen. Sie schwimmen täglich mit den verspielten Meerestieren im Bassin und können ihnen Kunststücke beibringen. Auch das soll die positive Lebenseinstellung fördern. In vielen sogenannten Mind-Body-Kliniken werden solche und ähnliche Methoden angewandt. In Los Angeles, in San Francisco und auch in England in Essex arbeitet man auch mit AIDS-Patienten. Yoga-Übungen, autogenes Training, Meditation und positive Bestätigung sind die häufigsten Therapieansätze. Seit neuestem sind auch *brain* oder *mind machines* auf dem Markt. Zu kosmischer Musik tanzen vor dem Auge bunte Bildornamente wie in einem Kaleidoskop. Man braucht dazu nur eine Spezialbrille, einen Walkman und ein Steuergerät. Die geschäftstüchtigen Vertreiber versprechen tiefe Entspannung, für die man mit herkömmlichem Yoga 25 Jahre bräuchte. Die elektrische und optisch-akustische Stimulation des Gehirns soll die Produktion von Botenstoffen anregen, zum Beispiel von Endorphinen, und die Gehirnströme sollen sich auf die entspannenden Alpha-Wellen einpendeln. Zusätzlich wird das positive Denken gefördert – so die Werbeaussagen.

Ob diese Effekte in der Tat auftreten und ob sie dann beim Heilungsprozeß mithelfen, bleibt offen.

«Die Psychologie zu benutzen, um eine Krankheit zu bekämpfen, ist das gleiche, als wenn man einen Regentanz aufführen würde», so drastisch drückt Marcia Angell, Mitherausgeberin des *New England Journal of Medicine*, eine der bekanntesten medizinischen Fachzeitschriften, in der *New York Times* ihre Bedenken aus (siehe auch Seite 127). Es ist besser, zur Vorsicht zu mahnen, als falsche Hoffnungen zu erwecken – das ist die Meinung vieler Psychoneuroimmunologen. David Felten aus Rochester, der die anatomische Verbindung zwischen dem Nerven- und dem Immunsystem entdeckte, formuliert seine Kritik so: «Ich denke, auf diesem Gebiet tummeln sich einige wenig verantwortungsbewußte Leute, die schlicht Geld verdienen wollen. Indem sie nur nach den Verkaufszahlen ihrer Bücher schauen und ihre Geldtaschen füllen, machen sie aus dieser Forschungsrichtung eine Art Karikatur.» – «Mit der einfachen New-Age-Formel ‹Denke positiv› wird die Medizin nicht weiterkommen», glaubt auch der Kieler Psychologe Roman Ferstl. So simpel läßt sich ein komplexes biochemisches Netzwerk nicht überlisten!

Psychotherapie: Freude und Freunde helfen mit

Diese skeptischen Anmerkungen sollen nicht bedeuten, daß Psychoneuroimmunologen nicht trotzdem glauben, daß die Psyche den Körper beeinflußt und umgekehrt. Genau das haben sie ja in mühevoller Kleinarbeit nachgewiesen. Sie warnen nur davor, diese Erkenntnisse allzu schnell unspezifisch einzusetzen, in dem Glauben, es sei eine neue einfache Therapie für schwerwiegende Erkrankungen gefunden worden. «Wir haben weder genug Beweise für die berechtigte Vermutung, daß diese Kräfte effektiv wirken, noch genügend Informationen, um sagen zu können, sie wirken nicht», so umschreibt Nicholas Hall das Dilemma. Folgende Forschungsstrategie schlägt David Felten vor: «Wenn wir akzeptieren, daß psychosoziale Faktoren auf mechanistische Weise mit dem Immunsystem interagieren, können wir nie mehr die Physiologie des Menschen so betrachten, wie wir es bisher getan haben. Wir müssen dann immer die Möglichkeit mit einbeziehen, daß Prozesse im Nervensystem und Hormonsystem, sei es durch innere Einstellungen des Menschen oder durch äußere psychosoziale Faktoren, das Immunsystem beeinflussen. Es liegt dann natürlich nahe anzunehmen, daß Patienten einen größeren Einfluß auf ihre Gesundheit haben, als viele Mediziner es zugeben wollen und wir es bislang ahnten. Wenn das stimmt, müssen wir sehr vorsichtig die Hypothese untersuchen, ob eine gute soziale Unterstützung durch die Familie und eine positive Lebenseinstellung eine wichtige Rolle im Heilungsprozeß spielen.» David Felten ist überzeugt, daß solche Ansätze beim Ausbruch oder dem Beginn einer Krankheit hilfreich sein könnten, aber niemals im Endstadium. Da überrolle die Biologie die Psyche.

Nun gibt es eine neuere Studie, die die günstigen Effekte einer Psychotherapie, eines Streßmanagementtrainings oder sozialer Unterstützung wissenschaftlich untersucht hat. Der Psychiater David Spiegel von der Stanford University of Medicine in Kalifornien zum Beispiel verfolgte bei fünfzig Brustkrebspatientinnen mit Metastasen den Effekt von Gruppentherapie und Selbsthypnose gegen die Schmerzen auf den Heilungserfolg. Man versuchte ein Jahr lang jede Woche durch neunzigminütige Gespräche und eine generelle psychosoziale Zuwendung, den Patientinnen Mut zu machen und sie im Kampf gegen die Krankheit zu unterstützen. Sie sollten über ihre Ängste und Hoffnungen reden. Die einzelnen Teilnehmerinnen entwickelten im Laufe der Zeit ein starkes Zusammengehörigkeitsgefühl und halfen sich gegenseitig. 36 Patientinnen in der Kontrollgruppe erhielten diese Zuwendung nicht, nur die übliche Krebstherapie genau wie die «Psychosoziale Gruppe». Alle 86 Frauen mit Brustkrebs hatten ein vergleichbares Krankheitsstadium. Nach einem Jahr wurde die Zusatztherapie beendet, das Schicksal der Patientinnen aber weiter verfolgt. Das Ergebnis, veröffentlicht im Oktober 1989: Die Frauen, die die intensive psycho-

soziale Unterstützung erhalten hatten, lebten signifikant länger, nämlich im Durchschnitt 36 Monate nach dem Start der Studie, während
die Patientinnen in der Kontrollgruppe im Durchschnitt nach 18 Monaten starben. Das bedeutet, daß durch die zusätzliche Therapie die
Überlebenszeit verdoppelt wird. David Spiegel betont, daß keine Vi-
sualisierungsübungen angewendet wurden, sondern nur eine intensive
psychosoziale Betreuung. Er glaubt, daß der soziale Faktor, also der
Kontakt zur Familie und zu Freunden, entscheidend ist. Das beeinflußt
enorm den Umgang und die Verarbeitung von Streßfaktoren. Er vermutet, daß seine Patientinnen mit dem guten Angebot an Unterstützung und Kommunikation bei der konventionellen Krebstherapie besser mit den Ärzten kooperierten, Diätvorschläge genauer beachteten,
mehr Appetit hatten, insgesamt sehr auf ihre Gesundheit achteten und
besser gelaunt waren. Aber auch er warnt, allzu schnell voreilige
Schlüsse zu ziehen. Die psychosoziale Intervention ist nur eine Zusatztherapie, und damit kann man Krebs nicht generell heilen.

Eine weitere Studie wurde im September 1993 veröffentlicht. Fawzy
I. Fawzy von der School of Medicine in Los Angeles untersuchte bei 68
Patienten mit Melanoma den Effekt eines sechswöchigen Streßreduk-
tions-Programms neben der üblichen Therapie. Sechs Jahre später waren von der Therapiegruppe drei Patienten, von der Kontrollgruppe
zehn verstorben. Sieben Patienten (Kontrollgruppe: 13) erlitten einen
Rückfall.

In Deutschland hat Privatdozent Manfred Schedlowski 1993 an der
Medizinischen Hochschule Hannover eine Studie mit 24 Brustkrebspatientinnen gestartet. 14 erhielten einmal wöchentlich über zehn Wochen eine psychologische Unterstützung. Im Lauf der Therapie sank bei
ihnen der Cortisolspiegel, die Abwehrzellen vermehrten sich. Dieses
Ergebnis unterstützt die Hypothese, daß etwa Gespräche und Autogenes Training die Immunfunktionen zu regulieren vermögen. Ob sie den
Patienten im Kampf gegen die Krankheit helfen, ist nach wie vor ungeklärt.

Als Unterstützung im Kampf gegen lebensbedrohliche Erkrankungen sind solche Ansätze jedoch wirksam. Das haben Patienten und
Ärzte schon lange erkannt. Für viele Krankheiten wie Rheuma, Multiple Sklerose, AIDS und Krebs haben Patienten in Zusammenarbeit
mit Ärzten Selbsthilfegruppen gegründet. In Colorado gibt es sogar ein
sechsmonatiges psychosoziales Programm für geschiedene Männer

und Frauen. Sie überwinden nach ersten Ergebnissen schneller Depressionen und fühlen sich auch körperlich gesünder als Vergleichsgruppen, die allein mit den Problemen einer Trennung fertig werden müssen.

Das HIV-Projekt an der Universität von Miami zeigt jedoch, daß die psychosoziale Intervention nicht immer im gleichen Maß erfolgreich sein muß. Ohne zu wissen, wer HIV-positiv oder HIV-negativ ist, lernten Personen aus Risikogruppen in einem Streßmanagement-Programm mit Streßfaktoren umzugehen und weniger ängstlich zu sein. Man erhoffte sich von dieser Intervention eine Verbesserung der Immunfunktionen. Es stellte sich jedoch heraus, daß nur in der Gruppe der HIV-Negativen signifikante Veränderungen auftreten. Bei den HIV-Positiven ergaben sich keine signifikanten Änderungen der Immunfunktionen durch das Streßmanagement-Programm.

Ein anderes Beispiel: Hans Jäger hat am Schwabinger Krankenhaus in München bereits 1987 eine Sportgruppe für HIV-Positive und AIDS-Patienten konzipiert, die zwei Ziele verfolgen sollte: Erstens soll die leichte sportliche Betätigung das körperliche Wohlbefinden und die Leistungsfähigkeit erhöhen, und zweitens soll dadurch auch das psychische Befinden der Betroffenen positiv beeinflußt werden.

Den günstigen Einfluß von Sport auf das Immunsystem und das seelische Gleichgewicht hat Celia Schlenzig in einer Studie mit 28 AIDS-Patienten in München bestätigt. Über zwei Monate wurde zweimal wöchentlich eine Trainingsstunde (Aufwärmen der Muskulatur, Gymnastik, Intervalltraining, Spiel) mit den im Durchschnitt 34 Jahre alten Patienten absolviert. Eine Kontrollgruppe wurde zusammengestellt, die sich jedoch nicht an den Übungen beteiligte. Alle Probanden befanden sich im Anfangsstadium der Erkrankung. Es wurde sehr darauf geachtet, daß die Sport- und die Kontrollgruppe wirklich vergleichbar waren. Über Blutuntersuchungen wurden immunologische Veränderungen und in psychologischen Fragebögen der Effekt auf die psychische Situation in der Sport- und der Nicht-Sport-Gruppe erfaßt. Das Ergebnis: Viele Immunparameter, wie die Anzahl der weißen Blutkörperchen und der T-Helfer-Zellen sowie die Werte im Antigen-Stimulationstest, stiegen in der Sportgruppe an. Alle Patienten berichteten von neuen Perspektiven, die sie durch den Sport gefunden haben, von körperlichem Wohlbefinden und seelischem Ausgleich, der nach Selbstaussagen bis zu einer besseren Krankheitsbewältigung führte. Ob allerdings die körperliche Betätigung oder die psychosoziale Zuwendung im gemeinsamen Training oder beides die Effekte bedingten, bleibt ungeklärt. In weiterführenden Studien geht das Kuratorium für Immunschwäche in München unter Hans Jäger dieser Frage nach. Ist ein pädagogisch angeleitetes Sporttraining vielleicht eine sinnvolle psychosoziale Therapie mit dem Nebeneffekt, daß man auch noch etwas für den Körper tut?

Da eine psychiatrische Betreuung gerade bei AIDS-Patienten wichtig ist, weil die AIDS-Viren auch Gehirnzellen befallen können und damit psychische Veränderungen hervorrufen und die Diagnose selbst verständlicherweise häufig Depressionen auslöst, hat das Max-Planck-Institut für Psychiatrie in Zusammenarbeit mit dem Schwabinger Krankenhaus in München seit 1991 eine neurologisch-psychiatrische Ambulanz eingerichtet. Dort werden gezielt Depressionen, Angstzustände, Schlafstörungen und neurologische Symptome behandelt. Dazu wird ein breites Informationsspektrum über aktuelle wissenschaftliche Entwicklungen angeboten, damit sich die Betroffenen vergewissern können, daß sie nach neuesten Erkenntnissen behandelt werden. Mit diesem Angebot hofft man, nicht nur die Lebensqualität der Betroffenen zu verbessern, sondern auch einen günstigen Einfluß auf das Immunsystem zu nehmen. Solange es keine effektiven medikamentösen Behandlungsmöglichkeiten gibt, muß jede Chance genutzt werden, das Fortschreiten der Krankheit zu bremsen. Und Schlafstörungen und Depressionen haben negative Auswirkungen (siehe Seite 118 f) auf das eh schon schwer geschädigte Immunsystem. Wichtig könnte auch sein, den Cortisol-Spiegel zu senken, der bei vielen Patienten erhöht ist. Der amerikanische AIDS-Experte Robert Gallo hat nämlich herausgefunden, daß das Streßhormon zumindest im Reagenzglas den AIDS-Viren den Eintritt in ihre bevorzugten Wirtzellen, die Monocyten, erleichtert. Durch Cortisol könnte die ständige Neuinfektion im Körper noch gefördert werden – so die Hypothese. Außerdem lassen sich durch neue Forschungsansätze im psychiatrischen Bereich vielleicht auch neue Diagnosemöglichkeiten entwickeln. Inwieweit ist das Gehirn bei einem AIDS-Patienten durch das Virus geschädigt oder nicht? Das ist eine wichtige Frage, die bislang von Medizinern nur unsicher zu beantworten war.

Konditionierung: Placebo als Therapie

Nach neuen Therapiekonzepten sucht auch Robert Ader aus Rochester in den USA, einer der Väter der Psychoneuroimmunologie. Der Psychologe Robert Ader und der Immunologe Nick Cohen hatten vor rund fünfzehn Jahren zufällig bei einem Versuch mit Ratten entdeckt, daß sich das Immunsystem konditionieren läßt. Das führte zu der damals verwegenen Hypothese, daß Lernprozesse im Gehirn die Abwehrkräfte gegenüber Krankheitserregern beeinflussen (siehe Seite 107 ff). Seit 1990 nun erforschen die beiden Wissenschaftler, ob man mit Hilfe dieser Erkenntnis nicht auch Patienten helfen kann; Patienten, die sich einer Chemotherapie bei Krebs unterziehen müssen oder die an einer Autoimmunkrankheit, wie Multipler Sklerose oder entzündlichem Rheuma, leiden. Ader und Cohen wiederholten ihre Rattenexperimente mit der chemischen Substanz Cyclophosphamid und Zuckerwasser. Cyclophosphamid verursacht Übelkeit und schwächt das Immunsystem. Kombiniert man eine Injektion mit gewöhnlichem gesüßtem Wasser, tritt der Effekt schon nach einem Lerndurchgang auf, auch wenn man dann den Ratten nur das Zuckerwasser zu trinken gibt. Auch ohne Cyclophosphamid wird ihnen schlecht, und das Immunsystem ist geschwächt. Was passiert aber, wenn man als Versuchstiere Mäuse mit einer Autoimmunkrankheit verwendet und mit ihnen das gleiche Konditionierungsexperiment macht? In Rochester suchte man sich für das bedeutsame Experiment einen neuseeländischen Mäusestamm aus, der an Lupus erythematodes leidet – einer Autoimmunkrankheit, die es auch beim Menschen gibt. Hierbei richtet sich das Abwehrsystem gegen körpereigene Zellen, und es bilden sich Immunkomplexe, die zu schweren Gefäßentzündungen führen. Vor allem die inneren Organe und die Haut werden dadurch geschädigt. Die Lupus-Mäuse sterben, wenn man sie nicht behandelt, und die Therapie erfolgt mit Substanzen wie Cyclophosphamid. Das aggressive und außer Kontrolle geratene Immunsystem wird so gebremst. Was normalen Ratten schadet, sollte den Lupus-Mäusen also nützen! Und dabei kann der konditionierte Immuneffekt von Nutzen sein. Normalerweise werden diese Mäuse einmal pro Woche mit einer niedrigen Dosis behandelt. In Rochester kombinierte man diese Dosis mit Zuckerwasser. In der ersten Woche gab es Cyclophosphamid mit Zuckerwasser, in der zweiten nur das süße Wasser, in der dritten wieder den unkonditionierten zusammen mit dem konditionierten Reiz und so weiter. Das Ergebnis war eindeutig: In der konditionierten Gruppe, die ja eigentlich nur die Hälfte der Wirksubstanz (jede zweite Woche) bekam, besserten sich die Symptome genauso wie in der unkonditionierten Gruppe, der in jeder Woche Cyclophosphamid gespritzt wurde. Bei der Kontrollgruppe, die ebenfalls nur die Hälfte des Medikamentes erhielt, aber nicht konditioniert war, zeigte das Mittel keine Wirkung – die Tiere starben. Das heißt: Der eigentlich geringe Konditionierungseffekt hat einen großen Einfluß auf die Überlebenszeit der Mäuse. Die halbe Dosierung genügt für die Behandlung.

Zu einem ähnlichen Ergebnis sind auch Sibylle und Wolfgang Klosterhalfen von der Universität Düsseldorf gekommen. Bei einem Versuchsaufbau mit Cyclosporin A, einem ebenfalls immunschwächenden Medikament, wie es Patienten nach Transplantationen bekommen, und Ratten, denen man künstlich eine Gelenkentzündung (Arthritis) zufügte, zeigte sich eine Besserung der Krankheitssymptome, wenn die Ratten nach der Konditionierung süßes Wasser tranken. Die Pfotenschwellung, ein Merkmal für das Ausmaß der Arthritis, nahm signifikant ab. Auch Sibylle Klosterhalfen interpretiert diesen Befund als das Ergebnis eines Lernprozesses. Und Robert Ader folgert, daß es an der Zeit ist, den Konditionierungseffekt auch in der Behandlung von Patienten einzusetzen. Für ihn ist die Konditionierung eine Form des assoziativen Lernens und auch eine Erklärung für den Placeboeffekt. Alle bekannten Stimuli, wie das Öffnen der Pillenschachtel, das Herausnehmen der Tablette, das Glas Wasser zum Hinunterspülen sind konditionierte Reize. Man erwartet einen Effekt und hat ja schon vorher bei vielen Gelegenheiten die Wirkungen zu spüren bekommen. Wenn man Patienten mit Medikamenten und Placebos im Wechsel behandeln würde, könnte man vielleicht den gleichen heilenden Effekt erzielen wie mit dem Medikament allein. Aber weniger Wirksubstanz bedeutet meist auch weniger Nebenwirkungen – also eine schonendere und kostengünstigere Therapie. Für ihn ist der Placeboeffekt beileibe nichts Mysteriöses, aber noch gilt die Verabreichung eines Placebomittels als eine Lüge am unwissenden Patienten. Diese neuen Therapiemöglichkeiten werden vor allem in den USA und Japan intensiv erforscht, aber auch an der Universität Marburg. An Ratten hat man dort nachgewiesen, daß Arzneimittel durch Konditionierung sogar eine entgegengesetzte Wirkung entfalten können. Konditionierungseffekte spielen offensichtlich auch eine wichtige Rolle bei der Abhängigkeit von Drogen. Heroinabhängige können beispielsweise wieder Entzugssymptome spüren, wenn sie die vertrauten Signale des «Milieus» wahrnehmen, obwohl sie über längere Zeit schon ohne Heroin und ohne körperliche Entzugserscheinungen gelebt haben. Es ist auch bekannt, so Klaus Kuschinsky aus Marburg, daß bei Heroinabhängigen eine hohe Dosis tödlich sein kann, wenn sie unerwartet an einem fremden Ort ohne bekannte Stimuli gespritzt wird, während sie vom Körper vertragen wird, wenn der Abhängige damit rechnet, eine hohe Heroindosis zu bekommen.

Und noch ein weiteres Phänomen läßt sich mit Hilfe des Konditionierungseffektes erklären: das antizipatorische Erbrechen bei Patienten, die einer Chemotherapie ausgesetzt sind. Zwischen 25 Prozent und 45 Prozent der Patienten müssen schon Tage vor der erwarteten nächsten Chemotherapie erbrechen. Oder ihr Zustand verschlechtert sich bereits, wenn sie nur das Krankenhaus betreten, den charakteristischen Geruch wahrnehmen und die Infusionskanülen sehen, ohne daß ihnen das Arzneimittel gegeben wurde.

Biologische Therapie: von Botenstoffen, blockierenden Peptiden, monoklonalen Antikörpern, löslichen Rezeptoren und manipulierten Genen

Aber durch die Psychoneuroimmunologie ergeben sich nicht nur auf der «Psychoseite» neue Behandlungsansätze. Mit dem Wissen um die Zusammenhänge der einzelnen Körpersysteme lassen sich auch neue Wirkstoffe konstruieren, die in das Netzwerk eines kranken Körpers eingreifen. Bleiben wir gleich beim Beispiel AIDS. AIDS-Viren gehören zu den Retroviren, und ihr Erbmaterial besteht deshalb aus RNS und nicht wie sonst üblich aus DNS. Damit das nur ein tausendstel Millimeter große runde Virus überhaupt aktiv werden kann, muß deshalb diese RNS zunächst in eine Sprache umgeschrieben werden, die auch die menschliche Körperzelle versteht: Aus RNS wird DNS. Das besorgt ein Enzym, welches das AIDS-Virus sich selbst mitbringt und zusammen mit der RNS in die Wirtzelle einschleust. Zum Aufbau des DNS-Stranges benutzt dieses Enzym, die Reverse Transkriptase, die vier notwendigen Bausteine aus dem Reservoir der Zelle. Entsteht so eine Virus-DNS, wandert diese in den Zellkern der befallenen Zelle und integriert sich in das zelluläre Erbmaterial. Von dort aus werden – unter Umständen erst nach Jahren – neue Virus-RNS und die notwendigen Hüllproteine gemacht und zu neuen AIDS-Viren zusammengebaut, die dann weitere Immun- und Gehirnzellen attackieren.

Die besten Behandlungserfolge wurden mit der bislang aus Heringssperma gewonnenen Substanz Azidothymidin (AZT) erzielt. Mittlerweile wird sie synthetisch hergestellt und ist unter dem Handelsnamen Retrovir im Sortiment jeder Apotheke. AZT blockiert das Umschreiben der RNS in die DNS, weil ein falscher Baustein, Azidothymidin statt Thymidin, in die Virus-DNS eingebaut wird. Es kommt zum Kettenabbruch, und damit wird die Integration des Virus und die Herstellung neuer Viren verhindert. Allerdings bleiben die schon eingebauten Viren in den befallenen Zellen, und sobald AZT abgesetzt wird, können sofort wieder neue AIDS-Viren hergestellt werden. Das sogenannte Pro-Virus wird damit also nicht zerstört.

Es wird auch an der Entwicklung von Proteasehemmern gearbeitet. Proteasen sind Enzyme, die dafür sorgen, daß neue AIDS-Viren richtig reifen und zusammengebaut werden. Proteasehemmer verhindern dies: Es entstehen sozusagen funktionsuntüchtige Viren. Die sogenannten Antisense-RNS lagert sich dagegen an neu produzierte Virus-RNS an und verhindert theoretisch wiederum die Fertigstellung aktiver Viren. Interferon, ein Immunbotenstoff, könnte – so die Hoffnung – neu hergestellte Viren daran hindern, die Zelle zu verlassen und neue zu befallen. Lösliche CD-4-Moleküle dagegen besetzen, ähnlich wie das Peptid T, die Bindungsstellen für AIDS-Viren auf Immunzellen, und so läßt sich der Eintritt der Viren mit einer «CD-4-Impfung» vielleicht unmöglich machen. Welche Strategie oder welche Kombination sich als hilfreich herausstellen wird, weiß noch niemand. Ein neuer und noch äußerst spekulativer Ansatz wird zur Zeit am Max-Planck-Institut für Psychiatrie in München getestet. Wenn im Körper Glucocorticoide wie Cortisol tatsächlich Viren beim Eintritt in die Zellen unterstützen, könnte es, zumindest theoretisch, sinnvoll sein, die Glucocorticoide abzufangen oder deren Rezeptoren zu blockieren. Genau das kann die zu einem gänzlich anderen Zweck in Frankreich entwickelte «Abtreibungspille» RU 486. Diese Substanz besetzt Glucocorticoid-Rezeptoren, so daß zum Beispiel das Streßhormon Cortisol nicht mehr in bestimmten Zellen binden kann.

Auch bei der Behandlung von Krebs und Autoimmunkrankheiten zeichnen sich neue Fortschritte ab. Die gezielte und selektive Zerstörung der Tumorzellen und der autoaggressiven Immunzellen ist das Ziel. Im Gegensatz zu diesen neuen Möglichkeiten einer biologischen Therapie ist die Chemotherapie mit Zellgiften (Zytostatika) beispielsweise eine äußerst grobschlächtige Methode. Damit werden nämlich alle sich schnell teilenden Zellen im Körper zerstört, darunter nur zu einem gewissen Prozentsatz auch entartete Zellen, denen der Angriff ja eigentlich gilt. Bildlich gesprochen, trampeln Zytostatika wie Elefanten in einem Porzellanladen herum. Die Nebenwirkungen sind groß und für den Patienten oftmals belastender als die Krankheit selbst. Ähnlich unspezifisch wirken auch Cortison und Cyclosporin A, die bei Autoimmunkrankheiten und nach Organtransplantationen die überschießenden Immunreaktionen bremsen. Unfreiwillig und unerwünscht werden damit auch die wichtigen und lebensnotwendigen Immunreaktionen beeinträchtigt. Gentechnisch hergestellte monoklonale Antikörper, Immunbotenstoffe wie Interleukine, Interferone und Kolonie-stimulierende Faktoren und auch blockierende Peptide sollen in diesem therapeutischen Dilemma Abhilfe schaffen. Dabei dreht es sich bei einigen Krebserkrankungen und allen Autoimmunkrankheiten meist um die T-Lymphocyten. Ihre Botenstoffe und Rezeptoren sind der Dreh- und Angelpunkt der molekularen Intervention. Eine Behandlung unter Ausnutzung körpereigener Abläufe und körpereigener biologischer Stoffe als individuelle Immuntherapie ist die Therapie der Zukunft – da sind sich die Experten einig.

Einige erfolgversprechende Beispiele: In vitro konstruierte monoklonale Antikörper, die alle einem Zellklon entstammen und somit alle haargenau gleich sind und sich gegen ein bestimmtes Antigen richten, werden gegen das T-Zell-Lymphom eingesetzt, eine Form des Blutkrebses. Aktivierte T-Lymphocyten bilden durch die Stimulation von antigenpräsentierenden Zellen und Interleukin 1 viel Interleukin 2 (IL 2) und sehr viele Interleukin-2-Rezeptoren, um ihre eigene Vermehrung anzuregen. Das allerdings stört die Kommunikation zwischen den Immunzellen. Der IL-2-Rezeptor ist eine Art zentraler Schalter des Immunsystems. Monoklonale Antikörper gegen diese Bindungsstelle verhindern – nach ersten Resultaten – diese Störung. Von sechzehn Patienten mit einem T-Zell-Lymphom – einer Krankheit, die innerhalb von fünf Monaten zum Tode führt und bislang nicht zu behandeln war –

konnten vier geheilt werden. Zusätzlich ist es möglich, an den Antikörper gegen das Interleukin 2 oder den Rezeptor ein Toxin, zum Beispiel das Diphtherie-Gift, anzuhängen, und so lassen sich aktivierte T-Zellen ganz gezielt vernichten. Ein erster klinischer Versuch an Leukämie-Patienten begann am National Cancer Institute im Sommer 1990. Auch bei Abstoßungsreaktionen und Autoimmunkrankheiten wurden so im Klinikum Steglitz in Berlin und an der Harvard University erste Erfolge erzielt. Bei Ratten ist mit dieser Methode zumindest der jugendliche Diabetes (Typ-I-Diabetes) zu heilen. Gravierende Nebenwirkungen wurden bislang nicht beobachtet, da diese Antikörper ja nur ganz gezielt die schädlichen Zellen blockieren, ansonsten aber den Ablauf der Immunreaktion weitgehend unbeeinflußt lassen. Patienten entwickeln jedoch in einigen Fällen eine Allergie gegen diese Antikörper, da bislang nur Mäuse-Antikörper verwendet werden konnten. Der Firma Protein Design in Palo Alto gelang es allerdings, einen neuen «vermenschlichten» monoklonalen Antikörper zu konstruieren. Auch hier geht also die Forschung weiter.

Bei der Multiplen Sklerose haben sich ebenfalls neu entwickelte Antikörper und blockierende Peptide als vielversprechend erwiesen. Auch hier geht es darum, selektiv nur die selbstzerstörerischen Zellen, die die umhüllenden Myelin-Proteine der Nervenzellen angreifen, zu vernichten.

Die koloniestimulierenden Faktoren (CSF) werden genutzt, um die knochenmarkschädigenden Nebenwirkungen einer Chemotherapie zu mildern. Sie regen die wichtigen Knochenmarkszellen, das Nachschublager für Immunzellen, zur Vermehrung an. Erste positive Resultate zeigten sich bei der Behandlung von Knochenmarkskrebs und dem Kaposi-Sarkom, einem seltenen Hauttumor, unter dem besonders AIDS-Patienten leiden. CSF wirkt dabei schon in einer unvorstellbar geringen Dosierung. Ein bis fünf zehntausendstel Gramm reichen für einen Patienten. Mit einem Kilogramm könnte man eine Million Menschen behandeln. Der Tumor-Nekrose-Faktor dagegen scheint bislang die hohen Erwartungen nicht zu erfüllen. Offensichtlich wirkt er zu breit und an zu vielen kritischen Stellen im Immunsystem und nicht sehr selektiv. Aber das letzte Urteil über seinen Nutzen ist noch nicht gesprochen.

Bei manchen Krankheiten will man im Gegensatz gerade die Wirkungen eines Immunbotenstoffes verhindern und nicht zusätzlich hervorrufen. Mittlerweile lassen sich im Reagenzglas lösliche Rezeptoren konstruieren, die einen Botenstoff einfach wegfangen und ihn nicht an seinen eigentlichen Wirkort gelangen lassen. Lösliche Rezeptoren gegen Interleukin 1 hat zum Beispiel die Firma Immunex Corporation in Seattle entwickelt. Besonders bei entzündlichem Rheuma wird im Gelenkspalt vermehrt Interleukin 1 gebildet, das wahrscheinlich entscheidend an dem fortschreitenden Entzündungsprozeß mitwirkt. Lösliche Rezeptoren fangen das Interleukin 1 weg, sowohl im Reagenzglas als auch im Tierversuch. 1991 begannen die ersten Versuche an Patienten.

Auch Hormone und Releasing-Hormone (siehe Seite 62) können gezielt eingesetzt werden. Beim metastasierenden Prostatakarzinom ist jetzt ein synthetisch hergestelltes fast naturgetreues Luteinisierendes Hormon-Releasing-Hormon (LH-RH) als Nasenspray im Handel. LH-RH wird normalerweise im Hypothalamus gebildet und stimuliert in der Hypophyse die Produktion zweier Hormone, von denen eins beim Mann in den Hoden die Bildung des männlichen Geschlechtshormons Testosteron anregt. Der Testosteron-Spiegel hängt also von der Menge an LH-RH ab. Bietet man nun dem Körper zuviel LH-RH-Imitat an, stellt das Gehirn nach einiger Zeit die eigene Produktion ein. Die Hormonspeicher in der Hypophyse entleeren sich, und dann wird weniger Testosteron gebildet. Das hat einen günstigen Effekt auf einige Tumorzellen, denn die Metastasen benötigen für ihr Wachstum das männliche Geschlechtshormon. Sie sind hormonabhängig. Früher wurden meist weibliche Hormone eingesetzt, um die Testosteronproduktion zu unterdrücken, oder man mußte eine chirurgische Kastration vornehmen. Beide Behandlungen hatten schwere Nebenwirkungen. Zwar führt auch das LH-RH-Imitat zu Hitzewellen und Potenzverlust, aber einige Tage nach dem Absetzen des Sprays reguliert sich die eigene Hormonproduktion wieder, und die Nebenwirkungen verschwinden. Derzeit wird erprobt, ob auch andere hormonabhängige Krebsarten auf diese Therapie ansprechen. Und wahrscheinlich lassen sich auch weitere Gehirnhormone und Neuropeptide herstellen, die bei bestimmten Krankheiten gezielt einzusetzen sind. So werden Anti-Östrogene in den USA bei Brustkrebs getestet, ebenso wie Antikörper gegen Wachstumsfaktoren, die durch Krebsgene entstehen.

Antikörper können als molekulare Spürhunde aber auch bei der Therapiekontrolle nach einer Chemotherapie eingesetzt werden. Nach einem von Gert Riethmüller vom Institut für Immunologie in München entwickelten Verfahren werden durch diese Spürhunde kleinste zurückgebliebene Mikrometastasen im Knochenmark sichtbar, die man niemals im Ultraschall oder im Röntgenbild entdecken könnte. Sie zeigen ein hohes Risiko an, daß der Krebs nach chirurgischer Entfernung und Chemotherapie erneut auftritt. Metastasen lassen sich so bei Patienten mit Brustkrebs, Dickdarm- und Magenkrebs nachweisen und ermöglichen einen gezielten und vor allem frühen Einsatz von Anti-Tumor-Medikamenten.

Neue Impfstoffe sind ein weiterer Weg im Kampf gegen AIDS und Krebs. Heute vermutet man, daß bis zu 20 Prozent aller Krebsfälle durch DNS-Viren hervorgerufen werden. Auch wenn noch andere Faktoren hinzukommen müssen, stellen diese Viren zumindest ein erhöhtes Risiko dar. Drei sind besonders gefährlich: Das Hepatitis-B-Virus führt zu Leberkrebs, das Epstein-Barr-Virus zu Blutkrebs und Nasen-Rachen-Krebs und die Papilloma-Viren zu Gebärmutterhalskrebs und anderen Tumoren im Genitalbereich. Eine Impfung gegen Hepatitis-B-Viren wird mittlerweile in Ländern Süd-Ost-Asiens, wo das Virus besonders häufig auftritt, angewendet. Ein Impfstoff gegen das Epstein-Barr-Virus wurde an der Oxford University entwickelt, und die ersten Tests an freiwilligen Versuchspersonen laufen seit Anfang 1989.

Eine Impfung für Multiple-Sklerose- und Rheuma-Kranke könnte ebenfalls Wirklichkeit werden. Auch hier steht wieder der T-Zell-Rezeptor im Mittelpunkt. Er erkennt das vermeintliche Antigen zusammen mit dem Markierungsmolekül (MHC) für körpereigene Zellen als fremd, und so werden T-Zellen autoaggressiv. Für eine Impfung werden den Rheuma-Patienten T-Zellen aus der Gelenkflüssigkeit und Multiple-Sklerose-Kranken aus der Rückenmarksflüssigkeit entnommen, vermehrt, inaktiviert und dann dem Patienten wieder zurückgespritzt. Aus Tierversuchen weiß man, daß das Immunsystem diese inaktivierten autoaggressiven T-Zellen zerstört. Gleichzeitig lernt das Immunsystem – so die Hypothese – auch die aktiven Zellen im eigenen Körper zu vernichten. Es ist aber noch zu früh, um den Erfolg der ersten Versuche an vier Rheuma-Kranken in Leiden und vier Multiple-Sklerose-Kranken in Boston beurteilen zu können. Immerhin treten nach dieser Impfung allem Anschein nach keinerlei Nebenwirkungen auf. Und dieses Resultat ist für Mediziner immerhin ein kleiner Hoffnungsschimmer.

Viele Wissenschaftler sind überzeugt, daß dieser Weg der gezielten Therapie oder Impfung in fünfzehn oder zwanzig Jahren viele Krankheiten gut behandelbar werden läßt, bei denen heute nur geringe Überlebenschancen bestehen oder bei denen es kaum eine Möglichkeit gibt, wenigstens ein Fortschreiten der Krankheit wirksam einzudämmen. Allerdings haben auch diese neuen Behandlungsansätze ihre Schattenseiten. Nicht alle Patienten sprechen auf eine solche Therapie an, und auch Nebenwirkungen sind zum Teil nicht selten.

Neue Behandlungskonzepte sind auch bei psychischen Erkrankungen in Sicht. Neuropeptide und Neurotransmitter lassen sich aktivieren oder hemmen, und wenn man das noch gezielter vielleicht nur in bestimmten Gehirngebieten erreichen kann, können wirksamere Medikamente mit unter Umständen geringeren Nebenwirkungen entwickelt werden.

Als letztes Beispiel sei die Gentherapie erwähnt. Anfang 1989 verkündete die Presse weltweit die Sensation: «Erstmals Genmanipulation am Menschen zugelassen!», «Gentherapie beim Menschen in Sicht», «Erprobung am Menschen beginnt» – das waren die Schlagzeilen. Im Januar 1989 hatten die amerikanische Arzneimittelbehörde, oberste Richter, der Direktor der National Institutes of Health und eine Ethikkommission offiziell grünes Licht gegeben. Der Chefchirurg des National Cancer Institute in Bethesda, Steven Rosenberg, der den ehemaligen Präsidenten Ronald Reagan von seinem Darmkrebs befreite, die Immunologen French Anderson, Michael Blaese und Michael Lotze erhielten die Genehmigung, bei zehn Krebspatienten weiße Blutkörperchen gentechnisch zu verändern. Allerdings ist das Experiment bislang nur ein Vorversuch für eine mögliche Gentherapie. Sollte er jedoch gelingen, würde eine neue Ära in der Behandlung von Erbkrankheiten und Krebs beginnen. Welche Chancen, aber auch welche Risiken die Gentherapie birgt, darüber wird weltweit diskutiert.

Bereits über siebenhundert Patienten wurden in der Nähe von Washington mit TIL-Zellen behandelt. TIL steht für «Tumor infiltrierende Lymphocyten». Zunächst muß dafür der Tumor von einem Chirurgen entfernt werden, und dann lösen die Immunologen die Lymphocyten heraus und behandeln sie über Wochen in großen Plastikbeuteln mit dem Wachstumsstoff Interleukin 2. Die Tumorzellen sterben dabei ab. Etwa 200 Milliarden aufgerüstete Immunzellen werden dem Patienten zurückgespritzt, in der Hoffnung, daß diese sehr aggressiven tumorzerstörenden Immunzellen die restlichen im Körper verbliebenen Krebszellen und Tochtergeschwülste finden. Die Erfolge der amerikanischen

Arbeitsgruppe mit den TIL-Zellen sind teilweise verblüffend: In einem Fall verschwand der Hautkrebs einer jungen Frau völlig, und bei vielen anderen schrumpfte er nach der 50 000 Dollar teuren Behandlung auf die Hälfte. Allerdings ist die Behandlung noch nicht optimal, denn die Tumorzellen werden nur von etwa 10 000 der insgesamt 200 Milliarden präparierten Lymphocyten angegriffen.

Diese gilt es herauszufischen und zu vermehren. Genau an dieser Stelle kommt zusätzlich zu dieser Immuntherapie die Gentechnik ins Spiel. Die Forschergruppe pflanzte den TIL-Zellen Markierungen aus einem Bakterium ein. Dieses Gen macht die Zellen unempfindlich für ein bestimmtes Antibiotikum. Einige Wochen nachdem diese manipulierten Zellen dem Patienten zurückgespritzt wurden, entnimmt man eine Gewebeprobe aus einer Metastase. In einem Kulturschälchen lassen sich dann die gegen Antibiotika unempfindlichen Anti-Tumor Zellen identifizieren. Und die kann man dann weiter analysieren. Wüßte man, welche Lymphocyten selektiv den Krebs zerstören, könnte man diesen Lymphocyten dann später einmal echte aktive Gene einpflanzen. Anbieten würde sich ein Interleukin-2-Gen für die Vermehrung dieser Anti-Tumor-Zellen oder das Gen für den Tumor-Nekrose-Faktor oder vielleicht ein Gen für einen Giftstoff. Man muß sich diese Lymphocyten dann wie trojanische Pferde vorstellen, die die tumorzerstörenden Substanzen direkt in die Krebsgeschwulst transportieren. Das wäre Gentherapie im eigentlichen Sinne. Noch sind allerdings viele Sicherheitsfragen nicht geklärt. Das fremde Gen muß ja mit Hilfe eines Überträgers, einer Art Gen-Fähre, zum Beispiel einem Virus, in die Lymphocyten eingeschleust werden, und es muß sich genau an eine richtige Stelle in das Genom integrieren. Bislang haben erst wenige Patienten diese ersten mit dem Markergen versehenen TIL-Zellen bekommen, aber das Prinzip scheint nach neuesten Meldungen aus dem National Cancer Institute zu funktionieren. Wenn alles planmäßig verläuft, werden die Anträge auf Genehmigung eines Experiments mit dem Interleukin-2-Gen und dem Tumor-Nekrose-Faktor sofort zu den verschiedenen Behörden abgeschickt, versichert Michael Lotze. Michael Blaese und French Anderson sind da schon einen Schritt weiter. Sie erhielten im Herbst 1990 die Genehmigung, im Oktober oder November 1991 Kinder mit einer schweren erblichen Immunschwäche gentherapeutisch zu behandeln. Den wenigen Kranken – weltweit leiden rund fünfzig Kinder daran – fehlt das intakte Gen für das Enzym

Adenosin-Desaminase (ADA). ADA baut bestimmte biochemische Substanzen im Körper ab, die sich ohne ADA anreichern und vor allem T-Zellen töten. Michael Blaese will das ADA-Gen in T-Lymphocyten einschleusen und den Mangel ausgleichen.

Nach diesem Prinzip ließen sich viele Erbkrankheiten behandeln: die Mukoviszidose, die Huntington-Chorea, vielleicht die Sichelzellanämie oder auch – ganz hypothetisch – die Veranlagung zu Arteriosklerose, Herzinfarkt oder Depressionen. Ein funktionstüchtiges Gen ersetzt das defekte Gen. Die Kritiker der Gentherapie sehen hier eine unkalkulierbare Gefahr des Mißbrauchs. Kommt nach der sinnvollen Behandlung von Erbkrankheiten der Mensch nach Maß? Nein, meinen die Wissenschaftler: Erstens bleiben die Manipulationen an menschlichen Ei- und Samenzellen (Keimbahn-Gentherapie) ein Tabu, und zweitens kann ja die Gesellschaft entscheiden, was sie will. Sicher könnte man die Therapie an Körperzellen (somatische Gentherapie), also Blut- oder Knochenmarkszellen, verbieten, dann müßten eben die Betroffenen in die USA reisen und sich dort heilen lassen, oder man legt Kriterien, auch auf einer gesetzlichen Ebene fest, die den Nutzen dieser Möglichkeiten zuläßt, aber den Mißbrauch verhindert. Die Gentherapie wird, wenn sie machbar ist, auch in der Bundesrepublik zum Einsatz kommen. Da sind sich die Experten einig. Auf Dauer wird man keinem Krebspatienten eine effektive Therapie vorenthalten können.

All diese neuen medikamentösen und technischen Möglichkeiten sind keine Wundermittel, ebensowenig wie die Psychotherapie. Man wird sich einer Krankheit von zwei Seiten nähern müssen: mit biologischen und nebenwirkungsarmen Substanzen, die gezielt genau den Krankheitsprozeß stören und gleichzeitig die eigenen Selbstheilungskräfte stärken. Nicht nur Patient und Arzt sollten Hand in Hand arbeiten, um das gestörte Netzwerk zu kurieren, auch die enge Zusammenarbeit zwischen Grundlagenforschung und klinischer Forschung wird ein Schlüssel zu einer neuen Medizin der Zukunft sein. Gerade beginnt die immunologische und neuroendokrinologische Grundlagenforschung den Sprung in die Klinik zu wagen. Genauso werden die psychosozialen Interventionsmöglichkeiten ausgelotet und in die Behandlung integriert. Die Kombination verschiedener Therapieansätze ist das Ziel der Psychoneuroimmunologie. Im Jahr 2000 könnte es soweit sein.

Antikörper allein können die Krankheiten des Leib-Seele-Netzwerks

genausowenig verhindern oder heilen wie eine extrem gute psychosoziale Betreuung allein nicht in der Lage ist, AIDS zu kurieren. Gleiches
gilt für die Prävention. Wenn man vermeiden will, daß Menschen
krank werden, wird man auf belastende Faktoren wie die genetische
Veranlagung, Umweltgifte, Viren und Bakterien ebenso achten müssen
wie auf die Psychohygiene. Wie kann man lernen, mit Streßfaktoren
umzugehen? Wie läßt sich Streß überhaupt vermeiden? Alle Hoffnungen auf einen isolierten Faktor zu setzen wird bei einem vernetzten,
komplexen System wie dem Menschen selten hilfreich sein.

Literaturverzeichnis

Nervensystem, Immunsystem, Hormone

Fachliteratur

R. D. Hesch: Endokrinologie. Innere Medizin der Gegenwart, Bd. 5, Urban & Schwarzenberg, München–Wien–Baltimore 1989.

E. Hunziker, G. Mazzola: Ansichten eines Hirns. Aktuelle Perspektiven der Hirnforschung. Birkhäuser Verlag, Basel 1990.

Kenneth A. Klivington: Gehirn und Geist. Spektrum Akademischer Verlag, Heidelberg, Berlin, New York 1992.

P. Nathan: The Nervous System. Oxford University Press 1988.

I. Roitt, J. Brostoff, D. K. Male: Kurzes Lehrbuch der Immunologie. Georg Thieme Verlag, Stuttgart 1991.

S. H. Snyder: Chemie der Psyche. Drogenwirkungen im Gehirn. Spektrum Bibliothek. Spektrum-der-Wissenschaft-Verlagsgesellschaft, Heidelberg 1988.

Th. v. Uexküll (Hrsg.): Psychsomatische Medizin. Urban & Schwarzenberg, München–Wien–Baltimore 1986.

Populäre Literatur

L. Berger, W. Pieper (Hrsg.): Brain Tech, Das Buch. Der Grüne Zweig 133, verlegt von Werner Pieper, Löhrbach 1989.

J. E. Bishop, M. Waldholz: Landkarte der Gene. Das Genom-Projekt. Droemer Knaur, München 1991.

Gehirn und Nervensystem. Spektrum der Wissenschaft: Verständliche Forschung. Spektrum-der-Wissenschaft-Verlagsgesellschaft, Heidelberg 1988.

GEO-Wissen: Abwehr, AIDS, Allergie. Heft 1/1988.

GEO-Wissen: Gehirn, Gefühl, Gedanken. Heft 1/1987.

GEO-Wissen: Sex, Geburt, Genetik. Heft 1/1989.

GEO-Wissen: Sucht + Rausch. Heft 3/1990.

J. Holler: Das neue Gehirn. Gehirntechnologie und Bewußtseinserweiterung. Verlag Bruno Martin, Südergellersen 1989.

J. Hooper, D. Teres: Das Drei-Pfund-Universum. Das Gehirn als Zentrum des Denkens und Fühlens. econ verlag, Düsseldorf 1988.

Immunsystem. Spektrum der Wissenschaft: Verständliche Forschung. Spektrum-der-Wissenschaft-Verlagsgesellschaft, Heidelberg 1988.

Psychoneuroimmunologie

Fachliteratur (Auswahl)

R. Ader, D. Felten, N. Cohen: Psychoneuroimmunology. Adamedic Press, New York, [2]1991.

W. P. Kaschka, H. N. Aschauer: Psychoimmunologie. Georg Thieme Verlag, Stuttgart–New York 1990.

H. J. Schmoll, U. Tewes, N. P. Plotnikoff: Psychoneuroimmunology. Interactions between Brain, Nervous System, Behaviour, Endocrine and Immune System. Hogrefe & Huber Publ., Lewiston N. Y. 1992.

Kurt S. Zänker: Kommunikationsnetzwerke im Körper. Psychoneuroimmunologie – Aspekte einer neuen Wissenschaftsdisziplin. Spektrum Akademischer Verlag, Heidelberg, Berlin, New York 1991

Dies sind die einzigen *Bücher* zum Thema Psychoneuroimmunologie. Da sich das Forschungsgebiet schnell entwickelt, setzt sich die weitere Literatur nur aus speziellen Aufsätzen in Fachzeitschriften zusammen. Das Buch «Netzwerk Mensch» basiert zu großen Teilen auf unveröffentlichten Vorträgen, Diskussionsbeiträgen auf Kongressen, persönlichen Gesprächen und Interviews.

R. Ader, N. Cohen, D. Felten: Brain, Behavior and Immunity, 1, 1987, pp. 1–6.

M. Angell: Disease as a Reflection of the Psyche. The New England Journal of Medicine 312, 1985, pp. 1570–1572.

C. B. Bahnson et al. (Hrsg.): Psychoneuroimmunologie und Krebs. Onkologie 14, 1991, Suppl. 1.

H. Besedovsky: Neuroendocrine and Metabolic Responses Induced by Interleukin 1. Journal of Neuroscience Research, No. 18, 1987, pp. 172–178.

W. Farrar: The Immune Logical Brain. Immunological Reviews, No. 100, 1987, pp. 361–378.

F. I. Fawzy et al.: Malignant Melanoma. Arch Gen Psychiatry/Vol. 5, September 1993.

D. Felten et al.: Noradrenergic and Peptidergic Innervation of Lymphoid Tissue. The Journal of Immunology 135, 1985, pp. 755–765.

S. Felten et al.: Noradrenergic Sympathic Innervation of Lymphoid Organs. Progress in Allergy 43, 1988, pp. 14–36.

R. Ferstl: Ist das Knochenmark der einzige Ursprung der körpereigenen Duftkomponenten? Zeitschrift für experimentelle und angewandte Psychologie 35, 1988, pp. 201–217.

R. Ferstl et al.: Changes in Strain-Specific Urine Odors of Mice due to Bone Marrow Transplantations. Neuropsychobiology 22, 1989, pp. 57–60.

B. L. Gruber et al.: Immune System and Psychological Changes in Metastatic Cancer Patients Using Relaxation and Guided Imagery: A Pilot Study. Scand. J. Behav. Ther. 17, 1988, pp. 25–47.

D. Hellhammer: Wenn der Körper mit der Seele spricht. In: E. P. Fischer (Hrsg.): Denkanstöße. Mannheimer Forum 92/93. Piper Verlag, München 1992.

S. Kennedy, J. K. Kiecolt-Glaser, R. Glaser: Immunological consequences of acute and chronic stressors: Mediating role of interpersonal relationships. British Journal of Medical Psychology, No. 61, 1988, pp. 77–85.

J. K. Kiecolt-Glaser et al.: Marital Discord and Immunity of Males. Psychosomatic Medicine 50, 1988, pp. 213–229.

W. Klosterhalfen, S. Klosterhalfen: Psychologische Faktoren, Immunität und Krankheit. In: H. Speidel, B. Strauß (Hrsg.): Zukunftsaufgaben der psychosomatischen Medizin. Springer Verlag, Heidelberg 1989, pp. 133–156.

R. M. MacLeod (Editor in Chief): Progress in NeuroEndocrin Immunology (PNEI). Thieme Medical Publishers, Inc., New York–Stuttgart, Vol. 2, No. 1 + 2 1989; Vol. 3, No. 1–4, 1990.

A. A. Möller, H. C. Backmund (Hrsg.): HIV-Infektion und Nervensystem. Eine interdisziplinäre Darstellung. Georg Thieme Verlag, Stuttgart–New York 1991.

A. Montkowski: Wissenschaftliche Basis des Leib-Seele-Problems. MPG-Spiegel 18. März 1994.

K. R. Pelletier, D. L. Herzing: Psychoneuroimmunology: Toward a Mindbody Model. Advances 5, 1988, pp. 27–56.

C. Pert: Neuropeptides and their Receptors: A Psychosomatic Network. The Journal of Immunology 135, 1985, pp. 820–826.

C. Pert: The Wisdom of the Receptors: Neuropeptides, the Emotions, and Bodymind. Advances 3, 1986, pp. 8–16.

B. O'Regan, C. Hirschberg: Spontaneous Remission, Vol. 1–3. The Institute of Noetic Sciences, Sausalito CA 1990.

M. Schedlowski et al.: Konditionierte Immunsuppression verlängert die Abstoßungsreaktion nach Herztransplantationen bei Ratten. Zeitschrift für Med. Psychologie, No. 1, 1992, pp. 38–42.

M. Schedlowski et al.: Changes of Natural Killer Cells During Acute Psychological stress. Journal of Clinical Immunology, Vol. 13, no. 2, 1993.

M. Schedlowski et al.: Effects of Behavioral Intervention on Plasma Cortisol and Lymphocytes in Breast Cancer Patients: An Exploratory Study. Psycho-Onkologie, Vol. 3, 1994.

M. Schedlowski, U. Tewes: Verhaltenseinflüsse auf das Immunsystem: Streß und Konditionierung. Biologie in unserer Zeit/22. Jahrg./Nr. 5, 1992.

K. H. Schulz: Psychoneuroimmunologie. Zeitschrift für Allgemeinmedizin 26, 1986, pp. 871–878.

K.-H. Schulz, A. Raedler: Tumorimmunologie und Psychoneuroimmunologie als Grundlage für die Psychoonkologie. Psychotherapie, Psychosomatik, Medizinische Psychologie 36, 1986, pp. 97–142.

H. Schulz, K.-H. Schulz et al.: Immunological changes under examination stress, unveröffentlicht.

K.-H. Schulz et al.: Differentielle Auswirkungen körperlicher und psychischer Belastung auf endokrinologische und immunologische Parameter bei Hochleistungssportlern, unveröffentlicht.

G. Solomon, L. TemoshokK: A Psychoneuroimmunologic Perspective on AIDS

Research: Question, Preliminary Findings, and Suggestion. Journal of Applied Social Psychology 17, 1987, pp. 286–308.

D. Spiegel et al.: Effect of Psychosocial Treatment on Survival of Patients with Metastatic Breast Cancer. The Lancet, October 14, 1989, pp. 888–991.

F. Teegen: Krankheits- und heilungsbezogene Vorstellungsbilder krebskranker Menschen. Zur Bedeutung imaginativer Übungen für die Selbsthilfe bei Krebs. Unveröffentlichtes Manuskript, Psychologisches Institut III, Hamburg 1991.

K. Wells et al.: The Functioning and Well-Being of Depressed Patients. JAMA 262, 1989, pp. 914–919.

A. Zondermann: Depression as a Risk for Cancer. JAMA 262, 1989, pp. 1191–1195.

Artikel in Nachrichtenmagazinen

Discover, Juli 1990: Why you feel crummy when you're sick.

New Scientist, 9. April 1987: Psychology and the immune-system.

New Scientist, 25. Aug. 1990: A whiff of happiness.

Newsweek, 7. Nov. 1987: Body and soul.

Time, 12. März 1990: Can the Mind help cure disease?

Der Spiegel, 11. Nov. 1991: Immun-Therapie.

Vegetarian Times, November 1993: Mind-body mania.

FOCUS, 4. Juli 1994: Gefühle, die krank machen.

Populärwissenschaftliche Bücher

J. Borysenko: Minding the Body, Mending the Mind. Bantam Books, Toronto–New York–Syndey 1987.

N. Cousins. Der Arzt in uns selbst. Rowohlt, Reinbek 1981/1984.

R. C. Moskowitz: Your Healing Mind. William Marrow & Company, New York 1992.

Bill Moyers: Die Kunst des Heilens. Vom Einfluß der Psyche auf die Gesundheit. Artemis & Winkler Verlag, München, Zürich, London 1994.

D. Ornstein, D. Sobel: The Healing Brain. A Radical New Approach to Health Care. Macmillan, London 1988.

K. R. Pelletier: Mind as Healer, Mind as Slayer. Delta, New York 1977.

E. L. Rossi: The Psychology of Mind-Body Healing. New Concepts of Therapeutic Hypnosis. W. W. Norton & Company, New York–London 1988.

B. S. Siegel: Peace, Love and Healing. Harper & Row, New York 1989.

C. Simonton, S. Matthews-Simonton, J. Creighton: Wieder gesund werden. Eine Anleitung zur Aktivierung der Selbstheilungskräfte für Krebspatienten und ihre Angehörigen. Rowohlt, Reinbek 1987.

R. Verres: Die Kunst zu leben – Krebsrisiko und Psyche. Piper Verlag, München–Zürich 1991.

Abbildungsnachweis

Abb. 1   Aus: GEO Wissen Nr. 1 – Gehirn, Gefühle, Gedanken. Verlag Gruner + Jahr, Hamburg 1987.

Abb. 2   aus: GEO Wissen Nr. 1 – Gehirn, Gefühle, Gedanken. Verlag Gruner + Jahr, Hamburg 1987.

Abb. 3   aus: L. Segal, Das 18. Kamel oder Die Welt als Erfindung. Zum Konstruktivismus Heinz von Foersters. Piper, München–Zürich 1988.

Abb. 7   nach: R. A. Zell, Das Gen-Zeitalter. TRIAS, Stuttgart 1990.

Abb. 9   aus: H. Lieb, A. von Pein, Der kranke Gesunde. TRIAS, Stuttgart 1990.

Abb. 11   nach: W. Penfield, T. Rasmussen: The Cerebral Cortex of Man. Macmillan, New York 1950.

Abb. 12   nach: H. K. Kimelberg, M. D. Norenberg, Astrocyten und Hirnfunktion. In: Spektrum der Wissenschaft 6/1989.

Abb. 14   nach: H. Reichert, Neurobiologie. Georg Thieme Verlag, Stuttgart–New York 1990.

Abb. 18   nach: F. Holsboer, Depression. In: R. D. Hesch, Endokrinologie, Innere Medizin der Gegenwart 5. Urban & Schwarzenberg, München–Wien–Baltimore 1989.

Abb. 19   nach: Boehringer Mannheim GmbH (Hrsg.): Schmerz – was ist das? Mannheim 1986 und W. Zieglgänsberger: Central control of nociception. In: V. B. Mountcastle, F. E. Bloom and S. R. Geiger (eds.): Handbook of Physiology – The Nervous System IV. Williams & Wilkins, Baltimore 1986.

Abb. 20   nach: M. Berridge, Die Signalübertragung in die Zelle. In: Die Moleküle des Lebens. Spektrum der Wissenschaft Verlagsgesellschaft. Heidelberg 1986.

Abb. 24a K. Porter/PR Science Source/Okapia.

Abb. 25   nach: T. Tonegawa: Die Moleküle des Immunsystems. Spektrum der Wissenschaft 12/1985.

Abb. 26   nach: T. Tonegawa: Die Moleküle des Immunsystems. Spektrum der Wissenschaft 12/1985.

Abb. 27   nach J. M. Roitt, J. Brostaff, D. K. Male, Kurzes Lehrbuch der Immunologie. Georg Thieme Verlag, Stuttgart–New York 1987.

Abb. 28   nach: F. Holsboer, The Hypothalamo-pituitary-adrenocortical axis. In: E. S. Paykel, Handbook of Affective Disorders. Churchill Livingstone, U. K. 1991.

Register

Dwyer, John

Krieg im Körper

*Wie sich unser Immunsystem
gegen Angreifer wehrt*

Vierundzwanzig Stunden am Tag
befindet sich unser Körper im Bela-
gerungszustand. Millionen kleinster,
harmloser oder hochgefährlicher Organismen attackieren uns ständig. Ziel
dieser Bakterien, Viren, Pilze und
Parasiten ist es, unsere Organe oder
Gewebe zu erobern und zu besetzen.
Daß wir von vielen dieser Angriffe auf
unseren Körper nichts merken verdanken wir einer hochkomplexen und
jahrmillionenalten Gesundheitspolizei,
unserem Immunsystem.

388 S., 41 farb. Abb., 48,00 DM, 3-89373-275-6

Angelika Anders-von Ahlften/
Jürgen Altheide
Laser - das andere Licht
(rororo science 9664)
Erhältlich ab August '94.
Laser - das andere Licht: Was
ist das? Wie funktioniert es?
Was kann man damit
machen? Immer mehr
Menschen haben mit dieser
wichtigen technischen
Neuerung zu tun: in der Meß-
und Informationstechnik, in
Labors und Fabrikhallen, in
medizinischen wie in
künstlerischen Berufen.

John D. Barrow
Theorien für Alles
*Die Suche nach der
Weltformel*
(rororo science 9534)
Erhältlich ab September '94.
«Alles» ist ein großes Wort.
Gibt es eine Theorie, in der
alle Naturkräfte und -gesetze
vereinigt sind und die das
Weltgeschehen vom Anfang
bis zum Ende erklären kann?
Das ist die zentrale Frage der
Naturwissenschaft. Schon
Sokrates geriet bei diesem
Gedanken ins Schwärmen -
und Ende des 20. Jahrhun-
derts zeigen sich Wissen-
schaftler wie Stephen W.
Hawking zuversichtlich: «Es
ist möglich, daß uns eines
Tages der Durchbruch zu
einer vollständigen Theorie
des Universums gelingt.»

Adrian Desmond/James
Moore
Darwin
(rororo science 9574)
Erhältlich ab Mai '94.
Als «erste wirkliche Darwin-
Biographie» würdigte die

britische Presse dieses Werk,
das in weiten Teilen erst seit
wenigen Jahren zugängliches
Material auswertet: die
umfangreichen geheimen
Tagebücher und die 14.000
Briefe umfassende Korrespon-
denz. «Desmond und Moore
haben aus dieser Fundgrube
ein Darwin-Bild von bislang
nicht denkbarer Lebensnähe
rekonstruiert», schreibt Peter
Brügge in seiner *Spiegel*-
Rezension.

Gaby Miketta
Netzwerk Mensch
*Den Verbindungen von
Körper und Seele auf der
Spur*
(Rororo science 9662)
Erhältlich ab Oktober '94.
Der Mensch als Netzwerk:
Wie wir uns fühlen, wie wir
mit Belastungen fertig
werden, wie anfällig wir für
Erkrankungen sind - all das
hängt mit der stetigen
Wechselwirkung von
Nerven-, Hormon- und
Immunsystem zusammen,
dem Forschungsfeld der
neuen Wissenschaft
«Psychoneuroimmunologie».

Die Reihe rororo «science» bietet Lesern, die sich für Naturwissenschaft und Technologien interessieren, aktuelle und verläßliche Informationen. Die Autoren sind Wissenschaftler und Wissenschaftsjournalisten, die ohne Formelhuberei und Fachkauderwelsch, dafür mit Sachverstand, Witz und farbiger Sprache über verschiedene Bereiche der Forschung und deren Auswirkungen auf unser Leben berichten.

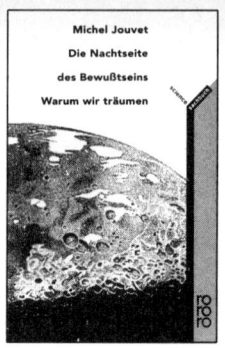

Bernhardt Borgeest
Ein Baum und sein Land
24 Symbiosen
(rororo science 9536)
Ein neuer, ungewohnter Blick auf unsere knorrigen Gesellen - der Baum ist nicht nur aus botanischer Sicht faszinierend, sondern auch als kulturhistorisches und ethnologisches Phänomen: als Symbol idealer menschlicher Eigenschaften, als Ort der Riten und des Richtens, als Nationalheiligtum und schnöder Holzlieferant ist er aus unserer Geschichte und Gesellschaft nicht wegzudenken.

Claus Emmeche
Das lebende Spiel
Wie die Natur Formen erzeugt
(rororo science 9618)

Christoph Drösser
Fuzzy Logic
Methodische Einführung in krauses Denken
(rororo science 9619)
Alle reden von Fuzzy Logic - und keiner weiß genau, was das ist.

Der Wissenschaftsjournalist Christoph Drösser lädt ein zu einer vergnüglichen Zickzackfahrt durch Fuzzyland: die Grauzonen der graduellen Übergänge, des Noch-nicht-und-nicht-Mehr.

Michel Jouvet
Die Nachtseite des Bewußtseins
Warum wir träumen
(rororo science 9621)

Robert Ornstein/Richard F.Thompson
Unser Gehirn: das lebendige Labyrinth
(rororo science 9571)
«Unter den Veröffentlichungen der letzten Jahre auf dem Gebiet der Hirnforschung erhält das Buch seinen besonderen Stellenwert durch die eindrucksvollen Zeichnungen von Macaulay, der mit ungewöhnlichen, perspektivischen Darstellungen der Gehirnstukturen auch den vorgebildeten Leser verblüfft.»
bild der wissenschaft

James Trefil

Physik im Strandkorb *Von Wasser, Wind und Wellen*
Deutsch von
Helmut Mennicken
Mit Illustrationen von
Gloria Walters
(rororo science 9683 -
erhältlich ab Juli '94 - und als
gebundene Ausgabe im
Wunderlich Verlag)
Wie kommt das Salz ins
Meer? Warum gibt es Ebbe
und Flut? Wieso rollen die
Wellen immer parallel auf den
Strand zu?
«Ein herrlicher Ausflug vom
Strand bis ans Ende des Son-
nensystems.»
The New York Times

Physik in der Berghütte *Von Gipfeln, Gletschern und Gestein*
Deutsch von
Helmut Mennicken
(rororo science 9382 und als
gebundene Ausgabe im
Wunderlich Verlag)
James Trefils Streifzüge
durchs Gebirge sind keine
schweißtreibenden
Kletterpartien, sondern
lustvolle Gedankenreisen: von
Felsmassiven zur Geschichte
der Erde, vom sprudelnden
Gebirgsbach zu Strömungs-
lehre und Chaostheorie, vom
Drehwuchs der Bäume zum
Ursprung des Lebens.
«Trefil ist einer der wenigen
Wissenschaftler, die dem
Leser nicht nur die wissen-
schaftlichen Sachverhalte,
sondern auch den Spaß daran
vermitteln.»
Los Angeles Times

Wunderlich und rororo

1000 Rätsel der Natur
Deutsch von
Helmut Mennicken
(als gebundene Ausgabe im
Wunderlich Verlag)
In lebendiger Sprache werden
die Grundlagen der Biologie,
der Physik, der Geologie und
Astronomie dargestellt. Wir
erfahren aber auch, was der
Daumen des Panda-Bären
evolutionsgeschichtlich bedeutet, warum wir alt werden, warum Blumen einst für
das Dinosaurier-Sterben verantwortlich gemacht worden
sind und was Computerviren
mit Krankheitserregern gemeinsam haben.

Fünf Gründe, warum es die Welt nicht geben kann *Die Astrophysik der Dunklen Materie*
(rororo science 9313)

Ein «Jahrhundertgenie wie Albert Einstein»(*Der Spiegel*), ein Wissenschaftler, der der Weltformel auf der Spur ist, ein Mann, der entgegen allen Prognosen der Ärzte seit zwanzig Jahren mit einer unheilbaren tödlichen Nervenerkrankung lebt, kurz ein Mythos - **Stehen W. Hawking**,1942 geboren, Physiker und Mathematiker an der Universität Cambridge, seit 1979 Nachfolger Newtons auf dem berühmten «Lukasischen Lehrstuhl» und der wohl bekannteste Wissenschaftler unserer Zeit.

Eine kurze Geschichte der Zeit
Die Suche nach der Urkraft des Universums
(rororo science 8850 und als gebundene Ausgabe)
Der Bestseller, der Hawking weltberühmt machte.
«Eine rasante Geister-bahnfahrt durch das Labyrinth kosmologischer Denkmodelle.»
Der Spiegel

Einsteins Traum *Expeditionen an die Grenzen der Raumzeit*
(192 Seiten. Gebunden)

Stephen W. Hawking (Hg.)
Stephen Hawkings Kurze Geschichte der Zeit
Ein Wissenschaftler und sein Werk
(224 Seiten mit zahlreichen Abbildungen. Gebunden)

Über Stephen W.Hawking:

John Boslough
Jenseits des Ereignishorizonts
Stephen Hawkings Universum
(176 Seiten. Gebunden)

Michael White/John Gribbin
Stephen Hawking *Die Biographie*
(rororo science 9528)

Ein Gesamtverzeichnis aller lieferbaren Bücher und Taschenbücher der Rowohlt Verlage und des Wunderlich Verlags finden Sie in der *Rowohlt Revue*. Jedes Vierteljahr neu. Kostenlos in Ihrer Buchhandlung.

3504/3a

Jeanne Achterberg
Gedanken heilen *Die Kraft der Imagination. Grundlagen einer neuen Medizin*
(rororo sachbuch 8548)

Bärbel und Walter Bongartz
Hypnose *Wie sie wirkt und wem sie hilft*
(rororo sachbuch 9133)
Hypnose ist ein jahrtausende-altes Phänomen, dessen wissenschaftlicher Erforschung sich Medizin und Psychologie in jüngster Zeit widmen. Was die Hypnose als Therapieform leisten kann, wie sie wirkt und wem sie hilft und bei welchen Beschwerden und Krankheiten ihr Einsatz sinnvoll ist, skizziert dieses Buch.

Frauke Teegen
Die Begegnung mit dem Schatten *Erkundungen in den Tiefenschichten des Bewußtseins*
(rororo sachbuch 8533)
Ganzheitliche Gesundheit *Der sanfte Umgang mit uns selbst*
(rororo sachbuch 8308)

Lutz Schwäbisch /
Martin Siems
Selbstentfaltung durch Meditation *Eine praktische Anleitung*
(rororo sachbuch 8321)

John Selby
Atmen und leben *Ganzheitliche Gesundheit durch Atemintegration*
(rororo sachbuch 8320)

Ulrich Sollmann
Bioenergetik in der Praxis *Streßbewältigung und Regeneration*
(rororo sachbuch 8484)

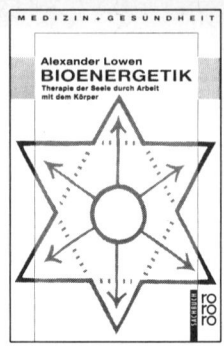

MEDIZIN + GESUNDHEIT

Alexander Lowen
BIOENERGETIK
Therapie der Seele durch Arbeit mit dem Körper

Alexander Lowen
Bioenergetik *Therapie der Seele durch Arbeit mit dem Körper*
(rororo sachbuch 8435)
Alexander Lowen geht davon aus, daß alle körperlichen und seelischen Vorgänge nur verschiedene Ausdrucksformen eines einzigen, einheitlichen Lebensprozesses sind. Sobald sich der Mensch seines Körpers wirklich bewußt wird, mit ihm «arbeitet», ihn «erlebt», gewinnt er ein völlig neues Verhältnis zu sich selbst und wird auch Angstzustände und Stress-Situationen überwinden.
Bioenergetik als Körpertherapie *Der Verrat am Körper und wie er wiedergutzumachen ist*
(rororo sachbuch 9149)

Ein Gesamtverzeichnis aller lieferbaren Titel der Reihe *rororo medizin und gesundheit* finden Sie in der *Rowohlt Revue*. Jedes Vierteljahr neu. Kostenlos in Ihrer Buchhandlung.

Carl O. Simonton / Stephanie Matthews Simonton / James Creighton
Wieder gesund werden *Eine Anleitung zur Aktivierung der Selbstheilungskräfte für Krebspatienten und ihre Angehörigen*
(rororo sachbuch 9199)
Die Autoren wollen mit ihrer praktischen Anleitung zur Selbsthilfe die herkömmliche medizinische Behandlung nicht ersetzen, sondern ergänzen. Sie geben Begriffen wie «Lebenswille» und «Selbstheilungskraft» ein wissenschaftliches Fundament und zeigen anhand zahlreicher Fallbeispiele, daß Hoffnung, Vertrauen und Zuversicht sowie ein neues Umgehen mit sich selbst wichtige Voraussetzungen für Gesundwerden und Gesundbleiben sein können.

St. Matthews Simonton
Heilung in der Familie
(rororo sachbuch 8545)

Markus Nicolaou (Hg.)
Leben im Angesicht des Todes
Menschen mit Krebs, HIV-Infektion, Aids und Multipler Sklerose erzählen
(rororo sachbuch 9353)

Peter Lambley
Psyche und Krebs *Zur Psychosomatik von Krebserkrankungen. Vorbeugen – Lindern – Heilen*
(rororo sachbuch 8862)
Peter Lambley gibt einen Überblick über die faszinierenden neuen Gedanken zum Thema Psyche und Krebs, die in der medizinischen Psychologie und ihren Nachbarwissenschaften mehr und mehr an Bedeutung gewinnen.

Leonhard Lentz
Der Indianer *Bericht über das Leben mit einer tödlichen Krankheit*
(rororo sachbuch 9151)
Wie einer, der das Leben liebt, mit der Diagnose Kehlkopfkrebs mehr als neun Jahre verbringt, erzählt Leonhard Lentz in seiner Geschichte – knapp, schlicht, ohne Pathos, Selbstmitleid oder Schuldzuweisungen.
«Für mich ist dieser Bericht, dieser Kampf des Leo Lentz gegen den Krebs, eine Liebeserklärung an das Leben.»
Peter Striebeck in seinem Nachwort

Ein Gesamtverzeichnis aller lieferbaren Titel der Reihe *rororo medizin und gesundheit* finden Sie in der *Rowohlt Revue*. Jedes Vierteljahr neu. Kostenlos in Ihrer Buchhandlung.

rowohlts enzyklopädie

rowohlts enzyklopädie

rowohlts enzyklopädie wird herausgegeben von Burghard König. Ein Gesamtverzeichnis der Reihe finden Sie in der *Rowohlt Revue*. Jedes Vierteljahr neu. Kostenlos in Ihrer Buchhandlung.